LES JEUNES FAUVES
DU FÜHRER

DU MÊME AUTEUR

A la librairie Arthème Fayard

LA BRIGADE FRANKREICH

LA DIVISION CHARLEMAGNE

MOURIR A BERLIN

Chez d'autres éditeurs

DRIEU PARMI NOUS

La Table Ronde

LES HORS-LA-LOI

Robert Laffont

UNGERN, LE BARON FOU

André Balland

En collaboration avec Yves Bréhéret

LES SAMOURAIS

André Balland

En collaboration avec Jean-Robert Ragache

HISTOIRE DE LA NORMANDIE

Hachette

JEAN MABIRE

LES JEUNES FAUVES DU FÜHRER

La division SS Hitlerjugend dans la bataille de Normandie

FAYARD

« *Hitlerjugend,* Jeunesse hitlérienne, deux mots qui sont presque un pléonasme. Au vrai, le national-socialisme s'incarne dans la jeunesse et se confond avec elle. Il lui doit sa naissance, il lui doit sa durée. »

Robert d'HARCOURT : *L'Evangile de la force,*
Librairie Plon, 1936.

PREMIÈRE PARTIE

POTSDAM

I.

— Votre jeunesse, mon Führer, s'est rassemblée pour vous donner un témoignage d'amour et de foi qu'aucune jeunesse n'a jamais donné jusqu'ici à un homme.

A Potsdam, au cœur de la Prusse orgueilleuse et vaincue, plus de cent mille garçons et filles se sont réunis pour acclamer le chef du parti national-socialiste ouvrier allemand. En ce dimanche 2 octobre 1932, il n'est encore qu'un candidat au pouvoir. Le président Hindenburg et le chancelier von Papen tiennent la barre de la plus réactionnaire des républiques. Les vieux messieurs conservateurs ne croient pas au succès de cet agitateur au visage blême, fagoté dans un éternel imperméable. Il n'a pour lui que des exaltés et des adolescents, disent-ils. Ses partisans feront quand même douze millions de voix aux élections de novembre ! Et ils défileront en vainqueurs sous la porte de Brandebourg, à la lueur des torches, le 30 janvier 1933. Dans trois mois...

Ce rassemblement de Potsdam semble le plus fantastique succès de toute la propagande du mouvement national-socialiste. Ce sont les tambours de lansquenets et les chants de bataille des jeunes hitlériens qui vont faire crouler le vieux monde bourgeois.

— Cette marche des jeunes devant les portes de Berlin a

porté un coup fatal au gouvernement, déclarera un jour Adolf Hitler à celui qui le saluait naguère à Potsdam : Baldur von Schirach.

A vingt-cinq ans, ce fils d'un officier de cuirassiers de la garde impériale et d'une Américaine de Philadelphie commande toutes les organisations d'adolescents du mouvement national-socialiste. Il les rassemble sous une dénomination unique : la Jeunesse hitlérienne, *Hitlerjugend.*

Pour le moment, elle n'est encore que la jeunesse d'un parti en lutte pour le pouvoir. Demain, elle sera la jeunesse d'un Etat lancé à la conquête du monde. En arrivant sur le stade de Potsdam, tous chantent à pleins poumons le refrain sauvage qui résonne dans toutes les bagarres de rues, avant d'éclater un jour sur les champs de bataille :

Les os vermoulus du monde
Tremblent devant notre assaut.
Aujourd'hui, l'Allemagne nous écoute,
Et demain ce sera le monde entier !

La Jeunesse hitlérienne va défiler, pendant près de huit heures, devant le chef dont elle porte le nom. Plus de cent mille jeunes sont venus à Potsdam et font de cette journée du 2 octobre 1932 la fête barbare et magnifique d'un nouvel empire : le IIIe Reich.

Tout a commencé dix ans auparavant. Un journal de Munich, le *Völkischer Beobachter,* publie, le 8 mars 1922, un appel pour la fondation d'un groupe de jeunesse au sein d'un nouveau parti, le N.S.D.A.P., fondé officiellement le 8 août 1920 et que dirige Adolf Hitler, un ancien combattant décoré de la croix de fer de première classe.

Cet appel passe assez inaperçu. Dans l'Allemagne chaotique de cette époque, les mouvements de jeunesse tiennent farouchement à leur autonomie. Ils ne veulent rien avoir de commun avec « le monde des vieux » et se réclament peu ou prou du *Jugendbewegung* des premières années du siècle. Alors, des milliers de jeunes gens parcouraient les routes de leur pays, tels des oiseaux migrateurs, et se voulaient fous de romantisme et de liberté, sous le grand tournant du soleil.

A l'époque la plus conservatrice de l'histoire allemande, en réaction contre la bourgeoisie et le militarisme de l'empire du Kaiser Wilhelm, ils s'étaient mis en marche. Ils savaient mieux ce qu'ils ne voulaient pas que ce qu'ils voulaient : ils refusaient — en bloc — le monde des vieux. Le *Jugendbewegung* naquit sans proclamation et sans programme. Il regroupait pêle-mêle des sectaires et des idéalistes, des originaux et des conspirateurs, des croyants révoltés et des païens mystiques. Il se voulait seulement un torrent.

Ces jeunes récusaient d'abord la mentalité bourgeoise du tournant du siècle. L'hypocrisie et le conformisme leur répugnaient. Ils vomissaient le bien-être et ce qu'on nomme aujourd'hui « la société de consommation ». Alors, ils couraient les routes, se voulant endurcis et fidèles à leurs lointains ancêtres germaniques, ils chantaient les Vikings et les Vandales. Ces « hippies » de la Belle Epoque préféraient l'« Ultima Thulé » des légendes nordiques aux paradis artificiels de Katmandou. Ils haïssaient la faiblesse et exaltaient la force. Nietzsche est mort en 1900 et un nouveau siècle commence, qui inaugure l'ère du philosophe au marteau.

Les adolescents du *Jugendbewegung* vivaient un véritable retour à la nature. Le mouvement, né dans les faubourgs de Berlin, voulait retrouver la pureté primitive des forêts et des étangs. Mais ce ne fut ni une fuite ni un refus. Les mots qui reviennent le plus souvent sont : camaraderie, peuple et patrie. Tout cela aboutira en 1913 à la « fête de la Libre Jeunesse allemande » au

Hohen Meissmer, près de Cassel. On y jure de construire un monde nouveau...

La guerre de 1914 apparaît d'abord comme une gigantesque révolution : une nouvelle Allemagne doit naître de tant de souffrances. Des milliers et des milliers de ces oiseaux migrateurs, qui couraient les routes en chantant les vieilles chansons de la patrie germanique, s'engagent avec un enthousiasme fantastique.

Ils seront jetés dans la bataille de Langemarck, près d'Ypres, et trouveront dans les Flandres la mort que célébraient tant de poèmes romantiques.

La défaite de 1918 précipite les survivants du *Jugendbewegung* et leurs cadets vers les mouvements extrémistes. On les trouve aussi bien chez les révolutionnaires spartakistes que chez les réprouvés des corps francs. Certains rejoindront à Munich le jeune parti national-socialiste, groupuscule entre des dizaines de groupuscules racistes de la capitale bavaroise.

Le mot d'ordre reste le même : Vivre dangereusement.

Pourtant, beaucoup de jeunes Allemands refusent de s'engager sous les bannières d'un parti, même s'ils en partagent l'idéal. Ils tiennent farouchement à leur indépendance. Ces jeunes Germains ne veulent pas avoir d'autres chefs qu'eux-mêmes. L'étudiant Kurt Grüber dirige à Munich un groupe d'adolescents qui se parent du nom de nationaux-socialistes, mais refusent encore de se fondre dans le parti d'Adolf Hitler.

Celui que l'on commence à appeler le « Führer » déplore ces réticences de tant de jeunes, pourtant pénétrés de toutes les idées de sacrifice, de foi dans le destin mondial de leur pays, de fidélité. Il convoque un des rédacteurs du *Völkischer Beobachter*.

— Il faut rédiger un article sur la création d'un mouvement de jeunesse, dit Hitler. Mais je veux que cette nouvelle organisation nationale-socialiste reste indépendante du parti. Il ne faut pas mêler les jeunes et les « vieux ».

L'article, rapidement rédigé, doit paraître dans le numéro du 9 novembre 1923. Mais c'est précisément le jour où Adolf Hitler et ses compagnons tentent un putsch qui va se terminer dans le sang ! Il y a seize tués chez les nationaux-socialistes et le Führer se retrouve en prison à Landsberg.

Le parti est interdit. Kurt Grüber crée alors en Saxe une association pour le sport et le camping, qui regroupe une demi-centaine de jeunes. Peu à peu, elle s'étoffe et prend un nom plus ambitieux : « Association de la jeunesse de la Grande Allemagne. » Les membres de ce groupement s'inspirent directement de l'exemple du prisonnier de Landsberg et arborent sur leur anorak un brassard noir-blanc-rouge avec une croix gammée.

Adolf Hitler sort de prison et reconstitue son mouvement. Le 2 mai 1925, à Gera, en Thuringe, le groupe de jeunes du mouvement national-socialiste va revendiquer le nom de *Hitlerjugend*. A sa tête, Kurt Grüber.

Les mois passent. Les jeunes hitlériens s'organisent. Ils continuent à marcher sur les routes de campagne, à camper en pleine nature, à chanter autour des feux de camp, tout comme leurs aînés du *Jugendbewegung* avant la guerre. Mais ils se veulent aussi des militants politiques et prennent part à toutes les opérations de propagande : collage d'affiches, distribution de tracts, tenue de réunions publiques. Les jeunes hitlériens font le coup de poing lors des bagarres de rues, tout comme leurs aînés des SA ou des SS, les sections d'assaut du parti. Ils semblent infatigables.

Au printemps de 1929, Kurt Grüber parcourt le pays et va prononcer plus de trente discours sur un seul thème : la jeunesse allemande marche avec Adolf Hitler.

Au mois d'août 1929, se tient à Nuremberg le quatrième congrès du parti national-socialiste. La *Hitlerjugend* se prépare fébrilement à ces journées d'enthousiasme et de fanatisme. La vieille cité médiévale retentit du pas des colonnes en marche. Des chants montent dans les rues étroites, serrées dans leur ceinture de remparts. Au grand rassemblement de plein air, alternent les discours et les clameurs. Et puis vient le défilé.

Devant le Führer, s'avancent, le bras tendu, deux mille garçons de la Jeunesse hitlérienne. Ils portent des culottes courtes, une chemise brune, un foulard noir. Leurs yeux brillent d'une lueur étrange. Ils se savent l'Allemagne de demain.

Kurt Grüber recrute d'abord au sein de la jeunesse ouvrière. Il tient un langage révolutionnaire. Son style reste violent. Les garçons de quatorze ou quinze ans qui le suivent se veulent à la fois prolétariens et patriotes. Ils haïssent d'abord les bourgeois, les capitalistes, les réactionnaires.

La Jeunesse hitlérienne des années 30 veut assimiler, avec tout l'enthousiasme des adolescents, l'héritage nationaliste et la révolution sociale. Ses membres se donnent l'illusion lyrique de faire partie d'une sorte de classe à part, chez qui s'opère enfin la synthèse de tous les idéaux contradictoires du siècle précédent.

Tandis que Kurt Grüber regroupe surtout de jeunes travailleurs, d'autres chefs nationaux-socialistes s'adressent, eux aussi, aux adolescents. En 1928, Baldur von Schirach prend la direction de l'Association des étudiants nationaux-socialistes et, en 1929, Adrian von Renteln fonde l'Association des écoliers nationaux-socialistes.

1930 va voir un développement important de la Jeunesse hitlérienne. On est loin, désormais, des deux mille garçons réunis l'année précédente à Nuremberg. Il existe désormais des groupes de cadets et des unions de jeunes filles allemandes ou B.D.M.

Le mouvement national-socialiste apparaît en pleine ascension. Aux élections du mois de septembre 1930, le nombre de députés passe d'une douzaine à une centaine.

De plus en plus, le chef des étudiants nazis s'impose. A vingt-quatre ans, Baldur von Schirach est nommé, le 30 octobre 1931, chef national de la jeunesse du N.S.D.A.P.

Adolf Hitler lui donne la mission de recruter et de former tous ses jeunes partisans. Ils sont maintenant trente-cinq mille. La lutte pour le pouvoir se révèle difficile. Communistes, démocrates et réactionnaires sont décidés à barrer la route aux nationaux-socialistes. Parfois, le Führer connaît des moments d'amertume et confie à ses intimes des paroles comme celles que consignera dans ses Mémoires Baldur von Schirach :

« Vingt ou cent ans peuvent encore passer avant que nos idées ne soient victorieuses. Il se peut même que ceux qui croient à nos idées aujourd'hui meurent... »

Mais le garçon de vingt-quatre ans, à qui il a confié la responsabilité de tous les jeunes du mouvement, rassure son chef. Il restera toujours des fidèles. Baldur von Schirach compose des textes qu'apprendront un jour par cœur tous les garçons d'Allemagne :

Peut-être que les colonnes cantonnées ici,
Que ces rangées brunes sans fin
Vont se disperser à tous les vents, se disloquer
Et m'abandonner. Peut-être, peut-être...
Je reste fidèle ! Même abandonné de tous,
Je porte le drapeau, chancelant et solitaire.
Il se peut que ma bouche balbutie des mots insensés,
Mais ce drapeau ne tombera qu'avec moi
Et sera le fier linceul de ma dépouille !

L'année 1932 sera la plus dure, pour la *Hitlerjugend* comme pour tout le mouvement national-socialiste. Adolf Hitler sait qu'il joue une terrible partie de « quitte ou double ». Le gouvernement se trouve menacé par les extrémistes des deux bords, communistes à gauche et racistes à droite. Dans les faubourgs ouvriers, on s'explique au couteau et au pistolet entre bandes concurrentes.

Vingt-six garçons de la Jeunesse hitlérienne seront tués dans ces mois de lutte, en Allemagne comme en Autriche. Comme leurs aînés des SA ou des SS, ils versent leur sang pour le triomphe de ce mouvement qui commence à remuer profondément l'Allemagne de ces années. En juillet 1932, le parti aura plus de six cents députés. La force qui monte paraît irrésistible. Et la jeunesse se bat au premier rang. Ce sera la victoire ou la mort.

Sans cesse, les mêmes chants, les mêmes paroles, les mêmes cris. Sans cesse, la même promesse :

— L'heure de la liberté et du pain approche !

Les chômeurs adhèrent au parti et rejoignent les rangs des SA, où ils trouvent un uniforme et une gamelle. Par cellules entières, les militants communistes passent du côté des « bruns ». Le mouvement national-socialiste s'enracine dans la masse. A la veille de la prise du pouvoir, plus de soixante pour cent des volontaires de la Jeunesse hitlérienne sont des ouvriers.

Baldur von Schirach le proclame devant les cent mille jeunes réunis dans la ville symbolique de ce qu'il nomme « le socialisme prussien » :

— La jeunesse est contre la réaction sous toutes ses formes. Si la Jeunesse hitlérienne réunie à Potsdam prend au sérieux le programme qui est le sien, il ne faudra pas s'étonner de se réveiller un matin en régime socialiste.

Mais ce socialisme reste national. Ces révolutionnaires se veulent allemands d'abord et avant tout. Ils ne sont pas seulement une génération en marche. Ils sont un peuple en mouvement Ils font partie de la race qui veut dominer le monde.

— Le jeune garçon de notre pays n'est plus seul, affirme Baldur von Schirach. Il fait partie d'une communauté de plusieurs millions de jeunes. Partout où flotte un drapeau de la

Jeunesse hitlérienne, il trouve des camarades. Ils ont la même foi que lui. Ils sont unis par une même idéologie. Ils sont solidaires d'un même mouvement. C'est là une perspective merveilleuse, qui rendra la jeunesse allemande indivisible.

Au retour de ce rassemblement de cent mille jeunes, chacun retrouve sa famille, son école, son atelier avec un esprit conquérant. Peu importent les réprimandes des maîtres et des parents. Peu importent les coups des policiers et des adversaires. Ce qui compte, désormais, c'est d'avoir découvert cette fantastique communauté de garçons et de filles qui vivent dans la même soif d'absolu et de don d'eux-mêmes.

Ils sont désormais, à la fin de l'année 1932, plus de cent mille jeunes hitlériens, orgueilleux de leurs drapeaux et de leurs martyrs. Ils ont payé le prix du sang. Maintenant, leur pays va leur appartenir. Ils sont l'avenir et la force de l'Allemagne. Son seul avenir et sa seule force.

2.

Dès le lendemain du 30 janvier 1933, la *Hitlerjugend* ne veut plus être la jeunesse d'un parti. Elle exige d'être la jeunesse de la nation.

— Notre mouvement doit être national et unitaire, déclare d'emblée Baldur von Schirach.

Les associations concurrentes sont dénoncées, mises au pas ou dissoutes. Le chef de la *Hitlerjugend* a le génie des discours et des formules : « La Jeunesse hitlérienne n'est pas l'agent de l'Etat au service de la jeunesse, mais l'expression de la jeunesse au service de l'Etat. »

Le nouveau mouvement absorbe peu à peu les groupuscules droitiers, les associations confessionnelles, les mouvements naturistes. Il attire à lui les indifférents et séduit même les adversaires. La méthode reste toujours la même : brutalité et dynamisme.

Pour les jeunes hitlériens, nul jeune Allemand de leur génération ne doit rester en dehors de ce grand courant qui soulève tout le pays. A la fin de l'année 1933, le nombre des membres de la *Hitlerjugend* est passé à plus de deux millions. Il sera de huit millions à la veille de la guerre. Le mouvement devient un monde en lui-même, avec ses chants, ses lois, ses fêtes.

Il n'est pas question de laisser à d'autres qu'à des nationaux-socialistes l'éducation de la jeunesse, et la même scène va se renouveler des milliers de fois à travers l'Allemagne.

Dans une grosse bourgade du Holstein, au nord de Hambourg, un jeune pasteur a fondé un groupe de jeunesse protestant. Ses garçons portent une chemise bleue et considèrent leurs camarades hitlériens comme des voyous. Eux, ils assistent aux offices, respectent l'ordre établi et se gardent de brailler des chansons révolutionnaires où il est surtout question de trousser les pucelles et de brûler les châteaux, comme au temps des lansquenets.

Dès l'été, tous les mouvements confessionnels ayant été dissous, ils sont une cinquantaine de jeunes hitlériens de quatorze à seize ans à se présenter chez le pasteur. Ils entrent chez lui sans frapper et leur chef, qui n'a même pas dix-huit ans, déclare d'emblée :

— Monsieur le pasteur, votre travail est de vous occuper du Christ. Le nôtre est d'éduquer la jeunesse. Nous vous laissons votre chaire au temple, vos bouquins de prières et tout le bazar. Mais nous serons désormais les seuls chefs à qui la jeunesse de ce pays doit obéir !

Comme le vicaire veut protester, les jeunes hitlériens se mettent à ricaner et lui lancent :

— A Dieu ce qui est à Dieu. Mais à l'Allemagne ce qui est à l'Allemagne.

Les jours suivants, la jeunesse évangélique de cette petite ville du Holstein déclare qu'elle rejoint « spontanément » la Jeunesse hitlérienne...

L'exemple vient d'ailleurs de haut. L'évêque Müller, qui a gagné au front sa croix de fer, tout comme le chancelier Hitler, se fait le protagoniste du rapprochement entre l'Etat national-socialiste et les Eglises chrétiennes :

« Avec la victoire du national-socialisme, écrit-il, nous avons l'assurance que la protection de l'Eglise et la défense du christianisme sont un devoir d'Etat... L'Eglise laisse, avec joie, sa jeunesse rejoindre celle du parti, sous la bannière du IIIe Reich. »

Le pasteur Juhl, ancien aumônier fédéral de la Jeunesse évangélique, va encore plus loin et écrit :

« Au cours de quelle révolution a-t-on fait appel et mieux respecté le christianisme que dans la révolution allemande et nationale-socialiste ? Quelle révolution a enfanté un chef comme Hitler, dont s'inspire tout le peuple ? Ses vertus sont les nôtres : l'abstinence et la frugalité, l'héroïsme et la foi, la solidité du caractère, une vie pure et noble... »

Plus des deux tiers des garçons des mouvements de jeunesse évangélique rejoindront la *Hitlerjugend* dès la fin de l'année 1934. Il reste maintenant à Baldur von Schirach à mettre la main sur la jeunesse catholique.

Finalement, le compromis est vite trouvé. Il est, bien entendu, à l'avantage de la Jeunesse hitlérienne.

En 1934, il existe encore une vingtaine d'organisations de jeunesse catholique et autant de jeunesse protestante. Plus d'un million de jeunes militent dans leurs rangs.

— La formation politique et sportive des jeunes relève uniquement de la Jeunesse hitlérienne, décide von Schirach.

Il ne laisse aux prêtres et aux pasteurs que des activités religieuses ou spirituelles. Le chef de la *Hitlerjugend* commente ainsi sa décision à son état-major :

— On verra bien s'ils réussissent à garder les jeunes entre leurs mains en leur proposant pour seules activités la lecture de la Bible ou l'assistance à l'office.

Tout ce qui peut attirer les jeunes est devenu le « domaine réservé » de la Jeunesse hitlérienne. C'est dans ses rangs, et dans ses rangs seulement, que les jeunes Allemands pourront camper, voyager, pratiquer tous les sports. Le nouveau mouvement leur offre tout ce qui peut faire rêver un garçon aventureux : des voiliers, des motocyclettes, des planeurs.

Le plus important pour les adolescents de cette génération reste le port d'un uniforme qui les transforme en membres d'une véritable confrérie et les distingue du « monde des vieux ». La chemise de couleur évoque dans les imaginations romantiques l'armure du chevalier. Désormais, toutes sont interdites, sauf la chemise brune de la *Hitlerjugend.* Et aucun drapeau ne peut flotter au-dessus des villages de toile, des écoles et des auberges de jeunesse, sauf celui qui porte en son cœur l'aigle tenant l'épée et le marteau, symboles hitlériens des années de lutte et d'espoir. Ce drapeau est noir comme celui des pirates et des nihilistes. Il proclame à jamais la volonté révolutionnaire d'un mouvement qui se refuse à renier ses origines prolétariennes.

Pas de mouvement de jeunesse sans chefs. L'Ecole nationale des cadres sera à Potsdam, là où s'est tenu le grand rassemblement de 1932. Baldur von Schirach développe leur esprit d'indépendance vis-à-vis du parti :

— La jeunesse doit être dirigée par la jeunesse, répète-t-il.

D'ailleurs, le Führer lui laisse la bride sur le cou. Il est parfaitement satisfait du travail de Baldur von Schirach. Tous les rapports et tous les chiffres sont unanimes : les jeunes hitlériens progressent en nombre comme en fanatisme. Ils sont quatre millions dès 1935.

Le 1er septembre 1936 — en cette année qui voit le triomphe des jeux Olympiques à Berlin —, le chancelier du Reich proclame une loi qui donne à la *Hitlerjugend* toute sa place dans la nation :

« L'avenir du peuple dépend de sa jeunesse. Il est donc indispensable qu'elle soit prête à le servir à tout moment. Le gouvernement décide en conséquence :

« ARTICLE PREMIER. — *Tous les jeunes Allemands résidant sur le territoire national sont astreints au service dans la Jeunesse hitlérienne.*

« ARTICLE 2. — *En dehors de la famille et de l'école, tous les jeunes Allemands doivent être éduqués physiquement, spirituellement et socialement dans les rangs de la Jeunesse hitlérienne, dans l'esprit du national-socialisme, au service du peuple et de la nation.*

« ARTICLE 3. — *La tâche de l'éducation de la jeunesse allemande au sein de la Jeunesse hitlérienne est confiée au chef national de la jeunesse du N.S.D.A.P. qui est élevé à la dignité de chef de la jeunesse du Reich allemand. Il dispose des pouvoirs et prérogatives des plus hauts fonctionnaires de l'Etat, siège à Berlin et n'est responsable de ses actes que devant le Führer, chancelier du Reich.* »

Soixante pour cent des jeunes entre dix et dix-huit ans font alors partie de la *Hitlerjugend*. Ils sont plus de cinq millions à porter la chemise brune et le poignard dont la lame est gravée de la devise « Sang et honneur ».

— Etes-vous satisfait ? demande Hitler à von Schirach.

— En partie, répond le jeune chef de moins de trente ans. Mais je ne crois pas nécessaire d'imposer par la force à toute la jeunesse allemande le service dans la Jeunesse hitlérienne. Je ne suis pas un gendarme qui ramène dans leurs classes les élèves qui font l'école buissonnière... Les derniers récalcitrants viendront d'eux-mêmes.

— Comme vous voudrez, conclut le Führer. Vous êtes le seul responsable.

Désormais, la *Hitlerjugend* se trouve au premier rang de toutes les manifestations du nouveau Reich. C'est à elle que s'adressent en priorité le Führer et tous les responsables du parti national-socialiste.

— Si vous voulez savoir pourquoi nous combattons, déclare à un voyageur étranger un des chefs de la SA, regardez les yeux de la jeunesse allemande, les yeux des enfants d'Allemagne...

En 1936, lors de la fête annuelle de la Moisson, Adolf Hitler s'adresse à eux et déclare, au milieu des rafales d'acclamations :

— Notre jeunesse vit. Elle vit dans un pays jeune, pour les jeunes. Sa joie de vivre éclate en un espoir puissant, une confiance inébranlable. Elle vit dans un pays plein de jeunes et de nouvelles idées. Elle vit dans un pays plein de jeunes et de nouvelles forces...

La prise du pouvoir a libéré la Jeunesse hitlérienne de ses missions de propagande et de combat politiques. Ce qui compte désormais, pour Baldur von Schirach et son état-major, c'est son éducation dans le sens du national-socialisme.

« La tâche essentielle d'un Etat populaire en matière d'éducation, écrit Adolf Hitler dans *Mein Kampf,* n'est pas de fabriquer des bêtes à concours ni des puits de science. Il faut d'abord des hommes au corps sain et équilibré, ensuite des intelligences solides et claires. »

Pour former des garçons endurants, la marche à pied devient, plus qu'un simple exercice, une sorte de mystique. Derrière leurs fifres, leurs tambours et leurs drapeaux, les jeunes Allemands des années 30 partent en chantant sur toutes les routes de leur pays. Brûlés par le soleil, trempés par les averses, fouettés par les rafales de neige, ils marchent, ils marchent sans cesse comme s'ils poursuivaient quelque but invisible. Toutes les routes, aux jours de congé scolaire, sont sillonnées par ces colonnes de jeunes en courte culotte de velours noir et en chemise brune. Les talons frappent le sol en cadence, les têtes se redressent, un chant jaillit de cent poitrines. Dans un nuage de poussière grise, ils ressemblent déjà à des soldats.

Le pas cadencé soude en un seul corps les jeunes ouvriers et les jeunes bourgeois, les écoliers et les paysans. Tous doivent désormais ressentir la certitude physique qu'ils font partie d'une même communauté. De la Bavière à la Frise, de la Prusse à la Silésie, ce sont les mêmes uniformes et les mêmes chants. Et les mêmes marches pendant des dizaines et des dizaines de kilomètres.

Le mercredi, le samedi, le dimanche... De plus en plus, la Jeunesse hitlérienne accapare les adolescents et les emporte dans son rythme. Les colonnes s'avancent. Les fanions claquent au vent, portant la roue solaire des vieux Germains. Des millions de jeunes courent les routes d'Allemagne.

Avant chaque rassemblement de Nuremberg, au mois de septembre, les chefs de la *Hitlerjugend* profitent des vacances de l'été pour mobiliser leurs garçons et les conduire à pied vers cette cité médiévale, qui devient chaque année davantage la « Mecque » de la religion hitlérienne.

Avant de se mettre en marche vers Nuremberg, les jeunes hitlériens ont longuement lancé des appels de trompette, comme pour réveiller tous les jeunes Allemands de l'étranger qui vivent encore hors des frontières du Reich. Dans tous les pays germaniques d'Europe, il existe des organisations clandestines de la *Hitlerjugend,* en Pologne comme en Alsace, au Schleswig comme en Autriche. Au-delà des fleuves et des montagnes, s'étendent des terres que le Reich doit un jour reconquérir... Au besoin par la force.

Depuis les lointaines frontières, les colonnes se sont mises en marche vers Nuremberg. Le soir, on couche sur la paille des granges, après avoir convié la population du village à une veillée autour d'un feu de joie. Les accordéons surgissent et rythment les danses paysannes. On conclut parfois, sous les étoiles, des amours rapides. La Jeunesse hitlérienne, au grand scandale des curés et des pasteurs, prône et pratique la liberté des mœurs...

A l'aube, la longue marche reprend. Chaque fois que la colonne traverse un village, les chants surgissent, rythmés par le grondement des tambours et le sifflement des fifres, les souliers ferrés allument des étincelles aux pavés des bourgades. Les corps fatigués se redressent. Un chant appelle les villageois sur le seuil de leurs maisons et de leurs échoppes.

L'Allemagne découvre avec surprise une jeunesse dure et ardente. Ces garçons de treize ou quatorze ans marchent et chantent déjà comme des soldats. Leurs jeux sont des jeux de guerre. Un poignard bat sur leur hanche et les courroies d'un havresac scient leurs épaules.

La marche est un service. Ils découvrent aussi leur pays et en font une terre sacrée. Un jour, ils seront prêts à se faire tuer pour défendre ces plaines et ces bois, ces burgs et ces fleuves. Ils aiment désormais leur patrie d'un amour charnel. Elle a le goût du pain frais et de l'eau claire des étapes.

Il faut quitter la grand-route. Voici les jeunes hitlériens sous les grands arbres de la forêt tutélaire. Les aiguilles de pins étouffent le bruit des pas. Tout est soudain plus sombre. Ils entrent silencieusement sous les frondaisons, comme on entrait naguère dans une cathédrale. Ils cherchent l'invisible et l'éternel. Ils deviennent semblables à leurs ancêtres que découvrait Tacite et nomment Dieu le secret des bois.

Le Dieu de la *Hitlerjugend* n'est plus le Dieu des chrétiens. Baldur von Schirach l'a affirmé lors d'un rassemblement de Nuremberg :

— Servir Hitler, c'est servir l'Allemagne, et servir l'Allemagne, c'est servir Dieu.

Mais ce Dieu ressuscite brusquement le Wotan germanique. Instinctivement, les jeunes hitlériens rejettent le Dieu de leurs parents pour retrouver le Dieu de leurs ancêtres. Ils ne veulent plus du Dieu de la charité, de la soumission et de l'humilité. Ils ne révèrent plus que le Dieu de la beauté, de l'affirmation et de la violence.

Malgré les concordats et les promesses, la Jeunesse hitlérienne s'affirme la jeunesse païenne. Leur Führer leur montre la voie, qui écrit dans *Mein Kampf* :

« Mon sentiment chrétien me fait voir et saluer dans mon Maître et Seigneur en premier lieu le combattant... La plus haute grandeur du Christ, ce n'est point comme martyr, mais comme lutteur, qu'il l'atteint... Mon devoir de chrétien n'est point de subir le martyre, mais d'entrer comme lutteur au service de la vérité et du droit. »

Chacune des grandes fêtes nationales-socialistes auxquelles participe au premier rang la Jeunesse hitlérienne devient une fête religieuse. Le nouveau régime crée une liturgie et une mystique. Les grands chefs apparaissent aussi comme de grands prêtres. Lorsqu'il parle aux ouvriers réunis pour la fête du Travail du 1er mai, le Dr Ley leur tient un bien étrange discours pour un meneur syndicaliste :

— Réjouissez-vous de la vie ! affirme le chef du Front du travail hitlérien. Voilà le mot d'ordre que vous donne le chant de l'alouette, de la mésange et de la caille dans la fraîcheur de la rosée de ce matin de printemps. Mai est arrivé, voilà le cri d'allégresse qui retentit à travers toute la nature, qui éclate dans la jeune frondaison des arbres, dans les fleurs épanouies. Toute l'immense création divine n'est aujourd'hui qu'une grande vibration musicale, qu'un rire illimité, le rire de la débordante joie de vivre. Et c'est à cette heure-là que l'homme insensé ose parler de la vallée de larmes de cette terre, du péché éternel, des grincements de dents, de l'expiation nécessaire, du recours servile à la grâce rédemptrice. Oui, tirez joie et allégresse de la vie... Réjouissez-vous de la vie. Nous avons recouvré la santé. La crise est finie... Nous avons reconquis notre honneur et notre place dans le monde... Réjouissez-vous de la vie !

De grandes fêtes vont désormais rythmer l'année hitlérienne et apporter à tout un peuple l'émotion religieuse, sans laquelle il n'est pas de profonde révolution. Chaque année, à Munich, le parti national-socialiste célèbre le 9 novembre, en souvenir de ce jour gris de 1923 où échoua dans le sang le putsch insensé des premiers SA. Adolf Hitler et ses vieux compagnons s'avancent, au milieu de bûchers funéraires et d'étendards voilés de crêpe, vers le temple où reposent les cercueils de bronze. Le drapeau du Sang flotte à nouveau dans les rues de Munich. Le parti national-socialiste célèbre sa Toussaint. Un culte naïf et barbare perpétue la mémoire des héros qui « marchent en esprit » dans les rangs.

Toute une jeunesse sera élevée dans la fidélité aux lointains ancêtres et aux obscurs militants. Désormais, elle devient la seule héritière de tant de siècles, de tant de luttes, de tant de rêves. Elle ne peut bâtir l'avenir qu'en assumant tout le passé héroïque du peuple allemand, de la forêt de Teutoburg au marais de Langemarck.

•

Pour la *Hitlerjugend,* nulle date n'est plus sacrée que celle du solstice d'été. En cette nuit unique, la plus courte de l'année, l'Allemagne célèbre le soleil invaincu.

Depuis les âges tumultueux de la Germanie primitive, cette cérémonie païenne, liée au culte primitif de la terre et du feu, s'est transmise, inchangée. Des roues de charrettes entourées de paille sont enflammées et dévalent les collines. Des bûchers s'allument et se répondent, de haut lieu en haut lieu, à travers la campagne allemande.

Cette nuit, les jeunes hitlériens ne vont pas dormir et attendront jusqu'à l'aube le retour du soleil. Les cérémonies du solstice d'été, sur l'ordre de Baldur von Schirach et de Heinrich Himmler, sont organisées en commun par les adolescents de la *Hitlerjugend* et par leurs aînés des *Schutz-Staffel,* les SS, qui constituent peu à peu un Etat dans l'Etat. L'Ordre Noir se fait le gardien de la tradition nordique et le protecteur de la nation allemande. C'est à lui qu'incombent désormais les tâches les plus rudes : détruire l'ennemi, éduquer la jeunesse et sélectionner les maîtres de l'univers.

Lentement, les colonnes brunes et les colonnes noires escaladent les collines. Au sommet, se dressent les bûchers qui vont tout à l'heure s'embraser, à la même heure, dans tout le pays, du Rhin au Niemen, de la Baltique aux Alpes.

Les SS appellent désormais dans leurs rangs les plus rudes et les plus purs des jeunes hitlériens. Ils leur confient les glaives et les flambeaux du nouvel empire. Ensemble, ils vont mettre le feu à la paille et aux bûches. Ensemble, ils vont incendier le monde.

Un garçon de la *Hitlerjugend* et un Junker des SS s'avancent, tenant ensemble la même torche qui va mettre le feu au bois sec. Il est minuit. Dix mille bûchers illuminent au même instant le ciel d'Allemagne. Dix mille bûchers dans la nuit unique, dans la nuit immense, dans la nuit sainte.

— La terre se renouvelle, disent tous les assistants d'une même voix.

Au milieu du silence religieux de la nuit, coupé par le seul crépitement de la flamme, voici l'hymne au feu purificateur et rénovateur :

— Les portes de la vie sont ouvertes. Voici que vient l'été. Jeunesse, vouée à la flamme, recueille-toi pour l'action. Marchons au feu et toi, flamme, embrase-nous. Nous sommes la flamme, nous sommes l'incendie. Au sein de ce feu, consumons tout ce qui n'est pas voué au renouvellement du peuple. Nous sommes les portes-flammes Nous sommes des consacrés. Flamme, fais descendre sur notre temps ta lumière.

Pendant toute la nuit, les feux vont brûler sur les collines. Enfants allemands et soldats de la SS en armes vont monter, ensemble, la garde sous les étoiles, dans le grand vent qui souffle du nord. A l'aube, il ne restera plus du feu du solstice qu'un grand rond de cendres et de braises.

Mais ces feux ne peuvent mourir.

Dans un des journaux de la *Hitlerjugend,* un rédacteur écrit : « Demain, sera morte la flamme qui aujourd'hui jaillit sur nos montagnes. Pour nous, nous serons embrasés à l'heure où nous monterons à l'assaut dans l'aurore. Notre étendard est une flamme claire qui ne connaît pas la mort. »

Peu avant la guerre, un vieil aristocrate breton, à la prunelle claire et à la barbe de fleuve, Alphonse de Châteaubriant, se rend en Allemagne nationale-socialiste et en revient ébloui par le nouveau régime. Il visite un camp de la *Hitlerjugend* et affirme :

« La jeunesse est devenue sous le soleil comme une masse immense, qui écoute au fond d'elle le grand mot de l'avenir, car elle sait que la solution de tout un âge est inscrite dans l'acte qu'elle accomplira. »

L'écrivain de *La Brière* découvre un monde qu'il pare de toutes les couleurs du romantisme. Ces garçons de la Jeunesse hitlérienne ressuscitent, à ses yeux, les vertus de Sparte et de la Germanie primitive des forêts et des lacs. Il écrit dans *La Gerbe des forces :*

« Les bras sont hâlés, pelés de soleil, les corps bronzés, les têtes sentent la résine, sont imprégnées du parfum de la fumée bleue qui monte parmi les arbres.

« Et à mi-pente, parmi les pierres, sur une espèce d'autel de pierres, brûle un feu de bois. C'est le feu sacré du camp. Ce feu, entre le premier jour et le dernier, ne doit pas s'éteindre. De chaque côté de lui, veillent deux jeunes garçons, les gardiens du foyer, chargés d'empêcher la flamme de mourir. Ils montent là une faction, rigides, les talons réunis, le corps droit, le regard fixé dans l'espace.

« Je m'approche, et eux, me voyant gravir la pente, se roidissent encore plus, regardant droit en haut, dans le ciel.

« Mes enfants, mes petits amis allemands, vous qui gardez si bien le feu de camp, veillez bien à ce que le feu du cœur ne s'éteigne jamais de votre vie... C'est le conseil d'un vieux Gaulois, descendu des *Commentaires* de César... »

3.

Au printemps de 1939, un printemps qui sent déjà la poudre et le sang, un nouveau texte officiel va compléter la loi fondamentale de 1936 sur la *Hitlerjugend.* Cette fois, le service dans l'organisation de jeunesse du IIIe Reich n'est plus volontaire, mais obligatoire.

Tout jeune Allemand, âgé de dix ans, doit désormais servir huit ans dans la Jeunesse hitlérienne, six mois dans le service du Travail et deux ans dans les forces armées.

Le texte énonce un principe absolu : le service dans la *Hitlerjugend* est un service d'honneur envers le peuple allemand.

Ils sont plus de huit millions de garçons et de filles mobilisés dans les rangs d'une organisation de plus en plus colossale et monolithique. La Jeunesse hitlérienne prend le visage d'un mouvement de masse, celui par lequel doit passer, de gré ou de force, toute une génération.

Tous les jeunes Allemands qui avaient une dizaine d'années lors de la prise du pouvoir n'ont jamais connu d'autre univers que celui de la Jeunesse hitlérienne. Ils sont, réellement, devenus les enfants d'Adolf Hitler ; ils appartiennent, corps et âme, au chef que le peuple allemand s'est donné dans une atmosphère étrange où voisinent l'esprit pratique et la foi aveugle.

Désormais, comme l'affirme leur journal : « Les jeunes n'ont rien de plus décisif à faire que d'apprendre le national-socialisme, pour penser et agir en nationaux-socialistes. »

Formule vague, mais qui correspond à une atmosphère totalement étrangère au « rationalisme » des sociétés bourgeoises, libérales et démocratiques.

Pour Adolf Hitler, qui se veut architecte, il faut bâtir un nouvel homme, comme on bâtit un temple. La jeunesse qui porte son nom n'est pas seulement destinée à conquérir des terres nouvelles et à les coloniser, en suivant les traces des chevaliers Teutoniques, là-bas vers l'est où crient les oies sauvages sur les rives glauques de la Baltique et dans la steppe poussiéreuse de l'Ukraine dorée.

Dans l'esprit d'Adolf Hitler, la jeunesse peut seule comprendre l'immense rêve qui hante depuis toujours le guide de la nouvelle Allemagne.

Il confie rarement les pensées qui l'agitent quand il entend des dizaines et des dizaines de milliers de jeunes l'acclamer dans le stade de Nuremberg. Il sait le prix du secret dans toute grande œuvre. Parfois, pourtant, il se laisse aller aux confidences...

Ainsi, à la veille de la guerre, le Führer s'entretient avec le président du sénat de Dantzig, Hermann Rauschning, un militant national-socialiste de la première heure. Dans une salle gothique de l'antique château des chevaliers Teutoniques à Marienburg, il va confier ses pensées intimes à celui qu'il considère comme un de ses meilleurs compagnons.

— C'est avec la jeunesse que je commencerai ma grande œuvre éducatrice, dit Hitler. Nous, les vieux, nous sommes usés. Oui, nous sommes déjà vieux. Nous sommes gâtés jusqu'à la moelle. Nous n'avons plus d'instincts sauvages. Nous sommes lâches, nous sommes sentimentaux. Nous portons le poids d'une histoire humiliante et le souvenir confus des époques d'asservissement et d'humiliation. Mais ma splendide jeunesse ! Y en a-t-il une plus belle dans le monde ? Voyez donc ces jeunes hommes et ces jeunes garçons ! Quel matériel humain ! Avec eux, je pourrais construire un nouveau monde.

Emporté par sa vision, le Führer va alors décrire ce que sera la « rude école » par laquelle doit passer la jeunesse du Reich pour atteindre le surhumain :

— Nous ferons croître une jeunesse devant laquelle le monde tremblera. Une jeunesse violente, impérieuse, intrépide et cruelle. C'est ainsi que je la veux. Elle saura supporter la douleur. Je ne veux en elle rien de faible ni de tendre. Je veux qu'elle ait la force et la beauté des jeunes fauves... La seule science que j'exigerai de ces jeunes gens, c'est la maîtrise d'eux-mêmes. Ils apprendront à dompter la peur.

Et Adolf Hitler ajoute aussitôt :

— Voilà le premier degré de mon ordre, le degré de la jeunesse héroïque. C'est de là que sortira le second degré, celui de l'homme libre, de l'homme qui est la mesure et le centre du monde, de l'homme créateur, de l'homme-dieu.

Toute la jeunesse allemande se trouve désormais embrigadée dans la *Hitlerjugend.* Et les cadres de la Jeunesse hitlérienne vont, à leur tour, être mobilisés dans les forces armées. Pendant toute l'année 1939, des ordres d'appel sous les drapeaux viennent perturber la vie quotidienne de toutes les organisations nationales-socialistes. Même le congrès de Nuremberg, prévu pour septembre, est annulé...

Cette année, la grande marche des jeunes Allemands vers le Führer n'est plus une marche pacifique... Les aînés se retrouvent dans les longues colonnes qui piétinent, le fusil au poing, dans la poussière des pistes et des routes d'une Pologne écartelée et embrasée. C'est la guerre. La guerre que, depuis tant d'années, célèbrent, dans les foyers et dans les camps de la Jeunesse hitlérienne, les poèmes et les chansons. Aujourd'hui, en ce mois de septembre 1939, ce ne sont plus des mots, mais des actes. Voici l'aube tant attendue et tant célébrée.

Il est en guerre ce pays dont les garçons de onze ou douze ans chantaient naguère, sur toutes les routes d'Allemagne :

Un jeune peuple se dresse, prêt à l'assaut !
Levez les drapeaux plus haut, camarades !
Nous sentons se rapprocher notre temps,
Le temps des jeunes soldats !

Désormais, ce n'est plus seulement l'Allemagne qui va écouter les chants de guerre et de mort de la *Hitlerjugend,* mais le monde entier.

Plus que le peuple et plus que le parti, la jeunesse est prête à entrer dans la guerre. Elle va apporter dans ce conflit fatal tout son enthousiasme et toute sa brutalité. Voici venir le temps des jeunes loups.

La *Hitlerjugend* se trouve brusquement confrontée à une tâche gigantesque : les hommes en âge de porter les armes ont rejoint les frontières. Les garçons allemands n'ont plus de pères. Ils devront non seulement se passer d'eux, mais les remplacer. A tous les postes, désormais, on trouve des adolescents prêts à assumer les multiples charges de la mobilisation intérieure. Dans tout le pays, ils portent des messages, remplissent des fiches, collectent des dons pour les soldats.

On les trouve dans les bureaux où se distribuent les cartes de rationnements, dans les rues où se récupèrent les vieux métaux pour fondre les canons, dans les champs où les bras manquent pour rentrer les moissons et creuser de nouveaux sillons. En quelques semaines, toute une génération va se trouver totalement mobilisée pour soutenir l'effort de guerre.

Récolter des pommes de terre ou distribuer des couvertures n'est pas une besogne très exaltante pour des garçons dévorés par une véritable passion du service le plus rude. Les voici rapidement affectés à la protection contre les raids aériens. Comme la Luftwaffe reste encore la seule maîtresse du ciel allemand, ce n'est au début qu'un grand jeu.

Les jeunes constituent, dans tout le Reich, des équipes d'urgence. En quelques secondes, ils sont prêts à laisser l'école ou l'atelier, à se coiffer du casque en cuir bouilli noir, à sauter dans des voitures et des camions réquisitionnés, à attaquer l'incendie. Les nouveaux pompiers d'Adolf Hitler n'ont souvent que quinze ans. Mais ils sont tous prêts à risquer leur vie pour sauver les victimes des sinistres.

Le soir, ils organisent des rondes pour surveiller le couvre-feu et faire une chasse impitoyable aux lumières interdites. Dans la journée, ils creusent des abris antiaériens jusque dans les jardins publics de toutes les villes allemandes. Chaque semaine, ils s'entraînent dans le cadre de la défense passive.

La guerre a emporté dans son tourbillon la plupart des cadres de la Jeunesse hitlérienne. De nouveaux chefs doivent se dégager, à une période où les responsabilités se multiplient. Plus que jamais, il faut faire confiance à la jeunesse pour mener la jeunesse. La *Hitlerjugend* reste un monde particulier, une sorte d'immense république hiérarchisée de près de dix millions de sujets. Ceux qui les dirigent n'ont parfois que seize ans et ils se trouvent alors à la tête de bataillons de plus d'un demi-millier de garçons de leur âge.

Ils n'ont qu'une seule consigne : réussir. Le parti perd de son importance. Les SA ont troqué la chemise brune contre la tunique feldgrau. Les permanences et les foyers ne connaissent plus la tumultueuse animation de l'avant-guerre. Désormais, ce sont les jeunes qui vont devenir les intermédiaires privilégiés entre le peuple allemand et le Führer dont ils portent le nom. Sans eux, le front intérieur pourrait s'écrouler. Mais ce que ne pourrait garantir aucune force de police, les jeunes y arrivent par leur seule présence. Leur bonne volonté, leur regard même deviennent les suprêmes garants du moral de la nation tout entière.

Parce que la jeunesse du Reich affirme qu'elle est prête à tous les sacrifices, jamais l'arrière ne perdra courage ni confiance. Par leur engagement total au service de leur peuple en guerre, les jeunes hitlériens balaient le défaitisme et la lâcheté. Ils brûlent de tout donner et ne vivent que pour ressembler aux héros sans cesse proposés en exemple. Ces figures exaltantes ne sont plus celles des âges tumultueux de la Germanie, des croisés teutoniques ou des volontaires prussiens. Ce ne sont même plus les jeunes soldats sacrifiés de Langemarck, mais leurs propres aînés, ceux avec qui ils ont totalement partagé l'aventure, toujours inoubliable, de leur enfance et de leur jeunesse.

A chacune de leur permission, les anciens de la *Hitlerjugend* réunissent les jeunes de leur village ou de leur quartier. Ils leur racontent comment ils vivent sur le front et surtout ils leur expliquent pourquoi ils se battent.

L'endoctrinement se poursuit. Les mêmes slogans reviennent, lancinants, obsédants. « Tu n'es rien et ton peuple est tout », c'est une phrase d'Adolf Hitler qu'enseignent les jeunes mobilisés à leurs cadets. Déjà, ceux avec qui ils campaient naguère, dans les dunes de la Baltique ou sur les alpages de Bavière, portent sur leur veste d'uniforme ces décorations de bronze et d'argent, symboles du sang versé. Presque tous les cadres de la *Hitlerjugend* envoyés sur le front en reviennent avec le ruban noir-blanc-rouge de la croix de fer. Et ceux qui ne reviennent pas prennent leur place dans cette mythologie combattante dont se nourrit depuis 1933 la jeunesse allemande.

Plus encore qu'avant la guerre, les jeunes hitlériens sont toujours invités lors des cérémonies militaires. La division d'élite *Grossdeutschland* organise une soirée du solstice d'hiver. Un grand feu illumine la neige. Il gèle à pierre fendre. Les garçons de la *Hitlerjugend* sont figés au garde-à-vous, les visages éclairés par le brasier. Baldur von Schirach, après avoir été mobilisé dans les forces armées comme simple soldat, vient d'être nommé Gauleiter de toute l'Autriche. Avant de partir pour Vienne, il s'adresse à ses garçons, tous promis aux plus durs combats :

— Délibérément, nous devons nous conformer à la loi de la vie. Dans le monde, il n'est plus une plante, un animal, ou un homme qui ne doive la vie à une lutte incessante. Celui qui est faible disparaît, et celui qui est fort survit. La lutte pour la vie est la seule morale que nous impose la nature.

La jeunesse croit, sans l'ombre d'un seul doute, à la victoire finale. Pour elle, il n'existe aucune rupture possible entre le parti et l'armée, entre le Führer et la nation. Depuis près de dix ans, elle sait qu'il n'existe plus, au sein de la jeunesse de l'Allemagne nationale-socialiste, de classes antagonistes, mais une seule génération animée par un seul idéal. Elle ne connaît qu'un seul chant :

Nous ne sommes plus bourgeois, paysans ou ouvriers.
Renversez donc les barrières, camarades,
Devant nous ne flotte qu'un drapeau,
Le drapeau des jeunes soldats.

Soldats, ils le sont tous, même s'ils n'ont encore que treize ans, même s'ils portent toujours l'uniforme noir, avec le blouson, le pantalon de ski, les grosses chaussures cloutées et la casquette de montagne, qui est celui de la jeunesse allemande en ce gris hiver de la guerre.

La récupération des ferrailles, des vieux papiers ou des fourrures devient désormais le travail des plus jeunes, qui parcourent les rues en tirant d'immenses charrettes à bras. Les aînés participent plus directement à l'effort de guerre. Ils servent d'abord comme estafettes ou propagandistes. Pour les dirigeants nationaux-socialistes, le parti, l'armée et le peuple ne doivent constituer qu'un seul bloc, incarné d'abord dans une seule jeunesse. Tous les adolescents brûlent de se rendre utiles. Les voici secouristes, pompiers, télégraphistes. Ils sont aussi bûcherons ou terrassiers. Avant le fusil, chaque jeune Allemand doit se battre avec une hache et une pelle. Ils déblaient les routes enneigées, creusent des tranchées, dégagent les voies de chemins de fer. Certains servent comme aiguilleurs et d'autres comme téléphonistes.

Quand le dur service de la journée est fini, garçons et filles doivent encore gagner les hôpitaux. A la *Hitlerjugend,* incombe la tâche de remercier et de distraire les blessés du front. Toute la soirée, ils vont chanter, danser, jouer de l'harmonica et de l'accordéon. De plus en plus nombreux sont les blessés, les malades, les victimes de la guerre. L'Allemagne paie ses conquêtes par la rançon du sang.

Les rangs des forces armées du Reich s'éclaircissent. La campagne du terrible hiver 1941-1942 a saigné à blanc les unités engagées dans la steppe russe et subitement figées aux portes de Leningrad, de Moscou, de Sébastopol ou de Rostov.

Le printemps revient. Il faut combler les vides. Les jeunes, désormais, vont servir comme auxiliaires dans les unités de transmissions et les batteries antiaériennes. Ils vont remplacer les soldats des services de ravitaillement.

Ce sont les garçons de la *Hitlerjugend* qui montent la garde le long des voies ferrées ou qui pourchassent les parachutistes, qui surveillent les travailleurs étrangers dans les fermes et les usines. Ils se veulent les auxiliaires de l'armée comme de la police.

Cette génération vit dans la hantise de la victoire, du combat, de la violence. Elle ignore, une fois pour toutes, la pitié. Ceux qui s'opposent à son rêve n'ont qu'à périr.

La jeunesse allemande s'engage dans la guerre totale. Elle sait que les armes trancheront tout. Quand se constitue, à la fin de l'année 1942, à Vienne, une « Union de la jeunesse européenne », ce sont de jeunes volontaires du front de l'Est, appartenant à plus de trente nations, alliées, neutres ou occupées, qui constitueront l'essentiel des participants. Etre jeune, dans l'Europe nationale-socialiste, cela veut dire : être soldat.

Il existe désormais à travers l'Allemagne plus de trois cents camps de préparation militaire. Les jeunes volontaires qui s'y présentent reçoivent un treillis beige du style Afrikakorps et un calot de toile avec l'insigne de la *Hitlerjugend* en guise de cocarde. Ils n'apprennent certes pas à marcher au pas ni à chanter en chœur, car tous y sont habitués depuis l'enfance. Ils peuvent commencer leur instruction individuelle de combattant. D'abord et toujours, le sport, qui fortifie les muscles et forme le caractère. Puis l'instruction militaire : progresser sous le feu, se camoufler, apprendre à se servir d'un fusil. A travers toute l'Allemagne, les concours de tir se multiplient. Porter un fusil devient pour eux la suprême ambition et le suprême honneur.

Le seul problème, pour les cadres de la Jeunesse hitlérienne, semble de retenir leurs garçons, qui voudraient bien abandonner les tâches ingrates de la défense passive pour s'engager dans les forces armées. La propagande remplit bien son rôle : l'héroïsme est contagieux. Le spectacle des mutilés de guerre, de plus en plus nombreux dans les villes allemandes où on leur réserve la première place dans les cafés ou dans les trains, quel que soit leur grade, ne provoque jamais la pitié de la jeunesse, mais un sentiment auquel il faut bien donner son vrai nom : l'envie.

Depuis près de dix ans, toute une génération a été dressée pour servir, pour souffrir, pour vaincre. Elle croit fanatiquement à la loi du plus brave et du plus fort.

Elle exige des armes.

A seize ans, des garçons sont admis dans la défense antiaérienne. Ils passent leurs journées sur les bancs de l'école et leurs nuits dans les abris de batterie. Dès le début de l'alerte, ils sont debout, casqués, bottés, prêts. De plus en plus, ce sont des écoliers qui servent de pourvoyeurs et chaque pièce ne compte plus que deux ou trois soldats adultes. De mois en mois, avec les bombardements alliés de plus en plus fréquents et de plus en plus meurtriers, le service des canons antiaériens deviendra un véritable service de guerre. On comptera bientôt par centaines, par milliers, les jeunes servants de batterie morts ou blessés.

La fin de l'année 1942 voit l'engagement des jeunes dans une guerre de plus en plus terrible. La *Hitlerjugend,* en liaison avec le parti et l'armée, contrôle toute la vie de dix millions d'adolescents. Les écoles sont purement et simplement incorporées à la Jeunesse hitlérienne, les professeurs qui ont échappé au front sont mobilisés sur place avec leurs élèves. Les camps de l'enfance au plein air se transforment en centres de préparation militaire.

La guerre impose ses lois.

Les nouvelles du front, à l'approche de l'hiver, deviennent de plus en plus mauvaises pour les forces du Reich et leurs alliés roumains, hongrois ou italiens. L'armée qui s'est avancée jusqu'à la Volga pour y livrer la bataille décisive risque d'être prise au piège. On murmure qu'elle se trouve encerclée et que les avions ne peuvent plus ni lui apporter du ravitaillement ni évacuer ses blessés. Les Allemands qui avaient dix ans en 1933 sont en train de mourir sur le front de l'Est. Qui pourrait les relever ?

4.

Le 30 janvier 1943, l'Allemagne en guerre célèbre le dixième anniversaire de la fondation du IIIe Reich national-socialiste.

En contrepoint des cérémonies et des discours, un nom ne cesse de hanter tout un pays crispé sur l'idée de la guerre totale : Stalingrad. Dans deux jours, tombera la cité investie.

Voici venu le grand tournant de la Seconde Guerre mondiale. La situation sur le front de l'Est devient dramatique. L'orgueil germanique va périr sur la Volga, aux confins d'une Europe qui renâcle à la « croisade » prêchée par Adolf Hitler.

Il y a dix ans... il y a dix ans, les hommes des sections d'assaut et les garçons de la Jeunesse hitlérienne défilaient, torche au poing et chant aux lèvres, sous les arcades de la porte de Brandebourg. Aujourd'hui, ce sont de longues colonnes de prisonniers en guenilles qui avancent en titubant dans les ruines de Stalingrad.

La guerre exige le tribut du sang. A dix-huit ans, les jeunes Allemands doivent prendre les armes et rejoindre le front. Ils savent déjà tous tenir un fusil. Dans trois cents camps de préparation militaire, répartis à travers tout le pays, des sommets alpestres aux rivages baltiques, ils ont appris à tirer. Depuis le premier jour de la guerre, le fusil KK (*klein Kalibre* : petit calibre) est devenu leur inséparable compagnon.

Ceux qui ne veulent pas attendre leur ordre d'appel pour servir sous les armes peuvent s'engager dans les divisions de la Waffen SS, dont les unités de choc combattent durement depuis le premier jour de la guerre.

Au début de l'année 1943, il existe déjà une dizaine de divisions SS dont la propagande ne cesse d'exalter les faits d'armes. Les guerriers aux anoraks camouflés apparaissent toujours au premier plan des actualités cinématographiques. Avec leurs motos couvertes de poussière, leurs blindés aux lourdes silhouettes, leurs canons aux tubes cerclés des marques blanches de leurs victoires, les SS se détachent sur des fonds d'incendies où les isbas et les chars soviétiques flambent comme des torches. Hiver comme été, par les champs de tournesols illuminés de soleil ou dans le vent sifflant sur la steppe enneigée, les hommes des troupes d'assaut marchent, se battent et meurent.

Les camarades décorent la tombe fraîche d'une flèche formée de trois branches de bouleau et d'un casque d'acier criblé d'éclats. Puis ils poursuivent leur route. Vers l'est, toujours plus loin vers l'est. La marche continue. Vers la gloire et vers la mort. Les communiqués répètent sans cesse les mêmes phrases : « Pour l'honneur, pour la patrie, pour le Führer. »

Les SS marchent en pays ennemi. Ils se veulent les meilleurs des meilleurs soldats. Ils portent jusqu'au Caucase la torche de Prométhée et le glaive de Siegfried. Ils sont les fils des vieux guerriers germains surgis des glaces et des forêts. Ils sont les Teutoniques qui ont remplacé la croix du Christ par la roue du Soleil. Ils sont les SS d'Adolf Hitler.

Dix divisions. Un quart de million d'hommes sous les armes qui ont juré, sur l'acier d'une épée nue, d'être fidèles et braves jusqu'à la mort. Combien, déjà, reposent en terre lointaine pour respecter ce serment ? Combien n'ont même pas de tombe et ne sont plus qu'ombres invisibles, mais exigeantes dans cette tempête d'acier et de feu qui souffle sur les marches de l'Est ?

Tous les écoliers allemands connaissent par cœur les noms

de ces divisions et les faits d'armes de ces « soldats politiques », qui restituent, dans le grondement des chars, le fanatisme impitoyable des guerres de religion. La race est devenue leur foi. Ce sont des païens. Leur horde mécanique croit que rien ne sépare la terre du ciel. Après le combat, ils régneront sur les terres conquises ou ils reposeront au Walhalla des héros tombés au combat. Leurs rangs comptent plus de tués que de vivants. Et tous portent au front cette tête de mort qui est devenue pour eux le symbole même de l'éternité.

Dix divisions d'élite forment le fer de lance des armées du Führer et du Reich. La première de toutes, la Vieille Garde, c'est la *Leibstandarte SS Adolf Hitler,* issue de la petite troupe des gardes du corps des premières années de lutte dans les tavernes de Munich, qui ont été transformés en grenadiers blindés depuis quelques mois, après avoir lutté sur tous les fronts de la Pologne à l'Ukraine.

La 2e division SS porte le nom de *Das Reich* et a mené l'assaut devant Moscou, arrivant jusque dans les faubourgs de la capitale de toutes les Russies. On affirme que son chef, l'Obergruppenführer Paul Hausser, aurait même aperçu dans ses jumelles binoculaires les coupoles dorées du Kremlin...

Le chef suprême de la SS, Heinrich Himmler, a tenu à ce que les gardiens de camp comme les agents de police soient présents sur le front. Deux divisions, composées désormais de jeunes recrues qui n'ont jamais connu les tâches de répression du « front intérieur », portent les noms de *Totenkopf* et de *Polizei.* Elles ont vécu la longue marche offensive à travers les pays baltes et mènent une terrible guerre de tranchées et de marais devant Leningrad, la ville sainte du communisme.

La 5e division de la Waffen SS offre la singularité de réunir, outre des Allemands de souche, des volontaires de tous les pays germaniques : Danois, Norvégiens, Suédois, Finlandais, Flamands, Hollandais, et même quelques Suisses. Ils se sont engagés sous le signe de la roue solaire nordique et portent sur leur bande de bras le nom de *Wiking.*

Dans les solitudes glacées de la Laponie finnoise, combattent les chasseurs de montagne de la division *Nord,* dont un des régiment porte le nom « magique » de *Thulé,* en souvenir de l'île mystérieuse des Hyperboréens. Sur l'autre versant de l'Europe, dans les ravins et les grottes de la Yougoslavie démantelée, d'autres chasseurs de montagne SS portent au col la rune d'Odal et traquent sans pitié les partisans de Tito. Ils ont choisi pour « protecteur » un étrange chef de guerre, le *Prinz Eugen* de Savoie qui mena au combat au XVIIIe siècle les armées autrichiennes. Les volontaires de cette division, tout comme lui, ne sont pas des Allemands de souche, mais des Germains de la grande dispersion, originaires du Banat et de Transylvanie.

La 8e division SS est une unité de cavalerie. Ses hommes combattent à cheval comme des guerriers du Moyen Age et ont adopté pour leur unité le nom de *Florian Geyer,* qui est celui d'un chevalier de Franconie, célèbre partisan de Luther pendant la guerre des Paysans.

Deux nouvelles divisions SS de grenadiers blindés viennent d'être créées à la fin de l'année 1942. Elles combattront désormais côte à côte sur tous les fronts. La 9e porte le nom de *Hohenstaufen,* en souvenir de la famille des empereurs germaniques, ancêtres de Frédéric Barberousse, tandis que la 10e reçoit le patronyme de *Frundsberg,* pour honorer un chef de guerre du XVe siècle qui combattit sous les Habsbourg.

Une 11e division *Waräger* est en projet pour rassembler de nouveaux volontaires germaniques, scandinaves, néerlandais et baltes. Elle portera finalement le nom de *Nordland* et combattra de Narwa à Berlin.

Pour la première fois depuis sa création, la Waffen SS, dont les pertes ont été effroyables depuis le début de la campagne à l'Est, va connaître une crise d'effectifs.

Où trouver de nouvelles recrues capables de servir dans les troupes d'assaut ? Heinrich Himmler décide que les conscrits seront d'aussi bons soldats que les volontaires. Des milliers de jeunes Allemands de dix-huit et dix-neuf ans, déjà mobilisés dans les camps du Service du Travail obligatoire reçoivent l'ordre de troquer la pelle contre le fusil et de rejoindre les rangs de la Waffen SS.

Cette incorporation forcée dans des troupes qui dépendent du parti national-socialiste et non de l'armée régulière provoque une tempête de protestations. Pasteurs, prêtres, évêques et cardinaux font pression sur les parents pour que leurs fils ne rejoignent pas les rangs d'une armée « païenne » dont le chant de guerre proclame que le Diable marche avec elle.

Heinrich Himmler se montre stupéfait de l'avalanche de lettres et de plaintes qui inonde les bureaux de recrutement et menace d'arriver jusqu'au cabinet du Führer.

L'Obergruppenführer Jüttner, chef du SS Führungshauptamt dont dépend toute la direction de la Waffen SS, est convoqué d'urgence par son chef.

— C'est insensé ! s'exclame « le fidèle Henri ». Il faut arrêter ce sabotage des bigots. Trouvez une solution.

— Il n'y en a qu'une seule, Reichsführer. Il faut absolument que ces jeunes gens soient volontaires. Cela a toujours été la règle absolue de la SS. Même en temps de guerre, nous ne devons pas transiger.

Jüttner, avec ses lunettes cerclées d'or et son toupet de cheveux blancs, se montre peut-être plus diplomate encore que militaire. Le grand organisateur de la SS en armes ne tarde pas à trouver une solution :

— Tous les garçons que nous avons mobilisés vont effectuer une période d'un mois dans les centres d'instruction de la Waffen SS. Puis nous leur laisserons le choix : ou ils signent un engagement volontaire, ou bien ils nous quittent pour rejoindre la Wehrmacht.

— C'est une idée séduisante, mais dangereuse, estime Himmler. De quoi aurons-nous l'air si, au bout de quatre semaines dans nos rangs, ils nous quittent en masse ?

Son interlocuteur commence par sourire, avec une sorte d'ironie qui semble rendre encore plus pâles ses lèvres minces. Il se fait soudain rassurant.

— Je sais ce que valent nos instructeurs, Reichsführer. Laissez donc sans crainte ces garçons rejoindre les camps des divisions *Hohenstaufen* et *Frundsberg*. Et vous verrez le résultat.

Au bout d'un mois, à l'heure du choix, il n'y aura que trois réfractaires pour demander à quitter la Waffen SS [1].

En cette année 1943, qui marque le grand tournant de la guerre, le chef de la jeunesse du Reich se nomme Arthur Axmann. Il commande à dix millions de garçons et de filles, dont les plus jeunes sont nés au moment de l'arrivée d'Adolf Hitler au pouvoir et dont les plus âgés servent déjà comme auxiliaires dans les transmissions, l'artillerie antiaérienne ou les unités de pompiers. Sous ses ordres directs, toute une génération participe à l'effort de guerre. Mais il veut faire encore davantage, car il est tout à la fois le plus jeune, mais aussi le plus dur de tous les grands chefs nationaux-socialistes.

Arthur Axmann est originaire de Wedding, un des faubourgs populeux de Berlin. Il a perdu son père et, pour faire vivre sa mère et ses quatre sœurs, il a commencé à travailler très jeune en usine. L'Allemagne connaissait alors les contrecoups de la crise des années 30. D'innombrables chômeurs encombrent les asiles de nuit. Les partis extrémistes recrutent parmi les misé-

1. D'après un discours de Jüttner à Prague, le 13 avril 1944.

reux et les ouvriers. Communistes et nazis multiplient les promesses. Les orateurs annoncent sans cesse la venue de la révolution. Rouge ou brune, qu'importe pour ceux qui n'ont plus de pain. Le même slogan creux claque sur les étendards : « *Freiheit !* » Liberté. La liberté de la classe prolétarienne ou la liberté de la patrie allemande ?

Arthur Axmann est un garçon taciturne, dur au travail, mais hanté par tous les rêves de sa génération. Loin des ateliers et des courettes puantes, il aime parfois rêver, au bord des lacs de la banlieue berlinoise, et entendre l'appel de la forêt allemande. Il se sent ouvrier. Il se veut patriote. A l'âge de quinze ans, il fonde dans son atelier une des premières cellules prolétariennes du parti national-socialiste. Pendant les dures années de la lutte pour le pouvoir, Axmann va travailler jour et nuit à répandre les idées d'Adolf Hitler parmi ses camarades de travail. Il connaîtra les bagarres de rues contre les « rouges », contre les bourgeois, contre les policiers. Il nommera révolution la prise du pouvoir.

Sur leur drapeau rouge, les jeunes hitlériens de Wedding entrecroisent un glaive et un marteau. En cette terrible année 1932, Arthur Axmann sera l'orateur des plus fiévreuses réunions, celles qui se terminent par des batailles rangées à la matraque et au couteau. Il rédige fiévreusement des tracts incendiaires :

« Jeunes. Nous nous attaquons au vieux système pourri. Nous ne cherchons pas à gagner vos voix pour élire des parlementaires. C'est vous que nous voulons conquérir ! Le jour où les nationaux-socialistes prendront le pouvoir, alors commencera la révolution allemande. Les jeunes forces socialistes de toutes tendances doivent s'unir, la réaction doit capituler... Venez vous battre avec nous contre le système, contre l'ordre bourgeois, contre les vieux croulants ! Luttons ensemble pour le socialisme, la liberté et le pain ! »

L'idéal prolétarien d'Arthur Axmann a résisté à la terrible purge de « la nuit des Longs Couteaux ». Après l'exécution de tant de chefs « gauchistes » des sections d'assaut, le grand rêve romantique de la révolution permanente a continué à hanter certains cadres de la Jeunesse hitlérienne. Axmann l'a dit et répété :

— La jeunesse ne peut jamais abandonner un idéal révolutionnaire.

Cela signifie avant tout, pour lui, vivre dans un esprit d'irrespect et de sacrifice. Axmann, qui vient d'avoir vingt ans, devient le responsable des questions sociales à la direction de la jeunesse du Reich. Quand la guerre éclate, il s'engage, devient sous-officier et revient, à la fin de la campagne de France, amputé de la main droite.

Au mois d'août 1940, il succède à Baldur von Schirach comme Reichsjugendführer. Il vient d'avoir vingt-six ans.

Trois ans plus tard, le voici dans le bureau de Heinrich Himmler. Le chef suprême de la SS reconnaît toute l'importance de ce chef de moins de trente ans qui commande à dix millions de jeunes et brûle d'un feu que rien ne semble pouvoir éteindre depuis les luttes sanglantes de Wedding. Arthur Axmann, avec sa main de bois gainée de cuir noir, a pris un peu d'embonpoint depuis sa blessure. Il a un visage un peu lourd et un front qui commence déjà à se dégarnir sous les raides cheveux sombres rejetés en arrière. Mais ses yeux n'ont pas changé. Ils restent ceux du petit ouvrier de quinze ans qui peinturlurait des croix gammées sur les murs de briques lépreux dans les quartiers les plus rouges de sa ville natale.

Les graves événements du front ne semblent pas l'avoir découragé. Rien ne peut le décourager [1].

L'entrevue a lieu au lendemain du 30 janvier 1943, après les

1. Après la guerre, dès sa sortie de prison, le manchot Arthur Axmann sera sérieusement compromis dans un des rares complots néo-nazis qui dépassera les limites du folklore, animé par l'ex-Gauleiter de Hambourg, Neumann, lui aussi rescapé de l'aile prolétarienne du parti national-socialiste.

brèves cérémonies qui ont marqué le dixième anniversaire de la prise du pouvoir.

— Il est possible de créer une nouvelle division de la Waffen SS, affirme Axmann. Les jeunes ne rêvent que d'égaler les exploits de leurs aînés. Dans les écoles et dans les usines, dans tous les camps de la Jeunesse hitlérienne, ils ne parlent que du sacrifice de ceux qui se battent sur tous les fronts. Ils ont le même sang et la même foi.

— Mais où trouverez-vous vos recrues, Axmann ? Toutes les classes mobilisables ont déjà été requises.

— Reichsführer, je vous propose de créer une nouvelle division SS avec les jeunes de la classe 1926.

— Ceux qui ont dix-sept ans cette année ! Cela me semble une folie. Vous savez les difficultés que nous avons eues lorsque nous avons mobilisé des jeunes du service du Travail pour les incorporer dans les divisions *Hohenstaufen* et *Frundsberg*.

Arthur Axmann ne peut s'empêcher de hausser les épaules. Il semble toujours un peu désarticulé avec cette main artificielle qui pend le long de son torse et qu'il accroche de temps à autre à la boucle de son ceinturon de cuir fauve.

— Vous savez comme moi que tout est très vite rentré dans l'ordre. Et puis, cette fois, nous ne prendrons que des volontaires. Ils ne quitteront même pas le cadre de la Jeunesse hitlérienne où ils ont passé toute leur enfance.

Heinrich Himmler enlève son lorgnon qu'il essuie machinalement avec son mouchoir. Quand il réfléchit, ses yeux semblent toujours clignoter, comme ceux d'un oiseau de nuit brusquement aveuglé. Il passe sa main sur son menton fuyant. Il semble, comme si souvent, indécis.

— Certes, admet-il, ce serait une idée intéressante. Mais des adolescents de dix-sept ans, de seize peut-être... Je crois que vous vous faites des illusions. Jamais ils ne pourront supporter les rigueurs du service. Nos hommes vivent en ce moment des heures effroyables.

— Mes garçons possèdent ce qui fera toujours l'ultime force des soldats aux pires moments : le moral.

Himmler approuve d'un signe de tête. Il sait mieux qu'un autre, lui, le grand inquisiteur du Reich, ce que signifie la foi du croyant. La foi qui permet d'un même mouvement de tuer et de se faire tuer, la foi qui s'exprime par le plus terrible des symboles : la tête de mort, la *Totenkopf*.

— Laissez mes garçons entre eux, poursuit Axmann. Créez une division entièrement composée de volontaires de la Jeunesse hitlérienne. Alors, vous verrez qu'elle pourra égaler en valeur la *Leibstandarte Adolf Hitler* elle-même.

Himmler tripote des dossiers. Il a remis ses lorgnons et finit par regarder son interlocuteur, un peu à la dérobée. Il soupire enfin :

— Vous avez peut-être raison. J'en parlerai au Führer.

5.

Le 13 février 1943, le chef de la jeunesse du Reich est convoqué au quartier général de la SS. Il trouve un Heinrich Himmler d'excellente humeur et comprend aussitôt que son projet va être accepté.

— Le Führer a trouvé notre idée excellente, annonce d'emblée le maître de l'Ordre Noir.

Axmann comprend que la SS va encore marquer des points et s'introduire dans un nouveau rouage du Reich en guerre. Comme son prédécesseur Baldur von Schirach, il a toujours tenu à la farouche indépendance de la jeune génération.

— Vous connaissez notre vieux principe, dit-il. Je crois qu'il a fait ses preuves : « La jeunesse doit être dirigée par la jeunesse. »

— Je le sais bien, Axmann, et je vous assure que cette division ne ressemblera à aucune autre. Mais vous conviendrez avec moi qu'il faut aussi appliquer un autre vieux principe : « Les soldats doivent être commandés par des soldats. »

Heinrich Himmler a toujours eu le souci du détail et chacun connaît la minutie tatillonne du « fidèle Henri ». Mais il sait aussi se décharger sur ses subordonnés.

— Vous verrez tout cela avec l'Obergruppenführer Berger, conclut-il d'un ton conciliant.

Ancien officier des troupes d'assaut pendant la Première Guerre mondiale, ancien cadre des corps francs et de la Reichswehr Noire où il était spécialisé dans la contrebande des armes de guerre, ancien professeur de gymnastique, champion de boxe et de course à pied, membre de la SS bien avant la prise du pouvoir, Gottlob Berger s'ennuie fort dans son bureau de Berlin où il dirige tous les services du SS Hauptamt.

Ce Souabe solide, à la forte corpulence et à la nuque épaisse, est une force de la nature. Il a des mains comme des battoirs, un cou de taureau et un étrange visage rond où flottent de gros yeux globuleux. Quand il parle, il penche le crâne sur le côté, grimace beaucoup et donne des coups de tête comme un animal buté qui chasse les guêpes.

Il se targue d'être le grand sergent recruteur de la Waffen SS. Toutes les idées pour alimenter le front en jeunes hommes vigoureux et fanatiques viennent de lui. Beau-père d'un Allemand de Roumanie, c'est lui qui a eu l'idée le premier de faire entrer dans la SS en armes les Volksdeutsche, ces Allemands d'origine qui vivent hors des frontières du Reich dans toute l'Europe centrale. C'est lui qui a ensuite ouvert les rangs de la SS à tous les Germains, des fjords de Norvège aux dunes des Flandres. C'est lui qui veut étendre le recrutement aux Bosniaques et aux Ukrainiens, aux Italiens et aux Français. Gottlob Berger rêve d'attirer sous l'étendard noir de la SS des volontaires de toutes les nations de la vieille Europe. Cet homme lourd est un incorrigible romantique qui se nourrit de poésie sur la chevalerie germanique et veut étendre les frontières de son ordre guerrier à tout un continent.

Berger reçoit Axmann avec cet enthousiasme qui l'a rendu célèbre dans toute la SS où l'on craindrait ses colères s'il ne savait les noyer par d'aussi brusques accès de sentimentalité naïve.

— C'est fantastique, cette idée ! s'exclame-t-il d'emblée. Fantastique. Des garçons de dix-sept ans ! A l'heure la plus grave de son histoire, notre patrie sacrifie pour la sauver les meilleurs et les plus purs de ses enfants.

Il sait de quoi il parle. Il a perdu ses deux fils, officiers de la Waffen SS, sur le front de l'Est. C'est d'ailleurs le sort commun de la plupart des généraux allemands qui ont toujours veillé à ce que ceux qui portent leur nom combattent dans les endroits les plus exposés.

L'Obergruppenführer Gottlob Berger se montre tellement enthousiasmé par l'idée d'Arthur Axmann qu'il lui lance soudain :

— Ne pensez-vous pas que je pourrais moi-même commander cette division de la Jeunesse hitlérienne ?

Rejoindre le front a toujours démangé Berger qui est avant tout un sportif, un homme d'action, un guerrier. Il maudit souvent ses remarquables qualités d'organisateur et de recruteur qui le confinent dans un bureau de Berlin.

— Ce n'est certes pas de mon ressort, répond Axmann en souriant. Seul, le Reichsführer SS pourrait prendre une telle décision.

Heinrich Himmler, en apprenant ce désir de Berger, lui opposera un veto formel. Dans deux lettres successives, marquées du seau « Secret », il lui ordonnera de rester à son poste : « Ne soyez pas impatient de gagner le front. La véritable noblesse du soldat est de servir là où il est utile. »

Il faut un chef pour cette nouvelle division SS, directement issue de la Jeunesse hitlérienne. Tout naturellement, pour commander la Jeune Garde — dont la création évoque irrésistiblement un geste analogue de Napoléon aux heures les plus difficiles de son règne —, Gottlob Berger va faire appel à la Vieille Garde. Il sollicite l'avis de l'Obergruppenführer Jozef, dit

« Sepp », Dietrich qui commande la *Leibstandarte Adolf Hitler*. Premier soldat de la Waffen SS promu au feu, en 1940, chevalier de la croix de fer, Sepp Dietrich est un Bavarois trapu, avec une figure boucanée d'ancien sous-officier de la Première Guerre mondiale. Il a servi dans les chars d'assaut, a combattu en Silésie avec le corps franc *Oberland,* a participé à toutes les bagarres du parti national-socialiste dans les années de lutte et est devenu bien avant la prise du pouvoir le chef des gardes du corps du Führer. Dietrich est le type même des « vieux lutteurs » du parti. Il a fait tous les métiers : garçon boucher, agent de police et même douanier. Pour le moment, il commande une division sur le front de l'Est et vient de participer à la reprise de Kharkov. Il se veut le plus hitlérien de tous les généraux allemands et tient à sa réputation de baroudeur toujours en tête de ses soldats qu'il nomme, familièrement, ses « grands gaillards »... D'autant plus grands que pour servir dans la Garde, il faut mesurer au moins un mètre quatre-vingts — et que Sepp ne doit guère dépasser un mètre soixante !

— C'est une bonne idée, dit-il à Berger. Nous autres, nationaux-socialistes, ne nous sommes jamais repentis d'avoir fait confiance à la jeunesse. Et nous avons rudement besoin de ce renfort !

— Sepp, tu dois m'aider, en vrai camarade du parti ! s'exclame Berger. Il faut que tu me donnes tes meilleurs cadres. Nos jeunes méritent un chef de premier ordre. Qui vois-tu ?

Gottlob Berger soupire un peu en faisant frémir ses narines et en plissant les paupières de ses gros yeux globuleux. Comme il se verrait à la tête de la nouvelle division ! Mais l'ordre de Heinrich Himmler est formel : un autre que lui mènera ces jeunes loups au combat. Sepp Dietrich passe la main sur sa courte moustache en balai-brosse et lance deux syllabes, comme s'il aboyait :

— Fritz Witt !

Pour lui, c'est le meilleur de tous les officiers supérieurs de la *Leibstandarte.* Il n'a pas encore trente-cinq ans, mais vient de recevoir, pour son rôle dans la bataille de Kharkov, une des plus hautes distinctions militaires allemandes : les feuilles de chêne sur sa cravate de chevalier de la croix de fer.

Fritz Witt a fait partie de la petite troupe de cent vingt hommes qui constituait, sous les ordres de Sepp Dietrich, la première garde du corps d'Adolf Hitler lors de la prise du pouvoir de 1933. C'est un des plus anciens de la Vieille Garde. Il a ensuite servi comme commandant de compagnie au régiment SS *Deutschland* à Munich et a participé aux combats de Pologne, de Hollande, de France où son courage et sa chance sont vite devenus légendaires dans toute la Waffen SS. Revenu à la *Leibstandarte* comme chef de bataillon, il s'est battu en Grèce et en Ukraine. En juin 1942, après un an de lutte sur le front de l'Est, il a reçu le commandement du 1er régiment de grenadiers SS, le plus renommé de toute la Vieille Garde.

Au mois de février 1943, la *Leibstandarte Adolf Hitler* est lancée au combat dès qu'elle débarque des convois. La bataille commence aussitôt. L'Armée rouge mène son offensive d'hiver. Le régiment du Standartenfürer Witt doit tenir, avec seulement deux bataillons, un « front » de trente-deux kilomètres ! Mais le commandeur du 1er régiment de grenadiers de la Vieille Garde n'a jamais connu qu'une tactique : attaquer. Il lance aussitôt ses hommes à la contre-offensive et réussit une percée ! En face de ses deux bataillons, deux brigades soviétiques sont tenues en échec. Les Russes perdent vingt-deux blindés en quelques heures. Le secteur est verrouillé et l'état-major peut tracer une nouvelle ligne de front. Le Standartenführer Fritz Witt sera le deux-centième soldat allemand à recevoir les feuilles de chêne sur sa croix de chevalier.

Fritz Witt est le type même du jeune officier SS qui a commencé la guerre comme capitaine et semble bien décidé à la terminer comme général, si une balle n'arrête pas sa fulgurante carrière. Standartenführer depuis peu, il sera nommé rapidement Brigadeführer et porte désormais au col les trois feuilles de chêne d'argent de ce grade. Au physique, c'est un homme plutôt trapu, avec un visage lourd, des cheveux châtains rejetés en arrière et soigneusement plaqués. On le voit souvent un cigare à la main, en pleine bagarre, et il ne se départit jamais d'un calme qui le ferait passer pour un « père tranquille » s'il ne se révélait pas, au premier coup de feu, un redoutable homme de guerre.

Fritz Witt, rappelé en toute hâte de Russie, reçoit l'ordre de choisir les cadres de la nouvelle division. Berger comme Dietrich sont décidés à aller très vite désormais.

— Tu peux prendre qui tu voudras, lui annonce d'emblée le commandeur de la *Leibstandarte Adolf Hitler*. D'ailleurs, tu ne me quittes pas tout à fait. Nous formerons un jour un corps blindé SS avec ma Vieille Garde et ta Jeune Garde. Et rien ne nous résistera.

Gottlob Berger admire tant d'enthousiasme et commence à préparer les ordres de mutations. Fritz Witt vient de lancer trois noms qui arrachent une exclamation à Sepp Dietrich.

— Comme tu y vas ! Alors, il te faut vraiment les meilleurs ! Meyer, Mohnke et Wünsche ! C'est bon, je te les donne. Avec eux, la nouvelle division *Hitlerjugend* restera dans le sillage de la *Leibstandarte*...

L'Obersturmbannführer Kurt Meyer n'a pas encore trente-deux ans, mais il vient de recevoir, lui aussi, les feuilles de chêne sur sa croix de chevalier. Depuis le début de la guerre, il commande les motocyclistes et les automitrailleuses du bataillon de reconnaissance de la *Leibstandarte*. Ses exploits lui ont valu un surnom : « Panzermeyer », Meyer le Blindé... Des plaines de Pologne aux canaux de Hollande, du golfe de Corinthe aux portes de la Crimée, de Mariopol à Taganrog, de Rostov à Kharkov, il a toujours roulé à l'avant-garde, sautant sur le siège d'une moto lancée à folle allure vers les lignes ennemies ou s'emparant du fusil d'un grenadier blessé pour faire le coup de feu et rameuter ses hommes. Ce lieutenant-colonel fait la guerre « à la hussarde » et cultive son personnage de casse-cou chanceux. Il porte toujours une vieille casquette sans jugulaire à la visière cassée et un imperméable de motard usé jusqu'à la trame. Il a un curieux visage bosselé avec une imperceptible moustache blondasse et des yeux très clairs profondément enfoncés sous des sourcils volontiers froncés. Son vieux camarade Witt, à côté de qui il se bat depuis la prise du col de Klidi en Grèce, deux ans auparavant, décide de lui confier le 1er régiment de grenadiers de la nouvelle division.

Le commandeur place le 2e régiment sous les ordres de l'Obersturmbannführer Wilhelm Mohnke, âgé lui aussi de trente-deux ans. Originaire de Lübeck, il appartient à cette génération d'officiers de l'Ordre Noir formés avant la guerre dans l'école des Junkers de Brunswick, où la tradition prussienne venait renforcer la mystique raciste. Officier d'infanterie dans la tradition de la Waffen SS, il est un des rares cadres supérieurs à ne pas avoir encore reçu la croix de chevalier et brûle de rattraper ce retard.

Le Sturmbannführer Max Wünsche, lui, vient d'être décoré des mains mêmes du Führer dont il avait été avant la guerre un des officiers d'ordonnance SS. Il a vingt-neuf ans et commande le 1er bataillon de chars du régiment blindé de la *Leibstandarte Adolf Hitler*. Nul autre officier de la Waffen SS n'a peut-être autant que lui le fameux type germanique tant prôné par les théoriciens de la race. Grand, blond, les yeux bleus, le visage allongé, attentif à toujours garder un calme impressionnant, Max Wünsche est devenu un des héros préférés de la jeunesse allemande. Son portrait avec son uniforme noir de tankiste et sa croix de chevalier étincelante au col s'étale dans tous les magazines. Il ressemble au Siegfried dont parlent les légendes et semble poursuivre un perpétuel rêve de gloire. En Russie, il a été de tous les coups durs et vient de subir l'épreuve infernale de Kharkov. Le commandement du régiment blindé de la nouvelle division SS *Hitlerjugend* semble revenir de droit à ce garçon qui n'a pas trente ans et sert dans les SS en armes depuis la prise du pouvoir par le parti national-socialiste.

Meyer, Mohnke, Wünsche. Avec ces trois chefs prestigieux, le Brigadeführer Fritz Witt peut espérer des miracles. Mais il faut arracher encore à la *Leibstandarte* d'autres cadres.

Ceux qui se battent depuis plus de quatre ans dans les rangs de la Waffen SS rêvent tous de conduire au feu les adolescents de la Jeunesse hitlérienne, dont ils connaissent l'enthousiasme. Le Sturmbannführer Gerhard, dit « Gerd », Bremer prend la tête du bataillon de reconnaissance. Il reste bien décidé à toujours appliquer la tactique de son vieux camarade Panzermeyer et qui lui a valu, dans les Balkans, une croix de chevalier : foncer, encore foncer, toujours foncer.

L'Obergruppenführer Dietrich finit quand même par demander à Fritz Witt de ne pas lui prendre tous ses meilleurs cadres.

— Si je te laisse faire, il n'y aura bientôt plus personne à la *Leibstandarte* ! Il faut que tu te débrouilles autrement...

Certes, le nouveau commandeur a emmené avec lui une demi-douzaine des meilleurs officiers supérieurs de son ancienne unité. Mais il manque d'officiers de troupe. Où trouver des commandants de compagnie capables d'entraîner au feu deux centaines de combattants ? Où trouver des chefs de section ? La crise de jeunes cadres sévit dans toute la Waffen SS où les officiers ne cessent de payer un lourd tribut. On sait que la moyenne de vie au front d'un aspirant sorti de la Junkerschule de Bad Tölz n'excède pas trois semaines...

Sepp Dietrich donne un dernier conseil à Fritz Witt :

— Fais confiance à la jeunesse. On peut tout lui demander.

Aussi, des chefs de section de vingt ans seront-ils promus à la tête d'une compagnie. Toute la division doit rester fidèle au principe qui l'a vu naître : elle est une génération en armes. Et le vieux principe d'avant-guerre reste encore vrai : la jeunesse doit être conduite par la jeunesse.

Ces officiers de vingt ans arborent tous sur leur poitrine la croix de fer, l'insigne d'assaut et, pour beaucoup, la médaille des blessés. Toutes les compagnies, toutes les sections, pourtant, continuent à manquer de cadres. Fritz Witt sait qu'un demi-millier d'officiers lui sont indispensables pour tenir en main ses garçons. Il multiplie les demandes auprès de Gottlob Berger.

— Je ne peux plus rien vous donner, assure le chef du SS Hauptamt. Toutes les divisions du front manquent de cadres. L'école de Bad Tölz n'arrive plus à nous « ravitailler ».

Mais rien ne résiste à la SS qui devient chaque jour davantage la force montante du Reich en guerre. Cinquante officiers de la Wehrmacht reçoivent un beau matin un ordre de mutation : ils doivent rejoindre la Waffen SS et sont affectés à la division *Hitlerjugend*. Aucun ne protestera, car la sélection répond à un critère absolu : tous ont servi avant la guerre comme cadres dans la Jeunesse hitlérienne. Grâce à eux, l'amalgame doit se faire rapidement entre le monde de leur adolescence et l'ordre guerrier où ils doivent désormais se battre.

Le Brigadeführer Fritz Witt n'est pas au bout de ses peines. Il lui faut deux mille sous-officiers, et il n'a pas réussi à en emmener plus de quelques dizaines en quittant la *Leibstandarte*.

Pour commander les groupes de combat d'une dizaine d'hommes, la SS va faire un effort exceptionnel, sélectionnant des centaines de garçons de dix-huit ans dans les camps du service du Travail et les envoyant à l'école des sous-officiers SS de Lauenburg.

Le recrutement des volontaires commence dès le printemps. Dans les lycées, dans les foyers de la Jeunesse hitlérienne, dans les usines, sur tous les murs de l'Allemagne en guerre, apparaît une affiche : « *Toi aussi !* » proclame simplement le texte. Le graphisme est éloquent : au premier plan, un garçon de la Jeunesse hitlérienne en chemise brune avec le brassard à croix gammée. En toile de fond, le même avec le casque, l'anorak camouflé et les deux runes de la SS au revers du col de sa tenue feldgrau.

Dix mille adolescents ne tardent pas à rejoindre le camp de Beverloo, en Belgique occupée, à une vingtaine de kilomètres de la frontière allemande. Certains ne sont pas exactement volontaires, mais ont été entraînés dans l'ambiance des unités de la Jeunesse hitlérienne où se déroule, depuis plusieurs semaines, un véritable concours de recrutement. Personne n'oserait se faire traiter de lâche ; le courage devient aussi contagieux que la peur. Toute une jeunesse a été élevée dans l'amour de la force et le culte de la guerre. Voici venue, pour elle, l'heure de payer le tribut du sang.

Ils sont dix mille à Beverloo. Ils seront bientôt vingt mille. Les services de l'état-major du Brigadeführer Fritz Witt calculent la moyenne d'âge de la division. Les statistiques sont irréfutables et un officier apporte les résultats à son chef :

— Notre moyenne d'âge est de dix-huit ans, même en comprenant tous les cadres.

La création de sa Jeune Garde plonge Adolf Hitler dans une joie qu'il ne cherche pas à dissimuler. Peu lui importent les objections du Dr Goebbels, qui craint que l'engagement de garçons de dix-sept ans ne s'avère désastreux pour la propagande. Ce qui compte désormais, c'est de pouvoir mettre en ligne une nouvelle unité de choc.

Depuis le printemps 1943, la bataille de Kharkov a prouvé la valeur des divisions SS, que trop de généraux allemands avaient tendance à considérer comme une troupe de parti et de parade. Les divisions *Leibstandarte, Das Reich* et *Totenkopf* ont sauvé l'indispensable bassin du Donetz. La division *Wiking* combat encore au Caucase. Partout, de la Finlande à la Serbie, les hommes de la Waffen SS portent des coups terribles à l'ennemi. C'est à eux qu'il faut confier les nouveaux chars Panthère et Tigre.

Bientôt, les divisions *Hohenstaufen* et *Frundsberg* gagneront le front de l'Est. Leurs soldats ont dix-huit ans. Ceux de la division *Hitlerjugend* en ont dix-sept. Convoqué au quartier général du Führer, Heinrich Himmler trouve le maître du IIIe Reich très impressionné par le jeune âge de ses soldats.

— La jeunesse allemande combat magnifiquement et avec une incroyable bravoure, déclare-t-il d'emblée. Les rapports qui me parviennent du front montrent que les garçons venus de la Jeunesse hitlérienne sont des combattants fanatiques. Oui, ces jeunes Allemands, qui parfois n'ont que seize ans, se battent encore plus vaillamment que leurs anciens.

Les nouveaux volontaires promettent de renouveler, à trente ans de distance, le geste de ces étudiants allemands tombés par milliers à Langemarck, dans les Flandres en 1914, et dont le sacrifice n'a cessé d'être exalté dans la littérature nationaliste.

6.

Le 23 juin 1943, la création de la division SS *Hitlerjugend* est annoncée officiellement. Les volontaires qui arrivent à Beverloo portent encore parfois leur tenue de la Jeunesse hitlérienne, car l'intendance n'a pu encore rassembler assez d'uniformes feldgrau. Mais ils commencent aussitôt l'entraînement. Sport, marche et chant. Rien ne les change radicalement du monde qu'ils ont toujours connu. Ils entrent insensiblement dans un univers plus dangereux et plus austère. Devenir un soldat, c'est d'abord savoir supporter mille et mille souffrances sans cesse répétées. Ils marchent, rampent, courent, creusent des trous sous l'implacable soleil de cet été brûlant. Ils marcheront toute la journée et ils veilleront toute la nuit. Ils attendront l'aube, trempés par la rosée. Et, au petit matin, l'exercice reprendra. Ils connaîtront le manque de sommeil, la faim, la fatigue qui enfonce ses griffes d'acier dans la nuque et tire sur toutes les courroies de l'équipement.

Un jour, viendra le matin de leur serment.

Dans une immense clairière, la division s'est formée en un U largement ouvert. En haut des mâts, claquent le noir drapeau de la SS et l'étendard de guerre du Reich. Une musique joue lentement des airs surgis du fond des âges. Au centre du rassemblement des nouveaux SS, on a disposé des armes symboliques :

canons, mitrailleuses, mortiers. La tribune d'honneur est garnie de feuillages qui frissonnent dans le vent de ce petit matin d'automne.

Quatre jeunes SS vont prononcer le serment, au nom de tous leurs camarades, sur l'épée nue que tend un officier décoré de la croix de fer et de la médaille des blessés. La main gauche sur l'acier. La main droite levée dans le geste du serment.

Les paroles résonnent dans l'air de ce matin, qui sent la fidélité et la mort.

La musique joue l'air traditionnel des prestations de serment :

Compagnons de notre jeunesse, fondateurs d'un âge meilleur, vous nous avez voués aux vertus viriles et aux dons de nos vies.

A l'hymne de fidélité de la Waffen SS, succède aussitôt le chant de marche du parti national-socialiste, celui que composa dans les années de la lutte pour Berlin l'étudiant Horst Wessel :

Les camarades assassinés par le front rouge et la réaction marchent en esprit dans nos rangs.

La cérémonie se termine. Les nouveaux SS de la division *Hitlerjugend* ont juré, comme leurs aînés, d'être fidèles et braves jusqu'à la mort et d'obéir à leurs chefs. Le Brigadeführer Fritz Witt, qui sait ce qu'a signifié pour tant de jeunes Allemands tombés à ses côtés un tel serment, reste longtemps taciturne. Ce qui lui importe désormais, c'est de faire de sa division une arme de guerre redoutable. Mais les bureaux de Berlin semblent rester sourds à tous ses appels. Sans cesse le Commandeur est obligé d'improviser. La nouvelle unité de choc de la Waffen SS se constitue dans une stupéfiante atmosphère de « bricolage ». Dans un Reich de plus en plus appauvri, chacun doit faire des miracles d'imagination pour réussir à équiper et à entraîner ces jeunes gens. Mais cela aussi, c'est encore la marque de la Jeunesse hitlérienne...

Dès le début de l'automne 1943, le Brigadeführer Witt a réparti ses jeunes dans les différentes unités de la division qui se constituent peu à peu et commencent à vivre d'une vie semi-autonome. Au mois d'octobre, une grande nouvelle arrive à l'état-major :

— Par ordre du grand quartier général, le 12e Panzergrenadierdivision *Hitlerjugend* devient « Panzerdivision », c'est-à-dire division blindée.

Une demi-douzaine d'autres unités de la Waffen SS, les meilleures, ont bénéficié de cette promotion : *Leibstandarte, Das Reich, Totenkopf, Wiking, Hohenstaufen* et *Frundsberg.*

Cette transformation intervient surtout sur le papier... Le régiment blindé que commande le Sturmbannführer Max Wünsche manque de tout, et d'abord de chars...

Les tankistes de la nouvelle division ne se trouvent pas en Belgique, mais en France, au camp militaire de Mailly, près de Reims, dans cette Champagne propice aux grandes manœuvres des blindés. Max Wünsche dispose en tout et pour tout de huit chars : quatre Panzers Mark IV et quatre Panthères. La moitié d'entre eux ont été « récupérés » sur le front de l'Est dans des conditions fort peu réglementaires. Pour équiper son futur régiment blindé, son chef n'a pas hésité à voler des chars ! Mais au jeune chevalier de la croix de fer, les bureaux du matériel pardonnent tout. Wünsche a une réputation qui le place un peu au-dessus du règlement... Pour habiller ses hommes, qui n'ont toujours pas perçu l'uniforme noir des troupes blindées, il n'hésite pas à s'approprier des combinaisons de cuir destinées aux équipages des sous-marins et qui s'entassaient dans quelques magasins mal fermés.

Avec huit chars, les jeunes volontaires peuvent déjà apprendre à conduire, à manœuvrer, à tirer. Les mains pleines de cambouis, ils s'initient aux mystères de la mécanique et passent leur journée à démonter, puis à remonter les moteurs et l'armement de bord de leurs huit Panzers.

Le manque de matériel paralysera longtemps l'entraînement de toute la division. Au régiment d'artillerie, on trouve seulement quelques obusiers, et le bataillon de reconnaissance remplace pour l'instant les motocyclettes ainsi que les automitrailleuses par des vélos et quelques voitures civiles.

— Ce n'est pas possible ! tempête Fritz Witt. Nous sommes une soi-disant division blindée, et nous n'avons même pas les véhicules d'une unité motorisée ordinaire.

Il multiplie les notes de protestation à Berlin. Mais l'Allemagne vit à l'heure des restrictions. Il faudra la défection des armées italiennes pour récupérer chez les alliés de la veille des camions, aussitôt répartis dans les meilleures divisions du Reich.

Enfin, la *Hitlerjugend* va pouvoir se déplacer par ses propres moyens. Mais il faut encore des tracteurs, des automitrailleuses, des véhicules blindés de reconnaissance et de transport. Jusqu'à la fin de l'année 1943, ce sera une véritable guerre de paperasse et d'influence pour les obtenir.

De temps en temps, le Brigadeführer Fritz Witt est obligé de partir pour Berlin, où il découvre l'état-major de la Waffen SS de plus en plus pléthorique et débordé. Sans cesse, de nouvelles divisions se créent, qu'il faut équiper. On trouve maintenant, pour servir sous la tête de mort, des volontaires musulmans de Bosnie, des Ukrainiens, des Lettons, des Estoniens. Trois nouvelles divisions de Reichsdeutsche et de Volksdeutsche viennent d'être créées : *Reichsführer SS, Götz von Berlichingen* et *Horst Wessel.* Dans tous les pays alliés, occupés ou neutres, la Waffen SS recrute. Les centres d'instruction voient arriver des volontaires hongrois, croates, italiens, français. Les brigades d'assaut flamande et wallone se gonflent aux effectifs d'une division. On compte même un minuscule corps franc de volontaires britanniques.

Les problèmes d'habillement, d'équipement, d'armement deviennent de plus en plus difficiles. La Wehrmacht voit sans plaisir la Waffen SS augmenter ses effectifs, son prestige et son influence. Mais l'épreuve du front donne chaque jour davantage raison à ceux qui prétendent que le moral et la foi jouent un rôle déterminant. Pour les durs combats qui se préparent, Adolf Hitler veut compter sur des unités de choc où chaque volontaire soit totalement convaincu de sa mission de soldat politique.

La division blindée *Hitlerjugend* doit devenir une unité d'élite. Mais elle ne peut se constituer que lentement. Le Brigadeführer Fritz Witt souffre un peu d'être soumis à une triple hiérarchie : sur le plan tactique, il dépend du chef de la XVe armée ; sur le plan de l'instruction, du commandement des troupes blindées de l'Ouest ; sur le plan idéologique, de l'état-major de la Waffen SS.

Il faut d'abord rassembler toute l'unité. Max Wünsche reçoit enfin quelques chars supplémentaires et quitte Mailly pour Hasselt, en Belgique. A présent, les grenadiers vont pouvoir manœuvrer avec leurs camarades des Panzers.

Désormais, qu'ils aient dix-sept ou même seize ans pour les plus jeunes, tous se croient et se sentent des soldats.

Aucune armée au monde n'a encore réalisé une telle expérience : constituer une division de vingt mille hommes dont la moyenne d'âge soit de dix-huit ans, officiers compris. Aussi, les instructeurs doivent employer des méthodes radicalement différentes de celles qui sont encore utilisées dans la Wehrmacht ou même dans la Waffen SS.

Le Brigadeführer Fritz Witt tient à rencontrer le plus souvent possible le chef de la jeunesse du Reich, Arthur Axmann. Il ne faut pas gaspiller un tel potentiel humain. Tous deux en sont bien d'accord et semblent décidés à faire de la division *Hitlerjugend* une formation totalement originale.

— Jamais aucune armée n'a possédé des garçons animés d'un tel enthousiasme, fait remarquer Axmann.

— Je l'ai constaté dès l'arrivée des premiers volontaires à Beverloo, ajoute Fritz Witt. Ils brûlent tous de faire leurs preuves au combat et n'ont qu'une seule crainte : celle de ne pas se montrer à la hauteur de leurs aînés. Alors, ils s'instruisent avec une volonté farouche.

Pour le Brigadeführer Witt, il ne s'agit pas de former des robots, mais au contraire de développer l'esprit d'initiative, l'endurance individuelle, le courage solitaire. Chaque combattant de sa division doit être capable de se débrouiller seul, dans les pires circonstances.

En attendant, ils doivent vivre et travailler ensemble, tous confondus sous le même uniforme. Les cadres et les soldats ne sont pas séparés par le mur infranchissable d'une hiérarchie rigide. Comme dans la Jeunesse hitlérienne, l'officier est d'abord un soldat comme les autres. Il possède l'expérience du front, mais son autorité reste aussi absolue que naturelle.

Pour les jeunes, brusquement arrachés à leur famille et à leur école, le gradé doit devenir à la fois un entraîneur et un confident. Le colonel comme le grenadier se retrouvent tous les jours sur le stade, à la piscine ou au cinéma, côte à côte. Hors du service, il n'existe plus que des camarades, des égaux même. L'esprit qui règne à la division *Hitlerjugend* est celui des vieilles associations médiévales de jeunes gens et s'inspire directement de l'idéal des *Wandervogel,* les oiseaux migrateurs, ainsi que se nommaient ceux qui partaient naguère en bandes joyeuses, sur les routes et les sentiers, à la découverte d'une éternelle Allemagne romantique.

Le Brigadeführer Witt réunit très souvent les commandeurs

de régiments et de bataillons pour leur exposer « ses » principes :

— Nous ne devons pas donner à ces jeunes volontaires une simple instruction militaire. Il nous appartient de continuer à leur offrir une éducation nationale-socialiste. La Waffen SS doit être pour eux le prolongement normal de la Jeunesse hitlérienne. Ne l'oubliez jamais.

Puis le Commandeur énumère les qualités qui doivent être enseignées et exaltées dans toutes les unités de la division :

— Sens de la responsabilité, esprit de sacrifice, domination de soi-même, telles sont quelques-unes des vertus que je veux voir à nos jeunes loups. Qu'ils se sentent solidaires jusqu'à la mort de leurs camarades et qu'ils soient, en même temps, capables de se faire tuer sans témoins pour leur peuple. Nous devons former une véritable *Bruderschaft,* une fraternité.

La nouvelle division doit restituer les vertus guerrières des chevaliers Teutoniques. Pour ces garçons qui ont encore l'âge des « grands jeux », les chevaliers à croix noire doivent devenir non pas des silhouettes de légende, mais de véritables compagnons. Les jeunes SS vont s'identifier peu à peu à tous les héros de l'histoire germanique, à tous ces vainqueurs qui jalonnent son épopée légendaire et héroïque. Ils doivent véritablement « devenir » Siegfried qui affronte le dragon, Arminius qui défait les légions romaines, Wituking qui mène au combat les derniers païens, Barberousse qui rêve de l'Orient à subjuguer, Hermann von Salza qui porte le fer teutonique de la Syrie à la Courlande...

Le soir, autour des feux de camp, les gradés exaltent les sacrifices de ceux qui ont donné leur vie pour le parti, pour l'Allemagne, pour l'Europe. Les flammes montent dans la nuit, vers le ciel sombre de ce solstice d'hiver en terre wallonne.

— Le 24 janvier 1932, dans les années de lutte, des garçons de la Jeunesse hitlérienne distribuaient des tracts pour une réunion publique du parti. Ils ont été attaqués à la nuit tombante par un groupe de partisans communistes. Dans la bagarre, Herbert Norkus, âgé de seize ans, disparut. On le retrouva poignardé sous le porche d'une maison. Il avait d'abord reçu deux coups de couteau au coin d'une rue. Il chercha à s'abriter dans une maison, mais tout le quartier, terrorisé, ferma ses portes. Alors, il fut rejoint par ses agresseurs et achevé. Cinq coups de couteau dans le dos, deux dans la poitrine, et le visage entièrement tailladé. Vingt-six jeunes hitlériens âgés de moins de dix-huit ans ont été, comme lui, assassinés dans les années qui ont précédé la prise du pouvoir.

Silencieux, les jeunes volontaires de la division *Hitlerjugend* écoutent cette histoire tragique qui a inspiré le grand film de propagande de leur enfance : *Le Jeune Hitlérien Quex.* Mais leurs chefs ont encore d'autres exemples à leur donner, ce soir.

— Au début de cette année, les volontaires hollandais de la légion *Nederland* se trouvaient en position sur les rives du lac Ladoga, dans la région de Leningrad. Il faisait un froid terrible et tous souffraient effroyablement du vent glacé. Dans la compagnie de chasseurs de chars, servait le Sturmmann Gerardes Mooyman, un ancien ouvrier serrurier âgé de dix-neuf ans et qui se battait depuis déjà une année en Russie. Une nuit, il a réussi à ramper jusque dans les positions soviétiques et à faire sauter un canon avec une mine. Le 13 février 1943, il guette pendant deux heures les chars soviétiques qui s'avancent dans la steppe. Dix se trouvent devant ses positions, et il en détruit sept. Une deuxième vague attaque avec vingt blindés. Le Hollandais Mooyman et ses camarades en détruisent six à eux seuls. L'attaque est repoussée. Le Sturmmann Mooyman, originaire de la province de Gueldre, a été le premier volontaire européen décoré de la croix de chevalier.

Ainsi se forgent des légendes. Les SS de la division *Hitlerjugend* devront être impitoyables au combat. Mais leur esprit de sacrifice sera total. Ils doivent devenir des soldats capables de tuer sans frémir et de se faire tuer sans hésiter.

Le Brigadeführer Witt interdit toute « mécanisation » du

dressage. Il tient à sa méthode et se soucie peu des commentaires qu'elle pourrait susciter.

— N'en déplaise à ces messieurs de l'état-major, dit-il, ma division sera la seule de toute l'armée allemande où nous ne perdons pas des heures à apprendre à nos recrues à marcher au pas de parade.

Plutôt que de les faire défiler comme des oies, les instructeurs de la division s'attachent à les faire vivre comme des loups. L'entraînement au combat domine toute leur vie. Ce qui compte pour eux, c'est de savoir tirer, de savoir se cacher, de savoir survivre. Plus question de fastidieuses heures de garde inutile, de corvées de quartier, de marches interminables sacs au dos.

— Pour les fortifier physiquement, estime Fritz Witt, je ne veux connaître qu'une méthode : le sport, encore le sport, toujours le sport.

Ils allongent et durcissent leurs muscles en jouant au ballon, en nageant, en disputant des courses de vitesse et d'endurance. La boxe leur donne le souffle et l'agressivité. Le stade en plein air remplace la cour de la caserne.

Comme à la Jeunesse hitlérienne, ils continuent à vivre en plein vent, sous la pluie et la neige, ou au grand soleil. Ils sont bronzés, endurants, joyeux. Jamais troupe au monde n'aura autant ri. A chaque pause, ils se regroupent autour de leurs camarades qui jouent de la guitare, puis retrouvent les chants des bivouacs et des parades de la Jeunesse hitlérienne.

Pour la première fois depuis bien longtemps, dans le Reich en guerre, ils vont manger à leur faim. L'intendance a reçu l'ordre de leur donner des rations que ne perçoit aucune troupe de la SS, où le régime reste toujours aussi spartiate. Mais ces jeunes n'ont pas terminé leur croissance. A chaque visite médicale, les infirmiers qui les passent sous la toise s'aperçoivent qu'ils ont encore grandi...

Ils s'affinent, se durcissent, se raidissent. Peu à peu, ils deviennent des hommes tout autant que des soldats. Mais les ordres sont formels : avant dix-huit ans, aucun d'eux n'a droit de fumer la moindre cigarette. Lors de la perception de tabac, les plus jeunes reçoivent... des bonbons.

Selon l'immuable principe de la Waffen SS, l'instruction doit suivre son cours, quelle que soit l'évolution de la situation sur le front. Peu importe les mauvaises nouvelles.

En Italie les Alliés assiègent le Monte-Cassino et préparent leur attaque vers Rome.

En Russie, le front du Sud s'effondre et la division SS *Wiking* ne se sort qu'au prix de pertes effroyables de l'encerclement de Tcherkassy, sur le Dniepr. Le bassin du Donetz est perdu.

L'instruction se poursuit lentement, méthodiquement, et il faudra un an pour mettre la division sur son véritable pied de guerre. Les manœuvres ont commencé en janvier. Elles se poursuivront pendant les cinq premiers mois de l'année 1944.

Maintenant, la division que commande le Brigadeführer Fritz Witt arrive au plein de ses effectifs et comporte environ vingt mille hommes.

Les deux régiments de grenadiers regroupent chacun trois bataillons de quatre compagnies de combat, une compagnie antiaérienne, une compagnie antichar, une compagnie de reconnaissance et une compagnie de génie.

A ces deux unités d'infanterie, s'ajoutent le régiment blindé à deux bataillons de chars, le régiment d'artillerie, le bataillon antichar, le bataillon de canons d'assaut automoteurs, le bataillon antiaérien, le bataillon de reconnaissance, le bataillon de lance-fusées, le bataillon de transmissions, le bataillon du génie, les unités de services, de réparation, de ravitaillement, un bataillon sanitaire, une section de correspondants de guerre et une troupe de gendarmerie.

La division *Hitlerjugend* possède ses unités d'instruction et de remplacement. Elle a même créé sa propre école de sous-officiers.

Au début du mois d'avril 1944, la division *Hitlerjugend* reçoit l'ordre de quitter la Belgique.

— Allons-nous gagner le front de l'Est ? demandent à leur chef les trois commandeurs de régiments, Meyer, Mohnke et Wünsche.

— Je ne pense pas, répond le Brigadeführer Witt. Il semble que le grand état-major nous tienne en réserve pour mener la grande contre-attaque, en cas de tentative d'invasion par les forces américano-britanniques

L'idée de manœuvre reste de garder les grandes unités blindées assez loin des côtes pour leur permettre de manœuvrer et de faire face à de multiples assauts, du cap Nord au Pays basque. A bien regarder la carte, le grand débarquement aura lieu fort probablement dans la Manche. Soit en Normandie, soit en Flandre. L'estuaire de la Seine ou l'estuaire de l'Escaut semblent particulièrement menacés. Adolf Hitler, pour sa part, reste persuadé que la flotte d'invasion attaquera dans les falaises crayeuses du Pas-de-Calais, non loin des champs de bataille où il a gagné pendant la Grande Guerre ses galons de caporal.

La division *Hitlerjugend* doit se diriger vers la France. Elle prend ses cantonnements à l'ouest de Paris et au sud de Rouen. Les diverses unités s'installent à Evreux, à Bernay, à Vimoutiers.

Dès le mois de mai, on annonce la venue d'un grand chef. C'est le colonel général Guderian, inspecteur de toutes les troupes blindées du Reich, qui vient se rendre compte de l'état de préparation de la nouvelle unité de la Waffen SS. Le célèbre créateur des Panzers allemands se montre très impressionné par cette unité de si jeunes combattants.

— J'estime que votre division est désormais entièrement opérationnelle, confie-t-il au Brigadeführer Witt. Veuillez transmettre ma satisfaction à vos officiers et à vos soldats.

Un nouveau changement déplace les unités, qui gagnent la région de Trun et de Chambois, à une dizaine de kilomètres de la ville normande d'Argentan.

Désormais, la division *Hitlerjugend,* en Normandie, et la *Leibstandarte Adolf Hitler,* en Hollande, forment le 1er corps blindé de la Waffen SS, sous les ordres de l'Obergruppenführer Dietrich.

Le célèbre « Sepp » ne manque pas une occasion de rendre visite à la Jeune Garde et commence à trouver à ces garçons une allure de vieux grognards. Il aime à se faire photographier au milieu des groupes de combat en tenue d'exercice. Pour mieux se camoufler, ces adolescents se noircissent le visage et ressemblent à de jeunes charbonniers. Sous l'ombre du casque, brillent seulement les yeux clairs et les dents de loup, que découvre un cruel sourire. Pour ces garçons, se préparer à la bataille veut dire apprendre à tuer. Ils sont bien décidés à ne faire aucun quartier, et les gradés qui ont connu les horreurs du front de l'Est ne cessent de leur répéter des récits d'atrocités. Jamais troupe n'aura tellement été conditionnée pour combattre l'adversaire sans pitié et le détruire sans remords.

Dans le camp allemand, en ce printemps 1944, tout le monde attend l'invasion. Mais avec la seule certitude de savoir que les Alliés vont frapper. Personne ne peut prévoir ni quand ni où... Les divisions blindées d'intervention passent leur temps en exercices et en alertes. Chaque manœuvre se trouve freinée par la menace des attaques aériennes de plus en plus fréquentes. Et puis, l'essence devient rare. La perte des puits de pétrole de Roumanie se fait cruellement sentir. Les forces allemandes se raidissent dans leur détermination et leur pauvreté.

Le maréchal Rommel, qui commande le groupe d'armées B

et dont l'état-major se trouve au château de La Roche-Guyon, sur une falaise dominant la Seine, aux portes de la Normandie, décide de se présenter au grand quartier général. Il annonce à ses proches collaborateurs :

— Je vais me rendre en personne auprès du Führer et lui faire part de mon intime conviction : le débarquement aura lieu en Normandie, sans doute de part et d'autre de la baie des Veys, à la charnière du Calvados et du Cotentin. Je vais demander au Führer de m'autoriser à placer la division blindée *Hitlerjugend* dans la région de Saint-Lô et même de Carentan.

— Quand comptez-vous solliciter une audience, monsieur le Maréchal ?

— Le plus vite possible. Au début de juin, sans doute.

Le voyage du commandant du groupe d'armées B est projeté pour le 6 juin 1944.

DEUXIÈME PARTIE

CAEN

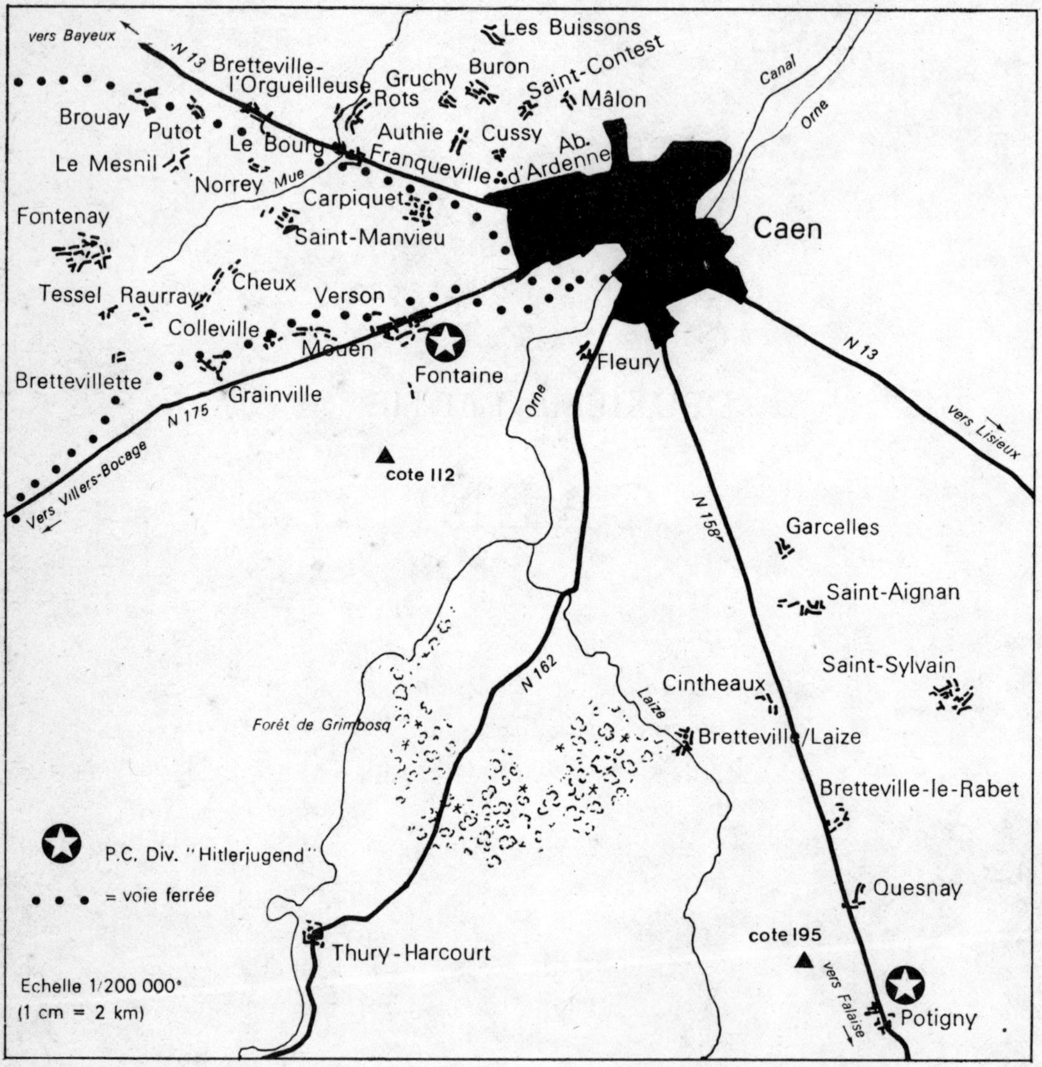

vers Bayeux
N 13
Bretteville-l'Orgueilleuse
Les Buissons
Buron
Gruchy
Rots
Saint-Contest
Mâlon
Canal
Orne
Brouay
Putot
Le Bourg
Authie
Cussy
Ab. d'Ardenne
Le Mesnil
Norrey
Mue
Franqueville
Carpiquet
Fontenay
Saint-Manvieu
Caen
Tessel
Raurray
Cheux
Verson
Colleville
Mouen
Fontaine
Fleury
Brettevillette
Grainville
N 175
Orne
N 13
vers Lisieux
cote 112
Vers Villers-Bocage
N 158
Garcelles
Saint-Aignan
Saint-Sylvain
N 162
Cintheaux
Laize
Forêt de Grimbosq
Bretteville/Laize
Bretteville-le-Rabet
P.C. Div. "Hitlerjugend"
= voie ferrée
Quesnay
cote 195
Thury-Harcourt
vers Falaise
Potigny
Echelle 1/200 000*
(1 cm = 2 km)

7.

Il est sept heures du matin, le 6 juin 1944.

Aux premières heures de la nuit, des parachutistes américains ont été largués dans la région de Sainte-Mère-Eglise, dans le Cotentin, et des parachutiste britanniques ont sauté dans la région du pont de Bénouville, à l'embouchure de l'Orne. On s'est longuement et durement battu, dans les ténèbres et la confusion. Pendant toute la nuit, des vagues d'avions ont bombardé les villes et les nœuds de communication. Puis les pièces de marine sont entrées en action, écrasant les défenses côtières du « mur de l'Atlantique » sous leurs obus de gros calibre. Enfin, peu après cinq heures, ce matin, les premiers fantassins alliés ont débarqué sur la côte normande, de Sainte-Marie-du-Mont à Ouistreham.

Voici venu le jour tant attendu.

Depuis minuit, la bataille de Normandie est commencée. Pourtant personne, au Grand Quartier général, n'a osé réveiller le Führer. Adolf Hitler dort.

Beaucoup de grands chefs de l'armée allemande croient qu'il s'agit encore d'une vaste opération de diversion : le véritable débarquement doit avoir lieu dans le Pas-de-Calais — d'ailleurs c'est l'opinion du Führer. Sans son ordre formel, aucune des divisions blindées, stationnées un peu en retrait des côtes, ne peut être mise en route et contre-attaquer.

A sept heures du matin, à sept heures seulement, l'Obergruppenführer « Sepp » Dietrich, qui commande le 1er corps blindé de la Waffen SS, prend sur lui de prévenir le Brigadeführer Fritz Witt, commandeur de la 12e division SS *Hitlerjugend.* Au téléphone, sa voix se fait encore plus bougonne que d'habitude. Sepp couve une de ses terribles colères :

— Je te donne l'ordre de mettre ta division en alerte, Fritz.

— Qu'est-ce qui se passe, Obergruppenführer ?

— Je n'en sais rien. On parle de parachutistes un peu partout. Des commandos auraient débarqué sur les plages. Personne n'y voit encore très clair. Ta division va être intégrée au groupe d'armées B du maréchal Rommel.

Quelques instants plus tard, le Commandeur reçoit enfin son ordre de marche. Il n'en croit pas ses oreilles et fait part de sa stupeur à son chef d'état-major, le Sturmbannführer Hubert Meyer [1] :

— C'est incroyable ! Nous sommes rattachés au corps d'armées qui se trouve à Rouen, alors que tout indique que le point névralgique de la bataille se situe à l'ouest de Caen.

— Avons-nous au moins un point de ralliement, Brigadeführer ?

— Il faut croire que les gens du Grand Etat-Major sont devenus fous : nous devons regrouper la division dans le secteur de Lisieux !

Fritz Witt n'est certes pas général à discuter un ordre, mais, pour ce chef de trente-quatre ans, l'obéissance aveugle est la pire des sottises. Il commande une des meilleures divisions de toute la Waffen SS, il brûle de se battre, et on l'envoie dans un secteur éloigné du front, autant dire au repos.

— On dirait que l'on veut nous réserver pour un débarquement en baie de Somme, fait remarquer Hubert Meyer.

1. Ne pas confondre avec son homonyme, le Standartenführer Kurt Meyer, dit « Panzermeyer ».

— Si le débarquement en baie de Seine est le bon, alors c'est une catastrophe. Passe-moi tout de suite l'officier responsable des opérations au corps d'armée.

A Rouen, personne ne peut donner la moindre explication à Fritz Witt, qui tempête au téléphone et essaie vainement de faire annuler cet incroyable ordre de mise en marche vers l'est, alors que depuis l'aube le ciel semble entièrement contrôlé par les avions alliés.

— C'est de la folie ! s'exclame le commandeur de la division *Hitlerjugend*. Demandez donc au maréchal Rommel d'annuler cette décision.

— Impossible, Brigadeführer, les communications téléphoniques ont été coupées. Nous n'avons plus de liaison avec le quartier général de La Roche-Guyon.

Fritz Witt raccroche le combiné d'un air las. Son visage lourd semble s'être encore épaissi. Seuls, dans ce masque blafard d'homme fatigué, trop rapidement tiré du sommeil, les yeux, profondément enfoncés, gardent leur vivacité.

— Tant pis, dit-il d'un air las. Il faut obéir. Meyer, transmets l'ordre de marche à toutes les unités de la division.

Fritz Witt aura le plus grand mal à rameuter ses vingt mille hommes, dispersés dans la campagne normande. Beaucoup de lignes téléphoniques sont inutilisables. Des motocyclistes doivent perdre de précieuses minutes à chercher des cantonnements isolés. Il faudra près de trois heures pour prévenir tout le monde.

Enfin, un agent de liaison arrive au poste de commandement :

— Le 25e régiment de grenadiers SS est en route.

Il est dix heures du matin, le 6 juin. La matinée s'éternise.

Une heure plus tard, un motocycliste s'immobilise près de la voiture de commandement de Fritz Witt :

— Le 26e régiment de grenadiers SS a quitté ses cantonnements.

Le Commandeur décide de rester à Tillières où il espère avoir encore quelques possibilités de liaison par fil. Il ne cesse de tempêter au téléphone et essaie d'obtenir en vain l'état-major du maréchal Rommel. Les hommes des transmissions manœuvrent leurs fiches et secouent négativement la tête à chaque demande de leur chef.

L'après-midi commence, et Fritz Witt s'énerve de plus en plus. Impossible de joindre La Roche-Guyon :

— Brigadeführer, le groupe d'armées B ne répond pas.

— Essayez donc de joindre le corps d'armée.

— Impossible d'obtenir Rouen, Brigadeführer.

— C'est invraisemblable ! Mes deux régiments de grenadiers et mon régiment blindé sont en train de se perdre sur les routes du pays d'Auge vers Lisieux ! Et, pendant ce temps-là, les Alliés élargissent leur tête de pont sur les côtes du Cotentin et du Bessin. C'est du sabotage !

Fritz Witt ne voit plus qu'une seule solution : reprendre contact avec son ancien chef, celui qu'il considère toujours comme le premier des guerriers de son clan : Sepp Dietrich.

A trois heures de l'après-midi, il réussit enfin à obtenir la communication.

— Qu'est-ce qui se passe, Obergruppenführer ? Je n'ai jamais vu une telle pagaille.

— Moi non plus. Mais j'ai de nouveaux ordres pour toi. J'ai réussi à joindre le maréchal Rommel. Je crois l'avoir convaincu. Il est maintenant décidé à t'envoyer dans le secteur de Caen.

— Enfin !

— Tu ne dépends plus du corps d'armée de Rouen, mais de celui de Saint-Lô. De toute façon, je vais moi-même prendre le commandement sur le terrain et tu resteras aux ordres du 1er corps blindé SS.

— Tant mieux, laisse seulement tomber Fritz Witt.

Il se sent toujours un peu étranger à la Werhmacht et se réjouit de participer à la contre-attaque sous les ordres du vieux

« Sepp ». Ses jeunes loups font partie d'un monde à part, avec des méthodes et des lois qui n'appartiennent qu'à eux.

Il est quatre heures de l'après-midi quand le Brigadeführer Witt dicte à Hubert Meyer de nouveaux ordres, qui modifient radicalement les dispositions prises depuis le début de cette folle journée :

— Toute la division fera mouvement pour s'établir à l'ouest de Caen. Le 25e régiment de grenadiers et le 2e bataillon blindé se regrouperent dans le secteur Carpiquet, Verson et Louvigny. Le 26e régiment de grenadiers et le 1er bataillon blindé gagneront le secteur Saint-Manvieu, Cristot, Fontenay-le-Pesnel. Le 12e bataillon du génie cantonnera à Esquay et le 12e bataillon de reconnaissance tâtera le terrain dans la région de Tilly-sur-Seulles. Je m'installe moi-même, avec l'état-major, à la pointe nord de la forêt de Grimbosq, dans une boucle de l'Orne, au sud-ouest de Caen.

Fritz Witt regarde Hubert Meyer et dit soudain à voix très basse :

— J'espère qu'il n'est pas trop tard. Nous avons déjà perdu seize heures.

Seize heures ! Alors qu'en ce jour le plus long, chaque minute pèse très lourd.

Enfin, dans la soirée, sa division sera rassemblée à l'ouest de Caen et l'Obergruppenführer Dietrich pourra la lancer dans cette fameuse contre-attaque qui doit rejeter les Alliés à la mer.

— En route !

Les camions, recouverts de feuillages, ressemblent à de grands buissons. Ils quittent, l'un après l'autre, les couverts et s'engagent sur la route. Les motocyclistes jouent les chiens de garde et ne cessent de remonter, puis de descendre la colonne. Quand ils doivent ralentir, ils ont une botte sur la chaussée et l'autre dans l'herbe du fossé.

Il fait encore très chaud. Les hommes transpirent sous leur anorak camouflé qui prend bientôt la couleur grise de la poussière. On distingue à peine les visages sous la visière du casque. La sueur ruisselle sur les joues et les mains. Le soleil, encore haut dans le ciel, projette d'immenses ombres ; chaque véhicule apparaît un instant sur les murs des villages traversés en trombe, puis semble se fondre dans la verdure normande. Les antennes des postes de radio se balancent comme des branches effeuillées.

Serrés les uns contre les autres, les flancs meurtris par les crosses des armes, les manches de pelles, les cartouchières, les bidons, les gamelles, les soldats de la *Hitlerjugend* ne cessent de lancer des plaisanteries qui provoquent d'intarissables fous rires. Ils abordent la guerre comme un grand jeu. Mais les chefs qui ont déjà connu l'épreuve du feu restent silencieux. L'instruction est terminée, le combat commence.

— Attention ! Les « Jabos » !

Des chasseurs-bombardiers alliés surgissent du ciel, dans le fracas de leurs moteurs. Ils piquent sur la colonne. On entend tout de suite des rafales de mitrailleuses, des explosions de torpilles. Les balles et les éclats cisaillent les branches, font voler des feuilles, fouettent la poussière de la route.

Les SS ont sauté des véhicules et se sont plaqués dans les fossés. Comme à l'exercice. Du ciel, on distingue à peine les véhicules-bosquets, plaqués dans les flaques d'ombre sur les bords de la route. Les équipages ont disparu, comme si chacun avait réussi à rentrer sous terre. La campagne tressaille à chaque éclatement de bombe. Les avions tourbillonnent, piquent, tirent, s'éloignent, reviennent à la charge. Le ciel n'est plus qu'un essaim d'abeilles en folie.

Etrange baptême du feu. Si différent de tout ce qu'imaginaient les jeunes loups de Führer. Ils ne chargent pas en chantant et en hurlant, mais se terrent, rampent, gémissent quand un éclat d'acier soudain les frappe dans le dos.

Voici les premiers morts et les premiers blessés. Ils seront tombés sans avoir rien connu de la bataille. Sacrifiés sans gloire, sur cette route qui s'étire sous le soleil de juin entre Falaise et Caen.

Les avions continuent à tourbillonner. Parfois, on entend les sèches rafales des mitrailleuses allemandes. Les MG 42, en position de tir antiaérien, tressautent à l'épaule des tireurs. Mais rien ne semble pouvoir arrêter la ruée des chasseurs-bombardiers.

— Il faut continuer, s'impatiente Fritz Witt.

Le Commandeur peste contre les minutes gaspillées. Il s'énerve de perdre déjà des hommes et des véhicules avant même d'aborder l'ennemi.

La colonne repart. Il faut encore augmenter la distance entre chaque camion et chaque blindé. Aux carrefours, les maisons flambent, éventrées, avec leurs murs lézardés et leurs poutres noircies. Même la pierre prend la couleur de la cendre.

— Plus vite, ordonne Fritz Witt à son chauffeur.

Il a l'impression d'avancer en plein brouillard. Les SS ne rencontrent aucun ennemi, aucun ami, aucun civil. Ils aperçoivent seulement quelques cadavres de paysans normands, à demi calcinés, confondus avec les ruines. La colonne avance dans une sorte de brouillard. Les avions alliés ont enfin disparu, partis à la recherche d'autres objectifs.

La route s'étire, grisâtre, monotone, interminable. Les moteurs s'emballent. Cette essence synthétique ne vaut rien et dégage une épaisse fumée bleuâtre. Puante.

Dans le nord, le ciel bleu vire au gris, puis au noir. Tout l'horizon prend la couleur de l'orage. Caen brûle de cent, de mille incendies. Depuis l'aube, la ville n'est plus qu'un immense cimetière.

Des milliers de cadavres reposent sous les ruines. Les caves des hôpitaux, des couvents, des pensionnats sont encombrées de blessés. Sans cesse, des brancardiers amènent de nouvelles victimes. De longues colonnes de réfugiés fuient la capitale de la Normandie occidentale, chassées par le feu du ciel. Poussant des brouettes et des bicyclettes surchargées de balluchons, les civils essaient d'échapper à l'horreur. Les yeux fous, les vêtements en loques, les traits déformés par la surprise, par la peur, par la colère, ils déferlent en pitoyables troupeaux vers Falaise, vers le sud, vers les forêts, loin de ces rivages où des ennemis impitoyables se prennent à la gorge depuis cette nuit terrible où la guerre flambe sur le sol normand.

Un autocar surgit soudain devant l'avant-garde de la colonne allemande. Mais un avion pique sur cette cible insolite, si lente, si visible au milieu de cette route de la folie. Le car, touché à mort, flambe. Le feu tord les ferrailles. Les fenêtres et les portières sont bloquées. Des corps carbonisés s'entassent devant les issues et dégagent une odeur ignoble de chair brûlée.

Les SS doivent basculer le car et ses cadavres dans le fossé, poursuivre leur route, écarter les charrettes et les chevaux. Les civils, hébétés, les laissent passer, regardant sans les voir ces garçons qui montent en riant et en chantant vers le front.

— Plus vite, ordonne Fritz Witt.

Déjà, ses grenadiers oublient la peur qu'ils ont ressentie tout à l'heure lorsque la colonne a été mitraillée pour la première fois. La colonne de la division *Hitlerjugend* doit poursuivre sa route, foncer droit devant elle, vers le nord, vers la mer, vers la mort.

Les fossés, les haies et les bosquets offriraient aux SS une protection suffisante contre une nouvelle attaque aérienne. Mais ils n'ont pas le droit de profiter de ces couverts. Il faut suivre la route infernale. La poussière tourbillonne.

— Les Jabos attaquent !

Des cris retentissent. A nouveau, des avions piquent, mitraillent, rugissent. Les rafales se croisent, les balles ricochent contre les blindages des véhicules, des éclats volent dans tous le sens, acérés comme des lames de rasoir portées au rouge.

— La compagnie de reconnaissance vient de trinquer dur, annonce un motocycliste qui remonte à toute allure la colonne pour rejoindre une des voitures de commandement.

Les véhicules essaient vainement de se réfugier dans un chemin creux. Trop tard. Les roquettes explosent. Une voiture, chargée à ras bord de munitions, explose.

Au milieu de la route, un jeune grenadier se tord de douleur, un éclat d'acier lui a ouvert la gorge, de l'oreille à la clavicule. Le sang jaillit par saccades d'une artère tranchée net. Aucun pansement ne peut retenir la vie qui s'enfuit. Ses camarades, les mains poissées de sang frais, traînent son cadavre dans le creux du fossé.

— Ne vous attardez pas ! Dégagez la route ! hurlent les sous-officiers en activant leurs hommes.

Il ne faut pas leur laisser le temps de réaliser toute cette horreur. Ils doivent dégager l'épave du véhicule qui encombre la route et diriger les blessés vers un poste de secours improvisé. La colonne ne peut pas ralentir sa marche. Depuis que la division a reçu son ordre de route, seule la vitesse compte. C'est d'abord une course contre la montre que livre Fritz Witt. Dans l'adversité comme dans l'offensive, le commandeur continue à répéter la vieille maxime du général Guderian : « Pour les Panzers, le moteur est une arme aussi utile que le canon... »

La nuit commence à tomber Au-dessus de Caen, le ciel tourne au rouge. La ville flambe toujours. Le soleil a disparu. La pénombre rougeoie des incendies. Venu de la côte, on entend le grondement sourd des canons.

Les attaques aériennes ont brisé l'allure de la division *Hitler-*

jugend. Cette montée vers le front n'a été qu'une suite d'arrêts, de départs, de piétinements. A chaque nouvel assaut des chasseurs-bombardiers, les SS ont perdu des hommes, des véhicules, des armes. Les compagnies et les bataillons s'étirent sur l'itinéraire, formant des petits paquets qui n'arrivent plus à rétablir les liaisons. Les motocyclistes vont et viennent sans cesse. De chaque côté de la route, les haies semblent menaçantes. Aux carrefours, des officiers essaient de remettre un peu d'ordre dans toute cette pagaille. Maussade, la casquette à tête de mort tirée sur les yeux, Fritz Witt se demande qui va enfin lui expliquer la situation et lui donner des ordres. Il ne sait même pas si l'aérodrome de Carpiquet se trouve aux mains des Allemands.

Depuis l'aube de ce 6 juin 1944, les fantassins et les blindés alliés ont débarqué, de la baie des Veys à l'embouchure de l'Orne. Ils ne cessent de consolider leurs têtes de pont. Les Américains attaquent à « Utah Beach » dans le Cotentin et à « Omaha Beach » dans le Bessin. Les Britanniques ont baptisé « Sword », « Juno » et « Gold » les trois plages du Calvados où ils ont repris pied sur la terre de Guillaume le Conquérant.

Les Canadiens mènent l'assaut à Juno. Ils appartiennent à la 3e division d'infanterie, une solide unité qui regroupe dix régiments d'infanterie, quatre régiments blindés, quatre régiments d'artillerie, trois régiments antichars, un régiment antiaérien et quatre compagnies du génie.

Ces redoutables gaillards ont troqué la hache du bûcheron pour le fusil mitrailleur des armées de Sa Majesté. Les noms de leurs unités évoquent le passé d'une terre de forêts et de banquises où se sont longtemps déchirés Français et Anglais, avant de se fondre en une seule nation, rude, austère, impitoyable. Les soldats du Royal Winnipeg, du régiment de La Chaudière ou du Cameron Highlanders ont traversé l'Atlantique pour retrouver les lointaines patries d'où sont jadis partis leurs ancêtres. Ils se sont entraînés pendant des mois et des mois en Ecosse. Ils ont appris à tuer. Maintenant il leur reste à apprendre à mourir.

Car, depuis l'aube, les pertes sont sévères dans leurs rangs : plus de huit cents hommes hors de combat dans la matinée : les Canadiens ont payé cher les premières centaines de mètres en terre normande. Mais, de Langrune-sur-Mer au bourg de Creully, ils ont réussi une belle percée. Bientôt, ils espèrent opérer leur jonction avec les Britanniques débarqués à Ouistreham qui progressent vers Caen, le long de l'Orne et du canal. Désormais, la capitale de la Normandie occidentale apparaît à portée de leur main. Le rêve fou de la conquérir dès le jour J s'avère encore possible. Il reste quelques heures...

Une course de vitesse s'engage. Qui arrivera le premier dans la banlieue de Caen et sur l'aérodrome de Carpiquet ? Les Canadiens du major général Keller ou les Waffen SS du Brigadeführer Fritz Witt ?

Le commandeur de la division *Hitlerjugend* a confié l'avant-garde de sa colonne au chef du 25e régiment de grenadiers, le Standartenführer Kurt Meyer, dit « Panzermeyer ».

Ce colonel de trente-trois ans constitue, dès la tombée de la nuit, une unité d'assaut avec tous ceux qui ont réussi à échapper aux terribles bombardements des Jabos. Panzermeyer n'a aucune idée de la progression alliée. Il ne sait pas non plus où s'établit la défense allemande. Il fonce dans le crépuscule, en n'ayant qu'une hâte : arriver le premier aux faubourgs situés au nord-ouest de Caen, bousculer les ennemis, les rejeter à la mer.

A la tête d'un des meilleurs régiments d'infanterie de toute la Waffen SS, il croit, en ce soir du 6 juin, que tout peut encore être sauvé sur le front de Normandie.

Si seulement il découvrait quelqu'un pour lui expliquer ce qui se passe ! Déjà, le jour le plus long en est à son crépuscule...

— Enfin, vous voilà !

Un homme surgit dans la pénombre, engoncé dans l'uniforme

noir des chars. Il semble épuisé. Il se présente au chef du 25e régiment SS.

— Standartenführer, dit-il, je suis l'officier d'ordonnance de la 21e division de blindés. Mon chef, le général Feuchtinger, vous attend.

— Mais qu'est-ce qui se passe ? demande Panzermeyer. Pourquoi ne pas « les » avoir refichus à la mer ?

— Nous avions l'ordre de ne pas lancer nos chars à la contre-attaque sans autorisation. C'est insensé ! Nous avons dû attendre sans intervenir de minuit à six heures ce matin. Il faisait déjà grand jour quand nous sommes montés vers les lignes. Et il a fallu patienter encore deux heures pour entrer dans la danse !

Panzermeyer découvre avec stupéfaction toute cette paralysie qui immobilise les divisions blindées allemandes et laisse à l'adversaire l'initiative de la Blitzkrieg, la guerre éclair. Comme tout a changé depuis la ruée de 40...

— Nos chars n'ont même pas réussi à atteindre le rivage, avoue l'officier d'ordonnance de la 21e division blindée.

— Nous sommes là pour ça ! lui lance Panzermeyer qui garde encore toute sa confiance dans cette force presque intacte : vingt mille jeunes SS de la division *Hitlerjugend*.

Tous comptes faits, les attaques aériennes de l'après-midi n'ont causé que des pertes minimes. Négligeables même pour qui a connu les terribles hécatombes du front de l'Est.

Un grondement de moteur remplit à nouveau le ciel. Mais ce sont, enfin, des bombardiers allemands. Dans leurs camions, les SS les acclament en agitant les bras et en brandissant leurs armes. Ils sont tous persuadés de se retrouver demain sur le rivage, vainqueurs.

Les canons de la flotte alliée se déchaînent. Les appareils à croix noire se heurtent à un mur de feu. Infranchissable. Cette fois, ce n'est certes pas un raid, comme celui de Dieppe. C'est l'invasion.

Panzermeyer traverse en trombe la ville de Caen. Sa voiture de commandement zigzague à travers les ruines. La cité brûle toujours. Des pans de murs s'écroulent, des toitures s'abattent, des réservoirs explosent. Le brasier gronde comme une forge gigantesque. Secouristes et pompiers s'affairent. Fous d'héroïsme et d'impuissance.

Les rues sont bloquées, la fumée prend à la gorge, la chaleur restitue la brûlure du soleil. Les jeunes SS traversent comme des spectres une ville qui agonise. Jamais ils n'ont encore vu autant d'incendies, autant de ruines, autant de morts. L'air sent la cendre et la mort. Les silhouettes noires des églises se détachent avec une étrange précision sur l'orange des incendies. Le crépitement des brasiers couvre le bruit des moteurs. Les véhicules de la *Hitlerjugend* se faufilent à travers les ruines, se dirigent vers les sorties ouest de la ville. Les SS ont hâte d'échapper à ce piège de feu. Les habitants de Caen semblent voués au sort des rats enfumés, stupéfaits d'avoir ainsi été frappés, alors que pas une seule unité de combat allemande ne se trouvait cantonnée dans leur cité. Personne ne sait encore que ce crépuscule n'est que le premier d'une agonie qui doit durer des semaines. La capitale de la Normandie occidentale va mourir.

L'acier des véhicules brûle les mains, tant les incendies ont transformé la ville en brasier. Malgré la mise en alerte la nuit précédente et malgré une dure journée de route et d'attaque, aucun des SS de la *Hitlerjugend* ne succombe au sommeil. Ils veulent voir comment toute une ville sombre dans l'apocalypse. Pour leur montée en ligne, les Alliés viennent de planter une toile de fond tragique. Caen brûle comme un irréel décor de film. Les façades de pierre vacillent et s'abattent, dans de gigantesques gerbes d'étincelles qui lancent vers le ciel des milliers d'étoiles filantes.

Entre le brasier des incendies et la lueur des combats, là-bas, vers l'ouest et le nord, s'étendent encore de larges zones d'ombre. Les SS y disparaissent et s'y terrent, comme dans la coulisse obscure d'un immense opéra. Ils ont encore quelques heures avant la levée du jour et le début de la bataille.

Maintenant, ils ne rient plus. Ils ne parlent même plus. Accablés devant l'horreur de cette ville en feu, ils entrent, silencieux, dans la nuit sombre de leur veillée d'armes.

Vers minuit, le Standartenführer Meyer rejoint le poste de commandement de la 716ᵉ division d'infanterie que commande le général Richter. La 716ᵉ se trouvait en position sur la côte normande, au nord de Caen, et a subi le premier choc. Depuis l'aube, ses pertes sont effroyables.

L'état-major s'est installé dans une ancienne carrière de sable. Des galeries s'enfoncent profondément sous terre. Elles sont encombrées de blessés que doivent enjamber les agents de liaison et les officiers d'ordonnance. Médecins et infirmiers sont débordés. Le bombardement entrave les évacuations. Des brancardiers ne cessent d'apporter de nouvelles victimes dont les pansements sanglants sont couverts de poussière. De toutes parts, retentissent des gémissements et des appels. On tire une couverture grise sur le visage des morts dont on ne voit plus dans la pénombre que les grosses chaussures cloutées.

Tous les officiers de l'état-major accueillent Panzermeyer avec une mine soucieuse.

— La situation est très grave, déclarent-ils d'emblée.

Le général Richter, chef de la 716ᵉ division d'infanterie, expose la situation. Il parle par petites phrases, sur un ton monocorde où la tristesse s'ajoute à la fatigue :

— Depuis ce matin, nous avons subi une véritable tempête de feu. Les chasseurs-bombardiers alliés se sont acharnés sur nos positions. Pour appuyer le débarquement, à l'aube, plus de mille avions ont écrasé les postes de défense côtière. Et les bateaux ont succédé aux avions dès le lever du jour. Pas un mètre de terrain qui n'ait été tourné et retourné. Les soldats qui ont survécu à un tel bombardement ne peuvent pas tenir contre les fantassins et les blindés ennemis qui n'ont cessé de se renforcer. Les derniers survivants se battent pourtant encore, isolés au milieu de la marée ennemie. En moins de vingt-quatre heures, la 716e division d'infanterie a cessé d'exister en tant qu'unité combattante.

— Avez-vous encore des liaisons ? demande Panzermeyer.

— La plupart des fils téléphoniques sont coupés. Mais il me reste encore une ligne avec le colonel Krug qui commande un de mes régiments.

Comme pour confirmer ces paroles, une sonnerie retentit. Krug est au bout du fil.

— Que se passe-t-il chez vous ? demande le général Richter.

— L'ennemi se trouve déjà au-dessus de mon bunker. Je n'ai plus aucune liaison avec mes points d'appui. Je n'ai plus aucun moyen de combattre... Que dois-je faire ?

Le général reste un long moment silencieux. Tous ses officiers le regardent, comme s'il pouvait encore accomplir quelque miracle. Mais Richter sait bien que tout est perdu sur la côte. Alors, il hausse les épaules et annonce à Krug :

— Je ne peux plus vous donner d'ordres. Décidez vous-même ce qu'il convient de faire. Je sais que vous ferez pour le mieux.

Richter laisse passer quelques secondes. Mais il sait que Krug n'a rien à lui répondre. Alors, il conclut sur le ton le plus amical :

— Au revoir, colonel.

A nouveau, le silence. La clarté des ampoules électriques sans abat-jour découpe des ombres dures sur les visages creusés par la fatigue. Richter repose le combiné de l'appareil téléphonique et répète encore une fois la terrible nouvelle :

— Ma division n'existe plus. C'est fini.

— Mais il fallait contre-attaquer ! s'exclame Panzermeyer, qui n'a jamais cru qu'aux vertus de l'offensive.

Le général Feuchtinger, chef de la 21e division blindée, intervient à son tour. On sent qu'il domine mal une colère qui ne cesse de couver depuis l'aube :

— Cela fait plus de vingt-quatre heures que je sais que des parachutistes ennemis ont sauté dans le secteur de Troarn ! Ma division était prête au combat, et j'ai pourtant reçu l'ordre de ne pas bouger. J'ai attendu toute la nuit. En vain. Alors, j'ai pris sur moi d'attaquer. Sans ordre.

— Votre officier d'ordonnance m'a déjà appris cela, dit Panzermeyer. Vous avez agi selon l'esprit de la Waffen SS : « Celui qui désobéit à un ordre et connaît un échec est fusillé. Celui qui désobéit à un ordre et remporte la victoire est décoré. » Telle est la loi chez nous...

— Je me moque bien d'être décoré ou fusillé ! explose Feuchtinger. Ce qui m'intéressait pendant toute cette maudite nuit, c'était de détruire les parachutistes britanniques installés à l'embouchure de l'Orne.

Le chef de la 21e division blindée raconte brièvement comment cette division aéroportée a été renforcée par les forces de débarquement britannique et canadienne.

— L'ennemi possède des armes antichars redoutables. Nous avons subi de lourdes pertes durant toute la journée. Mes unités blindées ont été engagées isolément. Presque toutes ont été démantelées.

— Avez-vous réussi à atteindre la côte ?

— Je n'ai même plus de liaison avec les quelques chars qui ont réussi à percer jusqu'à Lion-sur-Mer. Je doute qu'ils puissent tenir bien longtemps.

Les officiers se penchent sur leurs cartes. Les renseignements fragmentaires qui parviennent au poste de commandement de la 716e division d'infanterie ne permettent même pas de tracer une ligne de front.

Peu après minuit, en ces premières minutes du 7 juin, un message fait pousser une exclamation de rage au général Richter.

— C'est une catastrophe ! hurle-t-il. Les unités alliées seraient déjà arrivées aux abords de l'aérodrome de Carpiquet. Et je n'ai aucune réserve disponible.

— Mais il y a des troupes fraîches avec le Standartenführer Meyer ! s'exclame le général Feuchtinger.

Déjà, Panzermeyer donne ses ordres. Il va engager la première unité dont il dispose : la compagnie de reconnaissance de son 25e régiment de grenadiers.

— Allez-y, von Büttner, lance-t-il à l'officier qui la commande. Nettoyez-moi tout ça !

Les SS de la compagnie de reconnaissance progressent depuis le matin à l'avant-garde du régiment. Avec leurs blindés légers, leurs automitrailleuses et leurs motocyclettes, ils constituent la « tête chercheuse » de la division *Hitlerjugend*. Chez eux, plus encore que chez leurs camarades des unités d'infanterie, les instructeurs ont développé l'esprit d'initiative et la pugnacité. Comme dit leur chef, l'Obersturmführer von Büttner : « Ils en veulent ! »

A une heure du matin, le 7 juin, ils reçoivent l'ordre de se porter vers l'ennemi et l'accueillent avec des cris de joie. Depuis des mois, ils ont appris à se battre et à tuer. Maintenant, tout va commencer. Dans quelques heures, les Alliés seront rejetés à la mer...

— La situation semble assez confuse, leur annonce von Büttner. On ne sait pas exactement où se trouvent nos adversaires ni combien ils sont. Nous commencerons par nettoyer trois villages : Carpiquet, Rots et Buron.

Les SS de la compagnie de reconnaissance progressent dans la nuit de part et d'autre de deux axes routiers : celui qui conduit à Bayeux et celui qui mène à Creully.

Il faut d'abord dégager l'aérodrome. Des coups de feu retentissent. On se fusille à bout portant dans les ténèbres et la confusion. Très rapidement, Canadiens et Allemands en arrivent au corps-à-corps. Les grenades explosent, éclairant une mêlée confuse. Brusquement, la bataille ne ressemble plus du tout à l'entraînement. Jamais les jeunes SS n'auraient imaginé un tel désordre. Des coups de feu partent de partout, mais il est impossible de localiser où se trouve le gros de la force ennemie.

Les hommes de la compagnie de reconnaissance, en arrivant aux premières maisons de Buron, aperçoivent dans les ténèbres des petits groupes de soldats dissimulés dans les fossés et derrière des pans de murs. Au moment de tirer, ils reconnaissent la silhouette des casques allemands. Ce sont quelques rescapés de la 716e division d'infanterie.

— Enfin, vous voilà ! lancent-ils aux SS. Il était temps.

Les Allemands progressent rapidement de maison en maison, tirant sur tout ce qui bouge. Les Canadiens se terrent ou décrochent. Mais la contre-attaque ne peut les déloger du village des Buissons où ils se retranchent en attendant l'aube.

Les soldats de la *Hitlerjugend* et de la Wehrmacht s'installent, eux aussi, solidement. Vaincus par la fatigue, les plus jeunes s'assoupissent sur leurs armes. La nuit est fraîche. A l'approche de l'aube, l'herbe se couvre de rosée. Quand les SS émergent du sommeil, ils sont transis. Les gourdes sont vides. Ils ont soif. Tout s'est passé si vite depuis la traversée de Caen en flammes qu'ils n'ont pas encore eu le temps d'avoir peur. Maintenant, une sourde angoisse les tenaille. L'Obersturmführer von Büttner se rend de point d'appui en point d'appui. Ses garçons ont bien réagi. Mais leur chef n'aime pas sentir ses forces aussi dispersées. Tenir la liaison entre ses sections et ses groupes de combat va devenir un exploit. La compagnie de reconnaissance se trouve en pointe de la *Hitlerjugend*. Mais où est donc la division, en cette nuit du 6 au 7 juin ?

8.

Aux premières heures du 7 juin 1944, le Standarfenführer Kurt Meyer se trouve toujours au poste de commandement de la 716e division d'infanterie, dans la banlieue de Caen, mais il ne cache pas son impatience. Il déteste cette atmosphère de déroute qui ne cesse de s'accentuer. Le jeune colonel SS ne veut pas partager le pessimisme des généraux Feuchtinger et Richter. Il refuse leurs propos défaitistes. Ce qui compte pour lui, ce ne sont pas les revers subis au cours de la première journée, mais la contre-attaque qui va suivre dans quelques heures. La division *Hitlerjugend* possède les moyens d'une réplique foudroyante. Tous les officiers SS de son état-major partagent sa foi et toisent leurs camarades de la Wehrmacht avec le mépris des jeunes loups pour les vieux dogues.

— Standartenführer, on vous demande au téléphone.

L'appel surprend Panzermeyer au moment où il allait quitter le bunker. C'est son chef qui lui parle. Fritz Witt téléphone du poste de commandement de la 21e division blindée à Saint-Pierre-sur-Dives. Il semble assez peu au courant de la situation sur la côte, mais sait que son interlocuteur n'est pas homme à lui farder la vérité :

— Carpiquet a été rapidement débarrassé des quelques Canadiens qui avaient réussi à s'y infiltrer, annonce tout de suite

Panzermeyer d'une voix brève. Mais les « rampants » de la Luftwaffe ont abandonné leurs positions de défense et s'avèrent introuvables. Tous mes SS disponibles sont occupés à nettoyer les villages et les hameaux en direction de l'ouest. Nous sommes absolument seuls dans le secteur. La 716ᵉ division d'infanterie de la Wehrmacht est pratiquement anéantie.

— C'est grave, estime Witt. Mais nous en avons vu d'autres en Russie. Seulement, il ne faut pas perdre de temps. Kurt, tu dois empêcher l'ennemi de progresser vers Caen et Carpiquet. D'abord tenir sur place. Puis contre-attaquer ensuite.

Le Brigadeführer Witt sait analyser rapidement une situation. Tout lui indique que les Britanniques et les Canadiens avaient l'intention de s'emparer de Caen dès le premier jour de la bataille. Ils sont donc nombreux, bien armés, et possèdent l'appui de la flotte ainsi que de l'aviation alliée.

— Ecoute-moi, Kurt, dit-il. En face, c'est un gros morceau. Pas question de l'attaquer par petits paquets. La journée d'hier a justement montré l'erreur à ne pas faire. La 21ᵉ division blindée s'est épuisée, sans obtenir de résultats décisifs.

— Que décides-tu ? demande Panzermeyer.

— D'abord, regrouper nos forces. Nous mènerons l'assaut avec toute la division *Hitlerjugend*. Et nous agirons avec ce qui reste de la 21ᵉ division blindée. Mes ordres sont simples. Début de la contre-attaque : aujourd'hui, 7 juin, à midi. Objectif : rejeter les Alliés à la mer. Pas de question ?

— Aucune question, Brigadeführer.

Panzermeyer retrouve le style de Witt qui a toujours été un des plus audacieux chefs d'unités de la *Leibstandarte Adolf Hitler*. Avec lui, l'impossible n'a jamais existé. Il a toujours osé et il a toujours gagné. La bataille de Caen ne sera quand même pas plus dure que la bataille de Kharkov...

Le commandeur du 25e régiment de grenadiers SS quitte rapidement l'état-major, après avoir salué assez froidement les généraux Richter et Feuchtinger. Ces messieurs de la Werhmacht vont voir de quel bois se chauffent les « gamins » de la SS...

Panzermeyer et les quelques officiers qui l'accompagnent traversent Caen à la fin de la nuit. Les rues sont maintenant désertes. La capitale de la Normandie occidentale semble une cité morte.

Le poste de commandement du 25e régiment SS se trouve dans les faubourgs de Caen, au bord de la route qui mène à Bayeux, près d'une voie ferrée. C'est une simple maison de campagne. Un jardinet, quelques arbres, un vieux mur. Du haut du ciel, on ne doit voir qu'un bouquet de verdure. Les occupants s'y sont succédé. Odeur de moisi des bâtisses abandonnées. Odeur de cuir et de graisse des cantonnements occupés par l'armée allemande. Des fauteuils crevés, une table bancale, des matelas empilés dans un coin de la pièce principale qui a longtemps servi de poste de garde.

Panzermeyer s'assoit sur une chaise. Le manque de sommeil lui serre la tête dans un cercle de fer. Mais il ne veut pas y penser. Il faut préparer cette contre-attaque qui doit avoir lieu dans quelques heures. A midi, enfin, tout va commencer. Le chef du 25e régiment appelle son chauffeur.

— A vos ordres, Standartenführer, dit Erich Holsten.

— Débrouille-toi pour nous faire un peu de café. Nous avons à travailler.

Dehors, le jour va bientôt se lever. On commence dans la grisaille à distinguer les soldats qui vont et viennent autour du poste de commandement. Les hommes des transmissions tirent des lignes téléphoniques et les pionniers dégagent les abords, déblayant les gravats et les carcasses des véhicules qui encombrent la route de Bayeux.

Les convois continuent à arriver. Voici enfin le 1er bataillon du 25e régiment de grenadiers SS. Le Sturmbannführer Waldmüller se présente à son chef.

— Nous attaquons à midi, lui ordonne Panzermeyer. Gagnez au plus vite vos positions de départ.

Les hommes sautent à bas des camions et se rassemblent sur la route, avec un bruit de ferraille. Dans la pénombre, des armes cognent contre les casques. Les groupes de combat se reforment. Les mitrailleurs récupèrent leurs pourvoyeurs qui se chargent des caisses de cartouches. Les sous-officiers distribuent les Panzerfaust, ces armes individuelles antichars à charge creuse qui permettent à des hommes seuls d'affronter les plus redoutables blindés ennemis.

Le chef du 1er bataillon s'éloigne avec ses hommes. Celui du 2e bataillon, le Sturmbannführer Scapinie, arrive déjà. Malgré les incessantes attaques aériennes de la veille, le régiment parvient quand même à se regrouper comme prévu. Tous les gradés surveillent le ciel avec inquiétude. Dès le lever du jour, les chasseurs-bombardiers alliés vont reprendre leur ronde infernale. Comment camoufler aux Jabos les préparatifs de la contre-attaque ?

Les grenadiers passent les uns après les autres devant le poste de commandement. Panzermeyer n'a pas voulu s'assoupir et il tient à saluer ces garçons qui vont dans les heures prochaines affronter l'ennemi. Leurs regards se croisent. Mais ils n'échangent pas une parole. Il n'y a plus rien à dire désormais.

Les jeunes SS essaient de se dissimuler dans les fossés et le long des haies. Les avions tournent sans cesse, piquent dès qu'ils repèrent la moindre silhouette, reprennent de la hauteur, reviennent à la charge, laissent tomber des bombes légères qui explosent en série.

Soudain, on entend le sifflement d'un obus qui arrive avec le bruit d'un train express. Une explosion. Une gerbe de flammes et de terre. Une épaisse fumée noire. Ce sont les grosses pièces de marine des cuirassés et des croiseurs alliés qui bombardent systématiquement les positions tenues par les Allemands.

Les combats de ce 7 juin seront décisifs.

Désormais, les salves des pièces de marine secouent tout le paysage. Et les avions ne cessent de piquer sur les routes et les chemins. L'axe Caen-Bayeux semble particulièrement visé.

— Notre poste de commandement sera bientôt intenable, constate un des gradés de l'état-major. Il faut nous terrer dans la campagne, au nord de la route.

Panzermeyer repère sur la carte un bon observatoire : l'abbaye d'Ardenne. Il y expédie aussitôt un de ses officiers d'ordonnance.

La population n'a pas encore été totalement évacuée. M. Huard voit soudain arriver dans la cour de l'abbaye une automobile d'où bondit un jeune gradé SS.

— C'est vous le propriétaire ? Alors, partez tout de suite ! Nous réquisitionnons tous les bâtiments.

Peu après, Panzermeyer doit rejoindre son poste de commandement. Les avions ne cessent de tourner au-dessus de sa tête. Il appelle son chauffeur :

— Erich ! Essaie de trouver une Volkswagen. Avec ma voiture de commandement, on ne passera jamais...

Quelques minutes plus tard, le chef du 25e régiment saute à bord du véhicule. Erich Holsten embraye et démarre. Au bout de quelques dizaines de mètres, il freine brusquement : un Jabo surgit du ciel et pique sur eux.

Le colonel et son chauffeur n'ont que le temps de sauter à terre, puis de s'aplatir dans le fossé. Des gerbes de balles claquent sur la route, à quelques mètres d'eux. L'avion passe et repasse, s'acharnant sur cette voiture isolée.

— Regardez, Standartenführer, il s'éloigne !

— Alors, on y va, ordonne Panzermeyer.

Ils n'ont pas fait cent mètres qu'un nouvel avion surgit et

pique à son tour. Les deux occupants du véhicule se retrouvent de nouveau dans le fossé. Le colonel, le nez dans l'herbe, maudit la Luftwaffe qui n'est plus capable de nettoyer le ciel.

— On ne va quand même pas rester là jusqu'à midi, s'impatiente-t-il.

— Ne vous en faites pas, dit le chauffeur. A la première accalmie, on saute dans l'auto et je fonce.

La Volkswagen repart sitôt que l'avion s'est éloigné. Mais d'autres chasseurs-bombardiers tournoient dans le ciel. Chaque fois que l'un d'eux surgit et pique, Erich Holsten freine à mort et immobilise la voiture dans l'ombre d'une haie ou d'un buisson. Après une course folle, le véhicule de liaison s'immobilise enfin dans la cour de l'abbaye d'Ardenne.

Le colonel parcourt d'un œil rapide ce qui sera désormais son domaine. Il remarque les bâtiments trapus et bien groupés, les murs épais, les fenêtres étroites. L'abbaye est construite en bonne pierre de Caen. Depuis de nombreux siècles, elle a défié bien des invasions. Le commandeur du 25ᵉ régiment SS note surtout les deux clochers trapus qui s'élèvent haut dans le ciel, au-dessus de la plaine.

— Voilà un poste d'observation idéal, dit-il à son officier adjoint.

— Les artilleurs de la division s'en sont déjà rendu compte. Ils viennent d'installer des guetteurs dans une des deux tours.

— Eh bien, je prendrai l'autre, conclut Panzermeyer.

Voici justement le Sturmbannführer Bartling, chef du bataillon d'artillerie lourde. Il a l'air particulièrement décidé, ce matin.

— Toutes mes batteries sont en place, annonce-t-il. Je suis prêt à ouvrir le feu pour appuyer l'offensive. Nous allons les rejeter à la mer avant ce soir !

Panzermeyer ne répond pas et se dirige vers une des salles de l'abbaye où il va déployer sa carte sur une table de ferme. Il pointe les positions occupées par son 1ᵉʳ et son 2ᵉ bataillon de grenadiers. Les SS sont maintenant tous installés sur leurs lignes de départ.

Des tours de l'abbaye, on distingue les emplacements des mitrailleuses et des canons légers. Tous les soldats de la *Hitlerjugend* sont bien entraînés à se camoufler. Les points d'appui ne sont que des buissons et des haies que rien ne distingue d'autres buissons et d'autres haies. Les anoraks mouchetés de vert et de brun sont invisibles à quelques mètres. Les jeunes loups du Führer se sont noircis le visage, puis ont accroché quelques branchages à leur équipement et à leur casque. Fondus dans le paysage, ils sont désormais aussi invisibles que redoutables.

— Mais où sont donc nos chars ? demande à Panzermeyer son officier-adjoint.

— J'espère qu'ils ne vont pas tarder. Ils ont dû avoir du mal à échapper aux chasseurs-bombardiers. Ces maudits Jabos n'ont pas fini de nous empoisonner.

Un nuage de poussière s'élève sur la route. Ce ne sont pas des chars, mais les servants d'un bataillon de mortiers lourds. Leur chef se présente aussitôt.

— Je viens vous appuyer, annonce-t-il. Pour une fois, l'intendance ne m'a pas ménagé les munitions. J'ai eu autant de torpilles que j'en avais demandées. Je crois qu'on va s'amuser...

Les hommes des mortiers se dirigent aussitôt vers le nord de Caen, où ils doivent installer leurs positions de batterie. La contre-attaque allemande se prépare.

La matinée du 7 juin se trouve maintenant bien avancée. L'offensive décisive vers la mer pour rejeter à l'eau les Alliés est toujours prévue pour midi. Mais, depuis l'aube, ce sont les Canadiens qui n'ont pas cessé de « tâter » le front tenu par la division *Hitlerjugend*. D'ailleurs, on ne peut même pas parler de front. Les lignes ne sont que des points d'appui, mal reliés entre eux.

Les assaillants progressent en direction du village de Buron, découvrent un profond fossé antichar, s'y abritent quelques instants, reprennent leur avance. Ils se heurtent d'abord à des éléments de la Wehrmacht, très éprouvés depuis la veille. La plupart de ces Allemands sont épuisés, beaucoup sont blessés. Les premiers prisonniers, les mains en l'air, un peu hagards, sont dirigés vers l'arrière.

Soudain, des coups de feu retentissent. Cette fois, ce sont des jeunes SS qui ne sont pas du tout démoralisés et s'efforcent de barrer la route de l'aérodrome de Carpiquet. Les équipages de chars Sherman essaient de repérer les nids de mitrailleuses. Les fantassins candiens, appuyés par les chenillettes d'infanterie, poursuivent leur avance.

Devant eux, il reste encore deux villages avant la route de Bayeux, au-delà de laquelle s'étend, au sud, l'aérodrome de Carpiquet...

Vers dix heures du matin, les premiers chars commencent à se rassembler tout autour de l'abbaye d'Ardenne. Une cinquantaine de Panzers Mark IV se dissimulent sous les couverts. Leurs moteurs tournent au ralenti. Les hommes d'équipage en uniforme de cuir noir grillent une dernière cigarette, assis dans l'herbe, à l'ombre des chenilles.

Chaque chef de bord a calé son poste de radio et attend les ordres. Le Sturmbannführer Karl Heinz Prinz, chef du 2e bataillon de chars de la *Hitlerjugend,* rejoint Panzermeyer dans son poste de commandement.

— Nous sommes le premier échelon blindé. Les Jabos nous ont un peu retardés. Mais nous n'avons pas eu trop de pertes.

— Quand doivent arriver les autres blindés de la division ?

— Ce soir. Cette nuit, au plus tard.

Le Brigadeführer Fritz Witt a peut-être été un peu trop optimiste en fixant l'heure de l'attaque à midi, ce 7 juin. Mais le temps travaille contre les Allemands depuis la veille et il ne faut plus attendre pour déclencher la contre-offensive.

Les pièces de marine ne cessent de pilonner les faubourgs situés à l'ouest de Caen. Des obus de fort calibre arrivent sur les positions occupées depuis l'aube par les SS de la *Hitlerjugend* et explosent en soulevant d'énormes geysers de terre et de fumée. Mais les hommes se sont camouflés et enterrés. Tapis dans leurs trous, ils tendent le dos sous l'orage d'acier et commencent à s'habituer au fracas des salves. Le souffle des bombes les plaque au sol. Parfois, un coup au but fait voler dans tous les sens des corps disloqués.

Le Standartenführer Meyer s'impatiente. Cet incessant bombardement des navires alliés indique l'imminence d'une offensive ; il veut en avoir le cœur net. Il escalade l'escalier en colimaçon qui mène à une des tours de l'abbaye d'Ardenne. Du haut de cet observatoire, le jeune colonel dominera la plaine de Caen. Il espère même apercevoir la mer, à une dizaine de kilomètres au nord.

Le Standartenführer reprend son souffle, colle ses jumelles à ses yeux et laisse échapper un cri de surprise :

— C'est fantastique ! dit-il à son officier adjoint. Je n'ai jamais vu une telle flotte.

Au large des côtes du Calvados, mouille une armada comme aucune marine au monde n'a pu encore en aligner : cuirassés, croiseurs, transports de troupe, torpilleurs, chalands, vedettes, barges de débarquement... Les navires semblent couvrir la mer et roulent doucement dans la houle, bord à bord. Les mâts et les antennes forment comme une forêt. Au bout de leurs câbles, des ballons captifs montent la garde. Aucun avion allemand ne peut franchir le rideau d'acier qu'ils tendent autour de la flotte d'invasion. Les Alliés ont tout prévu. Ils ont même prévu l'impossible, car il il n'y a pas un seul appareil de la Luftwaffe dans le ciel. La supériorité aérienne des Alliés s'affirme absolue.

Dans ses jumelles, Panzermeyer aperçoit un grouillement de

fantassins et de véhicules sur le rivage. Il distingue des colonnes de chars qui roulent lentement et convergent vers Douvres. Une attaque se prépare. Mais, à cette distance ; il ne peut intervenir en rien. Pourtant, l'assaut allié se devine, aussi net que sur la caisse à sable utilisée pour les démonstrations de l'école d'officiers. Dans quelques minutes, ce sera la ruée sur les positions allemandes. Et il n'y a pas un canon, pas un avion pour l'empêcher. Des milliers et des milliers de soldats alliés ne cessent de quitter le rivage pour se diriger vers l'intérieur des terres. Rien ni personne ne pourra les arrêter désormais.

Les renforts allemands qui doivent monter de Falaise vers Caen restent toujours invisibles. Ils doivent se terrer sous les couverts, attendant la nuit pour échapper aux incessantes attaques des chasseurs-bombardiers.

Les Jabos sont les maîtres du ciel normand.

— Alerte ! Alerte !

Dans la cour de l'abbaye d'Ardenne, les grenadiers courent en tous sens. Les mitrailleuses quadruples de la FLAK, l'artillerie antiaérienne, aboient comme des chiens enragés. Les appareils alliés tournent autour des vieux bâtiments, isolés dans la plaine. Ils piquent, mitraillent, s'éloignent.

Les SS se sont plaqués dans les fossés et le long des murs. Depuis la veille, ils vivent dans la hantise de ces Jabos surgis brusquement du ciel et qui sèment, en quelques secondes, le désordre et la mort.

Des éclats sifflent autour des deux tours de l'abbaye. Les observateurs se sont réfugiés à couvert, en haut des escaliers, et attendent la fin de cette averse mortelle. Enfin, les Jabos s'éloignent.

Le manteau de cuir gris de Panzermeyer est taché de poussière plâtreuse. Il s'essuie rapidement, reprend son poste d'observation, colle à nouveau ses jumelles à ses yeux.

— Non, ce n'est pas vrai ! murmure-t-il. Je rêve...

Les officiers qui l'entourent sont aussi stupéfaits que lui et ne peuvent dissimuler un sourire en apercevant ce que vient de découvrir leur chef.

— Celui-là, Standartenführer, il ne s'en fait vraiment pas !

Un blindé canadien traverse lentement les clos plantés de pommiers qui entourent le hameau de Saint-Contest, situé entre le village de Buron et l'abbaye d'Ardenne. Le char s'arrête soudain. Une écoutille s'ouvre. Une tête surgit, puis tout le buste. Les officiers allemands distinguent très nettement le visage de celui qui commande le char ennemi. Le Canadien porte ses jumelles à ses yeux et observe le paysage autour de lui.

— Ce n'est pas possible, il doit être aveugle ! murmure un jeune Oberjunker de l'état-major.

Le blindé ennemi est arrêté à moins de deux cents mètres des positions occupées par les grenadiers du 2e bataillon. Les canons de la PAK, l'artillerie antichar, doivent avoir depuis longtemps repéré cette cible magnifique. Mais les chefs de pièce ont reçu l'ordre de ne pas ouvrir le feu et respectent la consigne. Même si le char devait écraser les avant-postes sous ses chenilles, pas un seul SS ne réagirait sans en avoir reçu l'ordre.

L'officier canadien sort un étui de la poche de son blouson ; il allume tranquillement une cigarette. Chaque SS retient son souffle comme s'il pouvait entendre à cette distance le claquement du briquet.

— Ce gentleman flegmatique et imprudent ne doit pas être seul, observe Panzermeyer. Essayez donc de repérer ses camarades.

Rapidement, les observateurs allemands découvrent quelques chars qui se dirigent de Buron vers Authie. Ils défilent, comme à la parade, devant les positions tenues par les grenadiers du 2e bataillon du Sturmbannführer Scapinie.

— Il faut les laisser se prendre à leur propre piège, décide

Panzermeyer. Donnez-moi la liaison avec les commandants d'unité.

Les hommes des transmissions lui tendent les combinés de leurs postes. Aux fantassins, aux artilleurs, aux tankistes, le commandeur du 25e régiment SS répète la même consigne :

— Ne tirez pas. Laissez-les passer.

Chacun des chefs placés sous ses ordres répète l'un après l'autre :

— Bien compris, Standartenführer. Nous ne tirons que sur votre ordre.

L'ennemi défile à quelques dizaines de mètres des jeunes soldats de la *Hitlerjugend,* qui découvrent enfin ces adversaires invisibles qu'ils ont cherché à accrocher depuis le milieu de la nuit. Les voici avec leur casque plat recouvert d'un filet, leur blouson couleur de terre fraîchement remuée, leurs équipements de toile verdâtre. Ils avancent lentement dans la plaine, cherchant l'ombre des pommiers pour s'y camoufler quelques instants, avant un nouveau bond vers leur objectif. Ce sont les rudes gaillards du North Nova Scotia Highlanders. Le duel va commencer entre le Standardenführer Kurt Meyer et le lieutenant-colonel Charles Petch. Les léopards de Sa Majesté vont affronter les jeunes loups du Führer.

9.

Dans la cour de l'abbaye d'Ardenne, garé le long d'un mur de grange, stationne le véhicule de commandement du chef du 12ᵉ régiment de blindés SS, l'élément de choc de la division *Hitlerjugend*. Panzermeyer descend à toute allure l'escalier de son observatoire et se dirige vers un sous-officier des chars.

— Avez-vous la liaison radio avec votre commandeur ? demande-t-il.

— Bien entendu, Standartenführer.

— Passez-le-moi tout de suite.

Depuis le début de la guerre, Max Wünsche et Kurt Meyer forment un redoutable tandem. En Normandie, ils retrouvent, aussi, la complicité qui en faisait naguère deux inséparables à la *Leibstandarte Adolf Hitler*.

— Allô, Max. Ici, Kurt. Quel dommage que tu ne puisses voir ce que j'ai aperçu tout à l'heure.

— Raconte.

— Les chars ennemis sont en train de passer devant nos positions. Un vrai défilé. Ils viennent de Buron et se dirigent vers Authie. As-tu du monde par là ?

— J'ai une compagnie de chars au sud de Franqueville, sur la route de Bayeux, et j'en garde une autre en réserve avec moi près de l'abbaye.

— Ne bouge pas, Max. Ne bouge pas tout de suite. On va les coincer !

— Je crois qu'on va bien s'amuser, Kurt !

Les chars canadiens avancent lentement. Leurs canons semblent flairer le terrain. Les hommes d'équipage ont ouvert les écoutilles et tendent la tête dans tous les sens, stupéfaits de ne rencontrer aucune résistance. Où se terrent donc les Allemands ? Le lieutenant-colonel Petch est maintenant persuadé d'atteindre rapidement l'aérodrome de Carpiquet.

Panzermeyer a installé aux abords de l'aéroport la compagnie blindée de reconnaissance de son 25e régiment de grenadiers. Les Canadiens vont donner tête baissée dans le piège. Sur toutes les positions occupées par les SS, les hommes retiennent leur souffle. Il faut laisser l'ennemi s'enfoncer dans la nasse. Ensuite, contre-attaquer. D'abord le 3e bataillon, puis les deux autres unités du 25e régiment et les deux compagnies de chars de Max Wünsche.

— Et alors, annonce Panzermeyer à ses officiers, plus rien ne nous empêchera de foncer jusqu'à la mer !

— Mais nous devions attaquer avec toute la division à midi !

— Il n'est plus question d'attendre les autres. D'ailleurs, ils sont encore loin. Le 26e régiment de grenadiers se trouve bloqué à l'est de l'Orne, avec le 1er bataillon de notre 12e régiment blindé.

Les SS de la division *Hitlerjugend* jouent de malchance. D'abord, ils ont été retardés par une série stupide d'ordres et de contrordres. Puis ils ont subi les terribles attaques en piqué des chasseurs-bombardiers. Maintenant, ils manquent d'essence. Le ravitaillement ne suit plus !

— Quelle pagaille ! ne cesse de répéter le Brigadeführer Fritz Witt. Ces messieurs du haut commandement ne sont même pas capables de ravitailler une des plus solides divisions blindées du front de l'Ouest, une des deux ou trois capables de mener la contre-attaque décisive.

Les camions-citernes, aussitôt repérés par les redoutables Jabos, sont cloués au sol, mitraillés, incendiés. Réservoir vide, des centaines de véhicules sont immobilisés. Fritz Witt ne pourra pas réunir les vingt mille hommes de sa division pour la contre-attaque projetée. Mais il garde encore un espoir : il sait que Panzermeyer fera pour le mieux.

Les Canadiens arrivent dans le village de Franqueville. Ils tiennent sous leur feu la route de Bayeux, la voie ferrée, et surtout l'aérodrome de Carpiquet qui apparaît désormais comme le premier objectif de leur assaut. Les blindés débordent les maisons et arrivent dans la plaine. Les chenilles soulèvent de grosses plaques de terre grasse. Parfois, claque une brève et sèche rafale de mitrailleuse. Les tourelles tournent lentement, mais les équipages des blindés canadiens ne peuvent pas voir les canons et les chars allemands, camouflés sous le feuillage.

Panzermeyer suit la progression de l'ennemi dans ses jumelles. Les blindés apparaissent énormes. Ils avancent en roulant un peu, comme des marins sur un quai. Maintenant, ils dépassent Franqueville.

— A toi de jouer ! ordonne par radio Meyer à son ami Wünsche.

Le commandeur du régiment de chars de la division *Hitlerjugend* lance aussitôt ses blindés à l'attaque.

— En avant, les Panzers !

Tous les canons de ses chars semblent aboyer au même instant. Des éclairs rouges surgissent des bosquets. La terre tremble sous le fracas assourdissant des coups de départ.

En face, les obus explosent contre les blindages. Le char de tête des Canadiens a été atteint de plein fouet à la première rafale. Il commence à brûler. Les hommes d'équipage ouvrent les écoutilles, sautent à terre, se dispersent à travers la plaine. D'autres chars on été atteints et explosent l'un après l'autre. Maintenant, les Canadiens savent d'où vient le danger. Les tubes des canons font un quart de tour, plein est, et ouvrent le feu un peu au hasard. Un char allemand s'est découvert. Il reçoit un obus et commence à brûler, avec de grandes flammes rouges qui embrasent la haie autour de lui.

Les blindés canadiens de l'élément de tête sont stoppés, mais d'autres chars ne vont pas tarder à déboucher dans la plaine. Les fantassins les appuient et progressent dans leur sillage. Les voici maintenant dans le village d'Authie, entre Buron et Franqueville. C'est là où doit se décider le sort de cette bataille du 7 juin.

Les SS du 3e bataillon contre-attaquent les premiers, se ruant contre les Canadiens. Ceux du 1er et du 2e bataillon ne veulent pas laisser à leurs camarades tout le poids de la riposte. Ils bondissent à leur tour hors de leurs cachettes. En quelques minutes, les Canadiens voient tout le flanc de leur attaque menacé par ces jeunes garçons dévalant brusquement de tous les couverts en hurlant.

Les SS courent droit devant eux, plongent à terre, rampent quelques mètres, se relèvent, bondissent à nouveau. Ils manœuvrent impeccablement, sans se soucier du sort de ceux qui tombent. Les premières minutes de « vraie bataille » semblent les griser d'une ivresse étrange. Ils avancent comme dans un rêve. Rien ne peut arrêter leur élan. Ils ne s'aperçoivent même plus que leurs rangs s'éclaircissent. Ils n'ont qu'un but : arriver aux premières maisons des villages occupés par les Canadiens.

Les postes de radio grésillent et tiennent Panzermeyer au

courant de l'avance de ses garçons. A l'abbaye d'Ardenne, l'atmosphère passe soudain à l'optimisme.

— Je suis dans Authie, annonce Milius, le chef du 3e bataillon. J'ai fait quelques prisonniers.

— Dirigez-les rapidement vers l'arrière.

Déjà, les premiers Canadiens, hébétés, arrivent dans la cour de l'abbaye.

— Et le 1er bataillon ? demande Panzermeyer.

— Waldmüller se dirige vers Buron, Standartenführer. Sa progression se poursuit normalement.

— A-t-on des nouvelles du 2e bataillon ?

— Scarpinie s'est installé dans Saint-Contest et contrôle pratiquement tout le village. Mais il doit faire face à une dure résistance des blindés ennemis.

Le commandeur du 26e régiment SS s'impatiente de rester à son poste de commandement, au milieu des plantons et des radios : Panzermeyer n'a jamais su tenir en place. Depuis la campagne de Pologne, il n'a pas perdu l'habitude de se battre en première ligne, comme n'importe lequel de ses grenadiers. Il saute sur le siège d'une moto.

— Je pars voir ce qui se passe au 3e bataillon ! lance-t-il à son officier adjoint. Garde la liaison avec les blindés de Wünsche et toutes nos unités d'infanterie.

— Faites quand même attention...

Panzermeyer n'a jamais suivi de tels conseils. Il fonce à pleins gaz et traverse en trombe le hameau de Cussy. Il croise les premiers blessés qui sont dirigés vers le poste de secours. Les plus valides reconnaissent leur chef et esquissent un geste de salut. Ils semblent furieux d'avoir été arrachés à la bataille dès les premières minutes de l'engagement.

Dans un verger, une cinquantaine de prisonniers canadiens ont été rassemblés à la hâte. Gardés par quelques jeunes SS, ils se tiennent immobiles, la tête baissée, les bras en l'air. Leurs uniformes couleur moutarde sont souillés de terre et de sang.

Ils semblent à la fois furieux et surpris, apeurés aussi depuis qu'ils ont aperçu les écussons SS sur le col de leurs gardiens.

— Baissez les bras ! ordonne Panzermeyer.

Le colonel appelle le chef de l'escorte et lui précise sa mission :

— Il ne faut pas les garder si près du front. Commencez par les rassembler sur l'abbaye d'Ardenne. Puis dirigez-les sur l'arrière.

Déjà, il tourne la poignée des gaz. La moto bondit. Les maisons du hameau de Cussy défilent à toute allure. Panzermeyer n'aperçoit pas un seul soldat allemand et se félicite que ses garçons se soient si bien camouflés.

Des chars canadiens se trouvent encore devant Buron et ouvrent le feu sur cet insolite motard qui surgit tout seul dans la plaine, en plein combat. Mais les canons ne se révèlent pas assez rapides pour un tel gibier ; leurs coups semblent éclater un peu au hasard. Panzermeyer fonce toujours. Les explosions l'entourent, de plus en plus proches. Soudain, il sait qu'il ne passera pas. Impossible de franchir une telle muraille de feu. Il freine brutalement et plonge vers un trou d'obus. Des éclats sifflent dans tous les sens. On entend aussi des rafales d'armes automatiques. Panzermeyer réalise qu'il s'est laissé prendre au piège.

Il n'est pas seul. Un autre homme se trouve dans le trou d'obus. Il est à moitié couvert de terre, mais il semble quand même évident qu'il ne porte pas un uniforme allemand... Le soldat canadien et le colonel SS se regardent, semblant aussi ahuris l'un que l'autre. Un nouvel obus les oblige à se plaquer au sol. Ils se blottissent l'un contre l'autre pour échapper aux éclats brûlants qui volent dans tous les sens. Quand ils relèvent la tête, d'un même mouvement, des rafales de mitrailleuses les obligent à replonger. Une pièce allemande répond et les giclées de balles se croisent au-dessus du trou.

L'artillerie de marine alliée vient renforcer les canons des chars canadiens. Les obus de gros calibre s'abattent, un peu au hasard, sur les positions occupées depuis quelques minutes par les SS de la *Hitlerjugend*.

Sur le bord du chemin, la motocyclette de Panzermeyer n'est plus qu'un tas de ferraille. Un éclat a crevé le réservoir et l'essence coule dans le fossé. Le colonel risque la tête hors du trou. Il distingue des silhouettes qui courent vers les premières maisons de Buron et reconnaît l'uniforme de ses hommes. Ceux-ci progressent rapidement, mais plusieurs sont fauchés par des rafales de mitrailleuse. Panzermeyer sort de son refuge, rampe sur la route, bondit vers un autre couvert. Il se retourne un instant. Le Canadien suit son exemple et s'efforce d'échapper au piège, prenant la direction de Cussy, sans trop savoir s'il rejoint ses lignes ou s'il va se heurter aux Allemands. Dans les deux camps, les équipages ont payé un lourd tribut. D'épais panaches de fumée noire s'élèvent vers le ciel, comme pour jalonner la position des cercueils d'acier, portés au rouge par les explosions des munitions de bord.

Un motocycliste allemand surgit sur la route. Il roule droit devant lui, aussi fou que son chef, quelques minutes auparavant. Panzermeyer se dresse, le hèle et l'oblige à freiner dans un nuage de poussière grise.

— Pas possible, Standartenführer..., vous êtes vivant !

— Je le serai encore plus si tu m'emmènes. Le coin est mauvais.

Le colonel saute sur le siège arrière et ordonne au conducteur de remettre les gaz.

— Tant que le moteur tourne, on s'en sort, constate Panzermeyer.

Sur la route, entre Buron et Authie, le commandeur du 25e régiment SS finit par rencontrer le Sturmbannführer Milius, chef de son 3e bataillon.

— Bien content de te retrouver... J'ai cru que je ne sortirais jamais de ce trou d'obus. Figure-toi que je me suis retrouvé avec un Canadien, aussi surpris que moi.

Mais Panzermeyer n'a pas le temps de discuter plus longtemps. Il interroge Milius sur la situation.

— Tout va bien, répond l'officier. Nos gars ont un moral fantastique. Ils sont passés sans une hésitation de l'entraînement à l'épreuve du feu. Il faut seulement les retenir.

— Les pertes ?

— Faibles, Standartenführer.

— Pour l'instant. Qu'ils ne s'exposent pas inutilement. On va rudement avoir besoin d'eux.

— On peut leur faire confiance.

— Je sais, conclut seulement Panzermeyer.

Les obus alliés semblent s'acharner sur le village de Buron. Les maisons explosent les unes après les autres. Les murs s'ouvrent, se disloquent, s'écroulent. Des pierres et des ardoises volent dans tous les sens. Bientôt, il ne restera plus un seul bâtiment intact. Seuls, les geysers des explosions et les fumées des incendies marqueront l'emplacement où se trouvait, encore quelques heures auparavant, un paisible village normand.

Les canons aboient de plus en plus vite, de plus en plus fort. Si les SS parviennent à reprendre Buron, ils ne trouveront plus un seul pan de mur encore debout. Les explosions s'enchaînent. On n'entend plus qu'un roulement continu, terrifiant. Les gradés qui ont connu le front russe n'ont jamais vu une telle concentration de feu. Personne ne peut survivre dans un tel enfer.

Pourtant, l'ordre a été donné de s'emparer de Buron. Il faut l'exécuter.

— En avant ! crie Milius. En avant, derrière moi !

Le chef du 3ᵉ bataillon s'élance à la tête de ses hommes. Une de ses compagnies se trouve juste au milieu de la fournaise et vient de disparaître au milieu des explosions. Les autres compagnies suivent leur chef, traversent le village en ruine et se dirigent vers Les Buissons, bousculant tout dans leur ruée folle.

Panzermeyer regarde un instant ces garçons qui s'enfoncent au cœur du dispositif ennemi. Puis il se tourne vers un des hommes du peloton de reconnaissance :

— Donne-moi ta moto.

— Mais, Standartenführer...

— C'est un ordre.

Une nouvelle fois, Panzermeyer saute en selle, lance le moteur, s'élance sur la route.

— Le Commandeur est complètement fou, murmure celui qui vient de lui confier son engin.

— Il sera au bord de la mer avant nous tous, répond un de ses camarades.

Panzermeyer roule maintenant vers le village de Saint-Contest. Il veut voir lui-même si le 2e bataillon a réussi à atteindre tous ses objectifs. Dans ce secteur, le feu diminue d'intensité. L'attaque se poursuit au-delà du barrage d'artillerie ennemi, désormais inefficace. Les SS progressent rapidement, plein nord.

— Où se trouve votre chef de bataillon ? demande le colonel au premier officier qu'il rencontre.

— Le Sturmbannführer Scapinie vient d'être tué. Il conduisait lui-même l'attaque.

— Que le Hauptsturmführer Heinz Schrott le remplace et continue à lancer ses hommes en avant.

Le commandeur du 25e régiment SS a décidé de faire le tour de ses unités de grenadiers. Il quitte rapidement Saint-Contest et se dirige maintenant vers le 1er bataillon. En arrivant au poste de commandement de Waldmüller, il trouve à ce chef une mine soucieuse.

— Qu'est-ce qui se passe ? demande Panzermeyer. Ton attaque n'arrive pas à déboucher ?

— Nous avons pas mal d'ennuis, Standartenführer. Sur notre droite, les chars de la 21ᵉ division blindée de la Wehrmacht ne soutiennent pas notre progression. Tout notre flanc se trouve à découvert. La moindre contre-attaque ennemie risque de nous enfoncer.

Depuis la veille, la 3ᵉ division d'infanterie britannique s'efforce de progresser le long de l'Orne et du canal de Caen à la mer. Dans ce secteur, les Anglais s'opposent aux rescapés de la 21ᵉ division blindée de la Wehrmacht, très affaiblie par les combats du 6 juin et qui n'arrive plus à garder la liaison avec sa voisine, la 12ᵉ division blindée SS *Hitlerjugend*.

Les blindés canadiens semblent deviner cette faille dans le dispositif monté à la hâte par Panzermeyer et Max Wünsche. Ils attaquent en force sur le flanc droit du 1ᵉʳ bataillon.

— On ne va pas pouvoir les arrêter longtemps, constate Waldmüller.

Déjà quelques grenadiers de son 1ᵉʳ bataillon, sur le point d'être cernés par les blindés ennemis, quittent leurs positions et se replient vers l'arrière.

— Qu'est-ce que c'est que cette débandade ? explose Panzermeyer. Puisque tu es incapable d'empêcher tes hommes de reculer, j'y vais moi-même.

Waldmüller n'ose pas dire à Panzermeyer qu'il est complètement fou. Le jeune colonel, d'ailleurs, se moque bien de son avis. Il court déjà en direction des lignes disloquées, brandissant un pistolet-mitrailleur. Il rejoint les jeunes soldats qui perdent pied, les attrape par le col ou par le bras, leur montre la direction de l'ennemi. Après un instant de stupeur, ils font demi-tour et regagnent leurs positions. Ils repartent au combat, aussi résolus qu'ils étaient affolés quelques minutes auparavant.

Pourtant, la menace ennemie persiste, redoutable. Il faut faire intervenir les blindés de Max Wünsche.

— A l'attaque, les Panzers ! hurle Panzermeyer dans un poste de radio.

Mais les chars allemands sont gênés par les défenses que les grenadiers SS ont creusées pendant la nuit devant leur position. Un des Panzers ne peut éviter le piège et bascule dans le fossé antichar. Les autres blindés ne peuvent franchir l'obstacle et restent sur le bord, inutiles.

— Faites-donc donner la section PAK ! ordonne Panzermeyer.

Au contact de l'ennemi, il retrouve toutes ses impulsions de jeune officier. Le colonel se bat comme un lieutenant. Le voici qui dirige lui-même vers l'avant les servants des canons antichars rameutés en toute hâte.

— Laissez approcher les blindés ennemis. Et ne les loupez pas. Vous êtes les derniers à pouvoir les arrêter !

Chacun sait, en cette rude journée du 7 juin, que les jeunes soldats de la division *Hitlerjugend* constituent à eux seuls tout le front et tout l'arrière dans ce secteur capital au nord-ouest de Caen.

Les canons légers de la section PAK ouvrent le feu. Les blindés canadiens, tirés à quelques dizaines de mètres seulement de distance, sont frappés de plein fouet.

Un premier Sherman s'immobilise. Le moteur ronfle, s'emballe et se tait. Le char est touché à mort. Un second poursuit encore son avance, mais une des chenilles se trouve bloquée : il tourne en rond comme un cheval de cirque. Après quelques secondes de folle parade, il explose avec une sourde déflagration.

Des blindés allemands se ruent à la curée et arrivent enfin pour soutenir le feu des grenadiers. Cette fois, l'attaque canadienne semble bien stoppée.

Quand le commandeur du 25e régiment de grenadiers SS revient à son poste de commandement à l'abbaye d'Ardenne, un étrange spectacle l'attend dans la cour. Ils sont environ cent cinquante prisonniers, gardés par quelques très jeunes SS de la division *Hitlerjugend*. Les Canadiens, assis sur l'herbe, semblent encore étourdis par l'âpreté des combats.

— A quelle unité appartiennent-ils ? demande Panzermeyer.

— Presque tous les fantassins sont des hommes du North Nova Scotia Highlanders, Standartenführer. Quant aux équipages des chars, ce sont des Sherbrooks Fusiliers.

— Faites sortir les officiers du rang. Je veux leur parler.

Panzermeyer évoque rapidement les combats qui viennent de se dérouler. Son discours tient en quelques mots : « Vous vous êtes bien battus. Nous aussi. Mais vous avez perdu et nous avons gagné... C'est la guerre. » Les prisonniers hochent la tête. Ils connaissent la force de l'armée d'invasion et savent que le succès allemand ne sera que provisoire. Bientôt, leurs camarades les vengeront. Ils ressentent quelque amertume pour avoir été mis si rapidement « hors jeu » et surtout par les gamins de cette unité qu'ils appelaient ironiquement : la *Baby's Division*...

Panzermeyer rompt rapidement l'entretien et se dirige vers une des tours de l'abbaye, miraculeusement épargnée par les obus. Il bénéficie d'un observatoire exceptionnel.

Une dizaine de gradés et de radios, entassés les uns sur les autres, s'activent fébrilement. Les officiers repèrent de nouveaux objectifs et les pointent sur leurs cartes. Bientôt, les canons du 12e régiment d'artillerie SS, celui de la division *Hitlerjugend*, entreront en action à leur tour.

— A-t-on des nouvelles du 26e régiment de grenadiers ? demande le colonel.

— Il n'a toujours pas réussi à gagner les premières lignes, répond son officier adjoint. Les Jabos alliés n'ont pas cessé de le harceler depuis l'aube.

Les unités de la division *Hitlerjugend* entrent donc dans la bataille par échelons séparés. C'est exactement le contraire du plan prévu par le Brigadeführer Fritz Witt qui voulait rassembler toutes ses forces avant de lancer la grande contre-attaque. Mais le hasard de la guerre commande sans partage. A Panzermeyer, arrivé le premier sur place, de se débrouiller au mieux. D'ailleurs, c'est un débrouillard-né, un de ces officiers qui ne donnent leur vraie mesure que dans l'improvisation et même dans le désordre.

— Avez-vous des nouvelles du bataillon de reconnaissance de la division ? demande-t-il.

— Il arrive en ce moment même, Standartenführer.

— Il faut l'engager sans perdre de temps. Toute l'aile gauche de notre dispositif se trouve « en l'air ». Donnez l'ordre au Sturmbannführer Gerd Brener de pousser tous ses éléments sur la route de Bayeux.

— Objectif ?

— Droit devant eux. On verra bien quand ils s'arrêteront.

Le colonel se tourne alors vers l'officier de liaison de l'artillerie :

— Alors, Meitzel, avez-vous repéré des objectifs intéressants.

— Ce n'est pas difficile, Standartenführer, les Alliés sont partout...

— Alors, ouvrez le feu et essayez d'en casser le plus possible.

Du poste d'observation de l'abbaye d'Ardenne, se découvre tout le paysage. A l'ouest des positions allemandes, un petit cours d'eau, la Mue, serpente au creux d'une vallée verdoyante. Il est facile de suivre son cours en repérant le vert sombre des arbres sur le vert clair des prés.

Au-delà de la Mue, dans la plaine, on distingue les points sombres des chars canadiens. Ils se dirigent vers le village de Bretteville-l'Orgueilleuse, la première agglomération importante sur la route de Bayeux. Une nouvelle attaque se prépare.

Les Alliés se renforcent d'heure en heure. Les Allemands

aussi. Une batterie de pièces de 88 FLAK s'installe dans Franqueville. Ces canons sont aussi redoutables pour les chars que pour les avions. Leurs longs tubes cessent de se dresser vers le ciel pour prendre une position de tir horizontale. Bien camouflées, ces pièces vont verrouiller tout le secteur, au nord de l'aérodrome de Carpiquet.

Les chars canadiens roulent vers Bretteville, hors de portée des armes allemandes. Les Alliés essaient d'établir, eux aussi, un verrou sur la route de Bayeux, axe névralgique de cette bataille du 7 juin.

Les grenadiers du 25e régiment SS ont réussi leur contre-attaque, mais ils ne peuvent continuer leur progression. Leurs camarades du 26e régiment se trouvent toujours en route, bloqués par les attaques aériennes. Il n'existe pas encore de front continu. Les trois bataillons de Panzermeyer s'établissent « en hérisson » sur les positions qu'ils ont conquises, au prix de pertes sévères.

Les premières heures de combat ont été très rudes. Les blessés sont assemblés au poste de secours régimentaire, dans l'abbaye d'Ardenne. La plupart ont seize ou dix-sept ans, mais s'efforcent de montrer le même courage que leurs aînés. Les infirmiers vont et viennent d'un brancard à l'autre.

— Je suis débordé, annonce le médecin-chef. Ma compagnie sanitaire ne suffit plus à la besogne.

— Evacuez les blessés, ordonne Panzermeyer.

— Impossible, Standartenführer. Les Jabos ne cessent d'attaquer tous les convois. Ils se moquent de la Croix-Rouge. Et peu leur importe si nos ambulances transportent des blessés allemands ou des blessés canadiens. Ils tirent sur tout ce qui bouge !

On compte déjà de nombreux infirmiers et conducteurs blessés ou tués en assurant les évacuations. Plusieurs ambulances ont été mitraillées et incendiées. Puisque les insignes sanitaires semblent ne pas suffire, le médecin-chef réquisitionne quelques blessés légers et leur ordonne de peindre en blanc tous les véhicules destinés aux évacuations. Mais ils vont devenir autant de cibles pour l'aviation alliée qui a décidé d'interdire le moindre mouvement entre la ligne de front et la ville de Caen.

Les médecins SS improvisent sur place un hôpital de fortune, à l'abri de quelques pans de murs. Des médecins civils français se joignent à eux, surtout pour soigner les Canadiens. Il faut faire vite. La course contre la montre est engagée. La mort a besoin de son tribut de jeunes hommes.

Le premier bilan est sévère. Les Highlanders et les SS de la *Hitlerjugend* s'entassent dans le poste de secours. Beaucoup vont mourir avant la tombée du jour.

— Dès qu'il fera nuit, décide le médecin-chef, je vais essayer une nouvelle évacuation.

— Profitez-en pour nous débarrasser des prisonniers, lui demande Panzermeyer qui voit sans plaisir l'abbaye d'Ardenne de plus en plus encombrée [1].

1. Une soixantaine de Canadiens et de Britanniques faits prisonniers par les SS de la division *Hitlerjugend* seront fusillés, notamment dans les environs d'Authie et à l'abbaye d'Ardenne. Après la guerre, Panzermeyer sera condamné à mort par un tribunal militaire allié, mais ne sera pas exécuté. Ce procès et ce jugement ont été vivement critiqués par ses anciens adversaires eux-mêmes. Il sera généralement admis qu'il y a eu des exécutions de prisonniers dans les deux camps et il semble impossible de déterminer qui porte le premier la responsabilité de tels crimes de guerre. Sur ce douloureux problème, voir en Annexes : « Le procès de Panzermeyer. »

10.

Dans la nuit du 7 au 8 juin 1944, le second régiment de grenadiers de la division *Hitlerjugend*, le 26ᵉ, arrive enfin sur le front.

— Où sont les lignes ? demande son commandeur, l'Obersturmbannführer Wilhelm Monhke.

— Là où vous réussirez à stopper l'avance alliée, lui répond le Brigadeführer Fritz Witt qui a établi son poste de commandement sur l'Orne, au nord de la forêt de Grimbosq.

Trois nouveaux bataillons de grenadiers SS sont donc lancés dans la bataille, en pleine nuit, sans autre consigne que de foncer droit devant eux et d'essayer d'établir une position défensive au sud de la route de Caen à Bayeux, en s'appuyant sur la voie ferrée.

Des messages radio jalonnent les opérations et rendent compte, dans une sécheresse laconique, des premiers résultats, obtenus au prix de durs sacrifices :

— Le 1ᵉʳ bataillon de Krause participe à l'attaque sur Norrey. Une de nos compagnies assure la liaison entre le 25ᵉ et le 26ᵉ régiment SS.

— Le 2ᵉ bataillon de Siebken s'est emparé du Mesnil-Patry. Nous avons fait de nombreux prisonniers. Mais une contre-attaque nous bloque au sud de Putot.

— Le 3e bataillon d'Olbvetter tient la voie ferrée, à la hauteur de Brouay.

Le front commence à se dessiner. Mais le Brigadeführer Fritz Witt est inquiet. Sur sa droite, la 21e division blindée de la Wehrmacht se trouve acculée à la défensive au nord de Caen. Sur sa gauche, il doit établir la liaison avec la Panzer-Lehr, la division d'instruction des blindés, commandée par le général Bayerlein. Il s'impatiente de son retard. La nuit semble interminable. Une des meilleures unités cuirassées de la Wehrmacht se trouve encore retardée par les attaques des Jabos.

— J'ai perdu quarante transports d'essence et quatre-vingt-dix camions, annonce le général Bayerlein. Et j'ai déjà une demi-douzaine de chars hors de combat avant même d'être engagés.

— Mais où êtes-vous donc ? s'impatiente le Brigadeführer Witt. Toute mon aile gauche est découverte...

— Je vais essayer de boucher le trou, répond Bayerlein. Je centre ma résistance dans la région de Tilly-sur-Seulles.

— Faites vite, demande Fritz Witt qui voit diminuer d'heure en heure ses espoirs de rejeter les Alliés à la mer par une contre-attaque fulgurante.

Il n'est pas question pour les gradés de dormir encore cette nuit-là. Le commandeur du 25e régiment de grenadiers SS tient à visiter, l'un après l'autre, les postes de commandement de ses trois bataillons. Il veut même pousser jusqu'aux postes avancés des compagnies au contact de l'ennemi. Son officier adjoint semble quelque peu affolé :

— Il faut croire que vos « promenades » à moto de la journée d'hier ne vous ont pas suffi, Standartenführer.

Panzermeyer est inquiet. Les anciens de Russie ont tous le même réflexe : jamais ils n'ont encore connu une telle concentration d'artillerie et d'aviation. De toute la journée, personne dans les lignes allemandes n'a pu lever la tête. Les combats qui vont suivre promettent d'être effroyables.

— A voir ce qu'ils gaspillent comme munitions, ce sera pire que sur le front de l'Est, remarque Waldmüller. Jamais nos garçons n'arriveront à tenir.

— Ce n'est pas certain, rétorque Panzermeyer. Eux n'ont justement aucun point de comparaison. Mais il faut que je les voie pour les encourager.

Pour les jeunes grenadiers, le baptême du feu constituait une épreuve tellement attendue qu'ils ne montrent aucune amertume d'une si rude prise de contact avec l'ennemi. Leur chef va de poste en poste et répète :

— Vous avez bien tenu. N'oubliez pas que de dures journées nous attendent. Essayez de vous reposer. Mais que les hommes de garde ouvrent l'œil.

Pendant toute la journée du 8 juin, dans le secteur situé au nord-ouest de Caen, les adversaires s'installent sur leurs positions, s'observent et se contentent d'activité de patrouilles. D'un côté comme de l'autre, on doit reprendre des forces avant un nouveau choc, imminent.

Dans la soirée, quelques véhicules canadiens viennent tâter les défenses allemandes dans la région de Brouay, à l'extrême gauche des positions tenues par les grenadiers de la division *Hitlerjugend*. Une section de PAK du 26e régiment SS les laisse approcher à bonne distance. Les chars, venus de Putot, s'avancent lentement.

— Feu ! hurlent en même temps deux chefs de pièce.

Les obus percutent le blindage. Le premier véhicule explose avec ses occupants et commence à brûler. Le second, dont l'équipage n'a pas survécu à l'accrochage, s'immobilise à quelques mètres des positions allemandes. Les cadavres d'un officier et de son chauffeur attirent l'attention d'un jeune gradé SS qui ordonne à ses hommes :

— Allez-donc voir s'il n'y a rien à ramasser dans ce véhicule.

Quelques minutes plus tard, ses hommes lui rapportent une carte renseignée : toute la région de Caen à la mer y est couverte de symboles militaires.

— C'est fantastique, murmure le sous-officier. Ils nous indiquent le moindre emplacement de fusil-mitrailleur !

La carte fera le bonheur de l'officier de renseignements de la division qui peut ainsi repérer les positions de toutes les unités ennemies sur les deux rives de l'Orne. Aucun interrogatoire de prisonniers n'aurait donné un tel résultat.

— Ce n'est pas tout, ajoute un des grenadiers. Nous avons aussi trouvé ceci.

« Ceci », ce n'est rien de moins que les noms de code de toutes les localités du Calvados, entre Caen et Bayeux. C'est aussi le chiffre utilisé par les transmissions ennemies.

— Beau résultat, commente l'officier de renseignements. Nous allons pouvoir nous amuser un peu.

Le Brigadeführer Fritz Witt se montre enchanté de cette trouvaille, qui va enfin lui permettre d'y voir plus clair dans le dispositif ennemi. Un message vient troubler sa satisfaction :

— Brigadeführer, les Canadiens attaquent le 1er bataillon du 26e régiment.

Fritz Witt se précipite sur sa carte. L'assaut ennemi part de Bretteville-l'Orgueilleuse, qui se voit ainsi confirmée dans son rôle de pivot de la bataille dans le secteur.

— Il faut dégager tout de suite le bataillon de Bernhard Krause, décide le commandeur de la division *Hitlerjugend,* qui va demander à son 25e régiment de se porter au secours du 26e.

— Ce sont toujours les mêmes qui se battent depuis hier, remarque flegmatiquement Panzermeyer au téléphone.

— Ne te plains pas, Kurt, lui rétorque le Commandeur. Tu

vas avoir des renforts pour cette contre-attaque : une compagnie de Panthères du 12e régiment blindé.

— Alors, on fera du bon travail. Je vais envoyer pour cette opération ma seule réserve disponible : la compagnie de reconnaissance. A quelle heure doit commencer notre action ?

— Dès la tombée de la nuit. En plein jour, les Jabos rendent impossible tout mouvement de troupes un peu sérieux.

Au crépuscule, les Panthères arrivent des faubourgs ouest de Caen. Ils se dirigent sur Franqueville, arrachant de larges plaques d'asphalte à la chaussée et faisant trembler le sol sous leurs chenilles. Lentement, ils progressent le long de la route de Bayeux. Le commandant de compagnie et ses chefs de section ont reconnu le terrain pendant la journée ; ils guident avec précision leurs équipages. Les chars surgissent l'un après l'autre. Les grenadiers de la compagnie de reconnaissance prennent place sur les protège-chenilles et les plages arrière, prêts à sauter à terre pour engager le combat.

Une pétarade : voici Panzermeyer et son inséparable motocyclette. Il se dirige vers l'Obersturmführer von Büttner, le chef de sa compagnie de reconnaissance :

— Tu te souviens de la promesse que j'ai faite à tes garçons, à Beverloo, lors de notre entraînement en Belgique ?

— Parfaitement, Standartenführer. Vous nous avez dit : « La compagnie de reconnaissance est à la tête du régiment. C'est une lourde responsabilité. Quand vous en serez au baptême du feu, je vous promets d'être avec vous à ce moment. »

— Tu as de la mémoire. Et moi je n'ai qu'une parole. Je viens avec vous pour cette attaque nocturne.

Panzermeyer n'a jamais pu s'empêcher de faire la guerre avec les motocyclistes. Depuis la Pologne et la Hollande, c'est devenu chez lui une sorte de manie. Pour ces escapades de casse-cou, il s'entoure de quelques camarades bien choisis. Au premier rang d'entre eux, Helmut Belke, son ancien agent de liaison en 1939, devenu chef de groupe et sous-officier d'élite. Il pilote la moto.

Panzermeyer prend place derrière lui et adresse un geste amical au passager du side-car, le Dr Stift.

— Tu es prêt ? demande Panzermeyer à Belke. On fonce sur la route de Bayeux. Fais attention, les autres ne sont pas loin.

Panzermeyer se tient d'une main à la poignée du siège arrière. De l'autre, il fait de grands gestes d'encouragement aux garçons de la compagnie de reconnaissance installés sur les superstructures des Panthères. Tous regardent leur chef d'un air joyeux. Les anciens les avaient prévenus, mais ils n'osaient pas trop y croire : Panzermeyer tient toujours ses promesses.

Son exemple est contagieux. Un autre colonel de la *Hitlerjugend* se dirige vers la colonne d'assaut motorisée : c'est l'Obersturmbannführer Max Wünsche, commandeur du 12e régiment blindé SS.

— Je me doutais bien que tu ne manquerais pas une telle promenade, Max ! lui lance Panzermeyer. Tu as toujours voulu jouer au sous-lieutenant impatient de se faire tuer.

— Tu peux parler, Kurt. Espèce de casse-cou motocycliste !

Les jeunes grenadiers sont ravis de voir leurs grands chefs mêlés de si près à l'escarmouche de cette nuit. Ils sont bien décidés à leur montrer ce qu'ils savent faire.

Les véhicules se mettent en route. Maintenant, la nuit est totalement tombée. A la hauteur de Franqueville, on distingue dans la pénombre les longs tubes des canons de 88 placés en position de PAK. Ils jalonnent les dernières positions allemandes.

Les chars roulent à vive allure, sur le côté droit de la route. La moto que conduit Helmut Belke virevolte entre leurs masses grondantes. On entend, juste derrière, le grondement des motocyclettes et des véhicules de reconnaissance. Panzermeyer double tout le monde et prend la tête de la colonne. Le voici à l'orée de Rots et du pont sur la Mue. Helmut Belke arrête sa machine à l'entrée du village qui semble désert. Les Panthères rejoignent, s'immobilisent. Les grenadiers de la compagnie de reconnaissance sautent à terre et commencent à investir les premières maisons. Mais ils ne rencontrent que le vide. Les Canadiens sont invisibles. Rots n'est qu'un village fantôme entre les lignes, un décor pour film d'épouvante avec ses murs noircis, ses toits crevés, ses volets qui battent sur des pièces désertes. Les SS du premier groupe de reconnaissance ont vite exploré les maisons, les cours, les jardins et les vergers.

— Personne, annoncent-ils à Panzermeyer et à Max Wünsche.

— Alors, on continue.

Rots est traversé à vive allure. Les véhicules doivent rouler en file indienne, sans pouvoir se déployer. La moindre arme antichar ennemie provoquerait une catastrophe. Dès la sortie du village, les Panthères se forment enfin en triangle, pointe vers l'avant. Au sommet de la pointe, roule le commandeur du 25e régiment, toujours cramponné au siège arrière de la moto de Belke.

Devant lui, un nouvel objectif : le gros village de Bretteville-l'Orgueilleuse. Panzermeyer glisse à l'oreille du conducteur :

— Devant toi, à moins de deux cents mètres, doivent se trouver les premières maisons de Bretteville. Je crois que ce ne sera pas aussi facile que tout à l'heure...

Deux coups de canon ponctuent ses paroles. Les Canadiens viennent de découvrir la colonne d'assaut blindée qui se rue sur eux à toute vitesse.

Les obus explosent sur la route, encadrant la moto de Panzermeyer. Mais les Panthères de Max Wünsche ripostent déjà. On distingue les lueurs rouges des coups de départ qui trouent la nuit. Les chars allemands envoient obus sur obus, à une cadence infernale. Il faut assommer l'adversaire par l'intensité du feu et se précipiter aussitôt sur lui, de toute la force des moteurs. C'est la vieille tactique de la guerre éclair.

Les Canadiens semblent surpris, mais ils s'accrochent au terrain. Ce ne sont pas des hommes à se débander. Le village de Bretteville-l'Orgueilleuse est tenu par les solides guerriers du

Regina Rifle Regiment. Leurs fusils-mitrailleurs tirent rafale sur rafale. En quelques secondes, des gerbes de balles ricochent dans tous les sens sur la route de Bayeux. Les deux Panthères ont distancé la moto et s'enfoncent comme des flèches vers les positions canadiennes. Impossible de rester sur la route transformée en champ de tir.

Panzermeyer, Helmut Belke et le Dr Stift ne tardent pas à se retrouver dans un fossé. Ils ne sont pas seuls. Le cadavre tout poisseux de sang d'un Canadien leur roule dessus à chaque instant.

Sur la route en surplomb, des Panthères chargés de grenadiers de la compagnie de reconnaissance de von Büttner continuent d'avancer vers le centre de Bretteville. Un véhicule canadien, touché de plein fouet, commence à brûler et éclaire la nuit de son brasier chaque fois qu'explose une de ses caisses de munitions. Ensuite, la nuit retombe, pour quelques secondes.

De l'autre côté de la route, entre deux rafales, on entend un blessé qui ne cesse de gémir.

— C'est un Allemand, murmure le Dr Stift. Il faut essayer de le rejoindre.

Les trois hommes traversent la route d'un bond. Ils rejoignent le moribond. Allongé sur le dos, l'homme se tord de douleur en labourant son ventre de ses mains sanglantes.

— Mais c'est von Büttner ! s'écrie le Dr Stift.

Le chef de la compagnie de reconnaissance du 25e régiment SS a reçu une balle au moment où il arrivait devant Bretteville-l'Orgueilleuse et il a roulé par terre, touché à mort. C'est un vieux combattant du front de l'Est ; il a vu de nombreux camarades mourir dans de telles circonstances. Il se sait perdu.

Le Dr Stift s'affaire pour essayer de lui poser un pansement. Mais le médecin sent bien que ses efforts sont inutiles. Il peut tout juste faire une piqûre pour calmer un peu cette douleur atroce qui ronge les entrailles de l'agonisant.

Les balles continuent à frapper la route. Les Canadiens se

défendent pied à pied. Par moments, le fracas des fusils-mitrailleurs semble se rapprocher. Le colonel appelle Belke.

— Helmut, dit-il, couvre-nous pendant que le médecin soigne von Büttner.

Le sous-officier s'éloigne de quelques mètres vers le village. Il s'agenouille sur le bord du fossé, son pistolet-mitrailleur au creux de l'épaule.

De l'autre côté de la route, dans le fossé opposé, on entend des murmures, des bruits de pas. Une ombre, soudain, jaillit et se précipite vers le petit groupe. Helmut Belke tire une brève rafale. Le Canadien riposte et s'écroule au milieu de la route, une balle en pleine tête.

— Bravo, Helmut ! lance Panzermeyer.

Mais Belke ne répond pas.

— Helmut ! Qu'est-ce qui se passe ?

Enfin une voix arrive, une sorte de gargouillis indistinct plutôt :

— Standartenführer, je suis touché. Il m'a eu ! Une balle dans le ventre. Comme von Büttner.

— Tu vas t'en tirer, Helmut.

— Ne racontez pas ça à un vieux soldat comme moi. Je n'ai pas de femme, mais vous saluerez mes parents.

Le colonel lui serre la main sans répondre. Ce combat de Bretteville-l'Orgueilleuse coûte cher, très cher. Des grenadiers passent devant eux, sur le bord de la route. Les garçons de la compagnie de reconnaissance se ruent à l'attaque du village. Voici l'Oberscharführer Sander, un vieux camarade de Belke. Son chef l'appelle :

— Sander. Viens ici un instant. Helmut vient d'être touché. Il serait content de te voir.

Sander rampe dans le fossé près de Belke.

— Ne t'en fais pas, mon vieux, lui dit-il. Tu vas t'en tirer. Je te parie tout ce que tu voudras qu'on ne tardera pas à se retrouver.

L'adjudant ne croit pas si bien dire. Une heure plus tard, il tombera au combat, alors que Belke a, lui aussi, cessé de vivre.

Agenouillé dans le fossé, Panzermeyer profite des ténèbres pour pleurer, sans autre témoin que son camarade, le Dr Stift, habitué à de tels accès de tristesse. Le médecin murmure seulement :

— Comme il nous reste peu de vieux camarades, désormais,

Panzermeyer hausse les épaules sans répondre et sort du fossé pour rejoindre la moto abandonnée au début de l'accrochage. Il la remet en marche d'un coup de talon rageur. Maintenant, c'est lui qui a pris la place de Belke derrière le guidon. Il lance au médecin :

— Reste avec les blessés, Stift. Moi, je continue.

Le chef du 25e régiment de grenadiers SS se dirige vers les premières maisons de Bretteville-l'Orgueilleuse. Mais il ne roule que quelques mètres : une balle traverse le réservoir d'essence. Le combustible s'échappe à grands jets, comme le sang d'une artère, et s'embrase. Le colonel se trouve aussitôt environné de flammes. Il disparaît dans un nuage de feu et de fumée. Quelques secondes plus tard, il se voit roulé comme un tonneau dans un chemin de terre : ses grenadiers ont bondi vers leur colonel et n'ont pas trouvé d'autre moyen pour le sauver que de le traîner dans la boue.

Couvert de terre, brûlé aux mains et au visage, les vêtements en loques, le commandeur du 25e régiment, terriblement secoué par ce rude engagement nocturne, se remet lentement sur pied. Il se dirige vers les premières maisons de Bretteville. Des coups de feu sporadiques continuent de claquer.

Panzermeyer parvient jusqu'au char de tête, immobilisé au milieu d'une rue.

— Alors, Max? demande-t-il à Wünsche.

— Je crois qu'on a fichu en l'air le poste de commandement d'un régiment canadien, Kurt. Mais nous sommes trop peu nombreux pour nous emparer de tout le village. Et pour résister à une contre-attaque.

— Il faut pourtant tenir encore quelques heures.

Le commandeur du régiment de chars remarque que son vieux camarade est couvert de sang et de terre.

— Qu'est-ce qui t'arrive, Kurt ?

— Pas grand-chose à moi, Max. Juste quelques brûlures. Mais von Büttner et Belke sont en train de mourir. Ils ont tous les deux une balle dans le ventre. La bataille de la vie est finie pour eux.

Pendant toute cette nuit du 8 au 9 juin, Panzermeyer et Max Wünsche vont attendre des renforts. Les grenadiers du 26e régiment SS ne peuvent parvenir jusqu'à eux et leur permettre de tenir solidement Bretteville-l'Orgueilleuse. La localité devient un piège. S'y maintenir plus longtemps ne mènera qu'à l'anéantissement ou à la capture.

— On s'en va, décide le jeune colonel, la rage au cœur. Reste avec tes Panthère et les véhicules. Je prends la tête des fantassins.

Il a repéré une petite hauteur de l'autre côté de la Mue, à l'est de Rots. C'est abandonner à l'ennemi une bonne partie du terrain conquis au crépuscule. Mais son seul souci reste de ne pas se faire prendre. Les soldats de la Waffen SS sont trop peu nombreux pour ne pas ménager leurs forces.

A l'aube du 9 juin, la compagnie de reconnaissance s'établit sur cette solide position défensive. Panzermeyer cherche à obtenir la liaison avec son camarade Wünsche. Enfin, un message lui parvient :

— Le commandeur du 12e régiment blindé vient d'être blessé.

Encore un ! Mais ce vieux Max s'est tiré de situations tellement plus difficiles... Panzermeyer apprend enfin qu'il a pu être évacué et dirigé vers un poste de secours. Sa blessure ne semble pas trop grave. Dans quelques jours, il pourra reprendre sa place au combat.

Un jeune officier se présente :

— Je viens prendre le commandement de la compagnie de reconnaissance en remplacement de von Büttner.

— Bien, dit Panzermeyer. Essaie seulement de faire aussi bien que lui.

— Je vais essayer, Standartenführer.

L'officier s'applique si bien qu'il sera tué à son tour dans l'après-midi...

Le commandeur du 25ᵉ régiment de grenadiers SS regagne son poste de commandement à l'abbaye d'Ardenne. Il y trouve l'officier de renseignements de la division *Hitlerjugend* qui l'accueille avec une mine soucieuse :

— Tout va assez mal, Standartenführer. Depuis le début de la bataille, aucune Panzerdivision n'a pu mener une contre-attaque avec l'ensemble de ses forces et encore moins agir en liaison avec d'autres grandes unités blindées. Nous sommes réduits partout à la défensive.

— Alors, demande Panzermeyer, qu'est-ce qu'en concluent nos grands as du Renseignement ?

— Il faut emporter une décision avant vingt-quatre heures. Les Alliés ne font que renforcer leur tête de pont. Bientôt, ils seront trop solidement accrochés pour être rejetés à la mer.

Dans l'après-midi de ce 9 juin, une automobile de liaison, couverte de poussière et de feuillage, arrive dans la cour de l'abbaye d'Ardenne. Une nuée d'officiers de liaison bourdonne comme des guêpes autour du passager. C'est le général Geyr von Schweppenburg, commandant en chef des troupes blindées du front de l'Ouest. Il demande à grimper aussitôt dans le poste d'observation situé dans la tour de l'abbaye. Le commandeur du 25e régiment SS l'accompagne et lui montre les points d'appui de ses unités de grenadiers. Le général lui lance :

— Je sais que votre régiment, malgré le jeune âge de ses hommes, s'est magnifiquement battu. Mais il reste encore de rudes épreuves.

Panzermeyer a toujours gardé son franc-parler et il n'hésite pas un instant à exprimer à haute voix ses soucis :

— Mon général, je crois que le sort de la guerre va se jouer dans les jours qui viennent.

Geyr von Schweppenburg regarde le jeune colonel de la Waffen SS dans les yeux et lui répond avec la même franchise, sans se soucier du protocole de la hiérarchie :

— Mon cher monsieur Meyer, il n'y a plus pour cette guerre de solution militaire, mais seulement une solution politique.

Cette opinion n'empêchera pas le général de poursuivre le combat et d'essayer d'arracher une victoire à laquelle il ne croit plus. Il décide de lancer dans la bataille, pour une attaque enfin concertée, les trois grandes divisions blindées à pied d'œuvre sur la ligne de front, au nord-ouest de Caen : la 21e Panzerdivision de la Wehrmarcht qui a subi le premier choc, la division Panzer-Lehr qui vient enfin d'arriver à pied d'œuvre, et la division SS *Hitlerjugend* qui se trouvera placée au centre même de l'assaut.

— Nous devons essayer de percer jusqu'à la mer.

— Quand doit avoir lieu cette attaque ? demande le Brigadeführer Fritz Witt au commandant des blindés du front de l'Ouest.

— Le 10 juin, c'est-à-dire demain. Mais nous ne pouvons, à cause de l'activité des Jabos, attaquer de jour. Alors, je fixe l'heure H à onze heures du soir.

Il reste peu de temps pour se préparer à cette contre-attaque. Les troupes qui doivent mener l'assaut sont déjà très éprouvées par les premiers jours de combat. Elles manquent surtout de ravitaillement en essence et en munitions. Les convois allemands parviennent rarement jusqu'au front. D'énormes quantités de matériel sont entreposées dans les forêts situées au nord de Paris. Mais les convois ne peuvent rouler que durant la nuit. Le jour appartient totalement à l'aviation alliée.

Dans le camp allemand, tous les chefs savent que l'offensive prévue pour le 10 juin sera décisive. Le maréchal Rommel en personne participe à la conférence qui fixe les objectifs des trois divisions blindées prévues pour cette opération.

Les Alliés continuent à appliquer, avec une précision mécanique, la même tactique : les bombardements massifs. Sans cesse, torpilles, obus, bombes s'abattent sur le champ de bataille. Les villes normandes ne sont plus que des monceaux de ruines. Les champs et les clos sont sans cesse labourés et relabourés par le soc d'acier et de feu de quelque charrue apocalyptique. Il n'y a même plus d'objectif. Tout ce qui porte un nom sur la carte se trouve rayé, gommé. Parfois, un coup au but vient sanctionner ce gaspillage d'acier.

Le poste de commandement du groupe blindé Ouest se trouve recouvert d'un véritable tapis de bombes. L'officier de liaison de la division *Hitlerjugend,* le Hauptsturmführer Wilhelm Beck, chevalier de la Croix de fer et rescapé des plus durs combats de Russie, est tué. Le central des transmissions se trouve dévasté. La plupart des officiers de l'état-major périssent à leur poste. Le général Geyr von Schweppenburg compte parmi les rares rescapés. Mais il est blessé et doit être évacué d'urgence.

De toute façon, il n'est plus question désormais de monter une grande offensive de blindés : sur tout le front, l'initiative appartient aux Alliés. Les Allemands vont se battre, sans espoir, sur les positions qu'ils ont réussi, tant bien que mal, à établir au lendemain du débarquement.

II.

Le 11 juin 1944, les Alliés attaquent. Les Canadiens du Queen's Own et du 1er Hussards s'acharnent sur la charnière des deux régiments de grenadiers de la division *Hitlerjugend*. Entre le 25e et le 26e, ils espèrent enfoncer un coin et rompre le front allemand.

L'Obersturmbannführer Mohnke, commandeur du 26e régiment, ne perd pas un instant pour enrayer l'assaut et ordonner à ses hommes de ne pas céder un mètre de terrain.

Les Canadiens s'attaquent aussi au bataillon du génie de la division, dont les pionniers combattent en première ligne comme de simples grenadiers. Les chars les assaillent en meutes redoutables, escortés d'essaims de fantassins.

Wilhelm Mohnke suit l'offensive, les yeux rivés à sa jumelle binoculaire. Il se redresse soudain, remet sa casquette en avant sur son front et donne ses ordres :

— Concentrez le tir des mitrailleuses lourdes et des mortiers sur le flanc de l'attaque canadienne. Commencez le feu immédiatement !

Les Canadiens sont brutalement stoppés dans leur élan et doivent se replier. Panzermeyer, qui s'est rendu au poste de commandement de son camarade Mohnke pour assister à l'opération, le félicite :

— Bien joué, Wilhelm. Mais les pionniers ont dû avoir chaud. Je te quitte ; je vais rejoindre mon régiment.

— Es-tu toujours à l'abbaye d'Ardenne, Kurt ?

— Non. Je crois que le coin est maintenant repéré et je n'ai pas envie de subir le sort de l'état-major des troupes blindées. Je me suis installé « discrètement » dans un hameau du village de Rots, au lieu-dit Le Bourg, sur la route de Bayeux.

Entre Norrey que tiennent les Allemands et Bretteville occupée par les Canadiens, dans ce village de Rots bien camouflé derrière les ruines et sous les couverts, se trouve embusqués les Panthères d'une compagnie blindée. Leur chef, le Hauptsturmführer Pfeiffer, a été longtemps officier d'ordonnance SS d'Adolf Hitler.

— Alors, lui dit familièrement Panzermeyer, tu dois trouver le coin moins paisible que le quartier général du Führer.

— Je m'ennuyais loin du front. Maintenant, j'ai enfin l'impression de servir à quelque chose.

— Ouvre l'œil. Je vais rejoindre Rots.

— Faites attention, Standartenführer, les Canadiens sont partout.

Panzermeyer n'a jamais tellement entendu de tels conseils. Il roule à motocyclette sur la route de Saint-Manvieu à Rots, quand il entend des rafales de mitrailleuses et des éclatements d'obus de PAK. On lui tire dessus ! Il trouve que les Alliés sont fous de gaspiller des obus antichars pour atteindre une simple moto roulant à vive allure. Il se contente de donner encore plus de gaz. L'engin bondit dans la poussière, en projetant un nuage bleuâtre.

Soudain, sur la route, droit devant lui, Panzermeyer aperçoit deux masses sombres. A moins de cinquante mètres de distance. Il reconnaît la silhouette des chars Sherman. Les deux véhicules viennent de s'arrêter et leurs tourelles tournent lentement. Les tubes des deux canons sont maintenant pointés sur la moto du commandeur du 25e régiment SS. Cette fois, Panzermeyer ne s'en tirera pas. Impossible de faire demi-tour et de s'enfuir. La route est trop étroite. Et il serait tiré dans le dos, comme un vulgaire lapin. Alors, le colonel ne trouve qu'une issue pour s'en sortir : il force encore l'allure et décide de passer si près des deux chars qu'il se trouvera dans l'angle mort des armes de bord.

Le Standartenführer se penche sur son guidon, mais entend une brutale explosion. Il voit le premier blindé canadien vaciller sur ses chenilles, tandis qu'un des hommes d'équipage ouvre une écoutille et saute à terre. Une gerbe de flammes jaillit du blindé. Au moment où Panzermeyer se jette dans le fossé, le second char canadien explose à son tour. En quelques secondes, les deux blindés ont été détruits. Le colonel aperçoit alors leur vainqueur : un char Panthère, dont il distingue le long canon à moins de cent mètres.

Le rescapé de cette rapide aventure se dirige vers le char. Le chef de bord, en uniforme noir, l'accueille avec de grands éclats de rire : c'est le Hauptsturmführer Pfeiffer lui-même qui vient de réussir un double coup au but.

— Vous voyez, Standartenführer, dit-il à son chef, je n'ai pas trop perdu la main au quartier général du Führer.

— Bravo. Continue comme ça.

— Je vais essayer. Mais, vous, ne continuez pas à vous promener entre la cible et mon tube.

Panzermeyer récupère sa moto et quitte Pfeiffer, en le remerciant encore. Il ne le reverra plus vivant. Le jeune capitaine sera tué dès le lendemain.

Les bateaux, les avions, les blindés ne cessent de tirer sur les positions allemandes. Les hommes doivent s'enterrer de plus en plus profondément. Le sol normand se creuse de tranchées. Le paysage commence à évoquer celui de la bataille de Verdun. Tout ce qui dépasse du sol est tranché net, comme par une faux gigantesque.

Le 12 juin, les Canadiens poursuivent leur attaque. Ils s'emparent du village de Rots et contrôlent la petite vallée de la Mue.

Mais il y a plus grave. Ces engagements, si durs soient-ils, ne sont que des diversions. Ils cherchent à masquer le grand mouvement tournant britannique qui s'efforce de tourner Caen par le sud. La division Panzer-Lehr se trouve au centre de cette poussée. Il faut la renforcer d'urgence.

Le Brigadeführer Witt expédie en toute hâte sa dernière réserve : la compagnie d'escorte divisionnaire qui a pour mission de protéger son poste de commandement. Les chauffeurs et les radios devront désormais se défendre eux-mêmes, puis faire le coup de feu comme tous leurs camarades.

Au poste de commandement du 1er corps blindé SS, le célèbre Obergruppenführer Dietrich traverse une des crises de fureur dont il a le secret. Son visage congestionné tourne au violet, sa moustache se hérisse, ses yeux clairs fulminent sous les sourcils froncés, tandis qu'il répète :

— Ces messieurs de l'état-major sont devenus fous ! Ils veulent tout défendre et nous empêchent de manœuvrer ! Les seuls qui sont en train de manœuvrer, ce sont les Alliés.

Un demi-million d'Américains, de Britanniques, de Canadiens ont pris pied sur le sol normand. Ils se renforcent sans cesse, malgré le mauvais temps qui entrave les opérations de débarquement.

Le 13 juin, des éléments de pointe de la 7e division blindée britannique se dirigent vers la cote 213, à deux kilomètres à l'est de Villers-Bocage. Le grand mouvement tournant pour envelopper Caen par le sud se confirme.

Les Allemands lancent dans la bataille les troupes que le haut commandement se décide enfin à diriger vers le front de Normandie. L'unité la plus redoutable du 1er corps blindé SS est un bataillon de chars Tigres, directement rattaché à l'état-major de Sepp Dietrich. A la tête de la 1re compagnie, se trouve un lieutenant de trente ans, Michael Wittmann, déjà décoré de la croix de chevalier avec feuilles de chêne. Il a détruit en Russie cent dix-neuf blindés ennemis et s'est affirmé comme le premier chasseur de chars de toute l'armée allemande. Pour les garçons de la *Hitlerjugend,* l'Obersturmführer Wittmann semble déjà un personnage semi-légendaire, héros perpétuellement vainqueur d'un éternel feuilleton héroïque.

Au matin du 13 juin, sa compagnie de chars Tigres vient d'arriver de Beauvais où elle tenait garnison. Ses blindés seront engagés dans les heures à venir. En attendant, les équipages s'affairent à remettre en état le matériel, durement éprouvé par une semaine de route et par les harcèlements des Jabos.

Les Tigres ont été camouflés sous des couverts et hérissés de branchages. Les hommes travaillent rapidement, dans le fracas lancinant des coups de marteau. Il faut faire vite, car l'ordre de marche peut arriver dès la fin de la matinée...

Michael Wittmann n'a jamais pu tenir en place. Il confie la surveillance de l'entretien du matériel à son adjoint et appelle le pointeur de son char de commandement, l'Unterscharführer Woll :

— Viens donc, Balthasar, on va aller faire un petit tour.

— Avec le Tigre ?

— Bien entendu. Je n'ai pas envie de me promener à pied ce matin. D'ailleurs, il fait mauvais...

La pluie et le ciel bas vont paralyser l'activité aérienne ennemie. C'est encore une chance. Les hommes d'équipage gagnent leur poste. Le moteur ronfle, les chenilles mordent le sol, le char s'ébranle lentement.

Wittmann a décidé d'aller reconnaître le terrain du côté de

Villers-Bocage. Méfiant comme un vieux soldat du front de l'Est, le chef de la 1re compagnie SS de chars lourds ordonne au conducteur de son Tigre d'utiliser les couverts et de ne pas se risquer en rase campagne.

La journée s'annonce rude. Dans quelques heures, les Tigres seront lancés dans la bataille. Leur arrivée sur le front que tient le 1er corps blindé SS risque de porter de sérieux coups aux Alliés. Michael Wittmann a toujours eu une tendance à se sentir invincible...

Ce matin, il se montre de fort bonne humeur. Bien sanglé dans son uniforme noir, la casquette à tête de mort inclinée sur le côté et maintenue par les écouteurs de radio, le lieutenant promène un regard attentif sur tout le paysage. Cette Normandie de coteaux, de bosquets et de haies lui paraît soudain trop paisible ; elle respire un calme qui évoque irrésistiblement quelque piège...

Le Tigre sort lentement d'un bois. Son chef, le buste hors de l'écoutille, les jumelles rivées aux yeux, pousse une exclamation :

— Balthasar ! Regarde ce qui nous arrive dessus !

Sur la route, au nord de Villers-Bocage, une longue colonne de chars britanniques se dirige vers la cote 213. Les blindés ennemis avancent comme à l'exercice, sans manifester aucun signe de méfiance. Des fantassins, entassés dans des véhicules de transport blindés, font partie de cet étrange convoi qui roule sur les arrières de la division allemande Panzer-Lehr.

— Vite, ordonne Wittmann au conducteur. Fais reculer le char derrière la lisière du bois.

Le chef de la 1re compagnie lourde de la Waffen SS espère bien que son Tigre isolé n'a pas été repéré par les Britanniques. En effet, le convoi poursuit lentement sa route vers son objectif, sans avoir remarqué cet ennemi solitaire.

Michael Wittmann est tout seul contre l'avant-garde d'une colonne blindée. Même s'il parvient à rameuter les quatre Tigres qui se trouvent au repos, la partie reste désespérément inégale.

Pourtant, il faut agir — agir avant qu'il ne soit trop tard ; dans quelques minutes, ses adversaires auront atteint la cote 213 et il sera impossible de les déloger.

Maintenant, la colonne blindée britannique traverse la bourgade de Villers-Bocage. Pas un bruit, pas un coup de feu. Pourtant, il devrait y avoir des soldats allemands pour leur barrer la route. Michael Wittmann est atterré. Le voici totalement seul avec son Tigre contre toute un brigade blindée.

Les chars ont traversé le village et s'apprêtent à poursuivre leur route. Les véhicules d'accompagnement se sont arrêtés et les fantassins s'égaillent le long de la route, insouciants, comme s'ils étaient encore en manœuvre dans la campagne anglaise.

— Ce n'est pas croyable, Obersturmführer, dit le sergent pointeur. On croirait qu'ils vont participer à un pique-nique.

— On va leur servir le dessert, Balthasar !

Déjà, Michael Wittmann donne ses ordres. Il a pris la seule décision qui s'impose à un guerrier comme lui : attaquer !

Le Tigre se trouve à bonne portée de tir. Lentement, le canon de 88 s'abaisse. Balthasar Woll prend dans son viseur le char de tête britannique.

— Prêt, dit-il seulement

— Feu ! crie Wittmann.

La détonation retentit, terriblement sèche dans l'atmosphère un peu brumeuse de ce gris matin de juin. L'adversaire ne se trouve même pas à cent mètres de distance. Jamais le pointeur n'aura marqué coup au but plus facile...

Une explosion, une gerbe de flammes. Touché à mort, le blindé britannique s'immobilise au milieu de la route et commence à flamber.

— En avant ! hurle Wittmann.

Le conducteur donne toute la vitesse possible. Le Tigre bondit hors des couverts, se rue vers la colonne blindée. Soudain, il s'immobilise, tire un nouveau coup de son long canon de 88, repart. Un second char anglais encaisse durement le coup.

— On y va ! ordonne Wittmann. Il faut remonter toute leur colonne.

Les mitrailleuses de bord entrent en action à leur tour. Au passage, elles arrosent de balles les chars et les véhicules ennemis. En quelques secondes, le plus effroyable désordre règne dans la colonne britannique, surprise par l'intervention éclair du Tigre solitaire. Les caisses de munitions explosent, des incendies s'allument. Les véhicules du convoi s'écrasent sur les chars de tête immobilisés et s'enchevêtrent les uns dans les autres avant de brûler à leur tour. Le bilan est effrayant : les Britanniques perdent en quelques minutes une douzaine de chars et tous leurs véhicules blindés de transport.

Comment arrêter ce monstre d'acier et de feu qui roule de toute la vitesse de ses moteurs sur Villers-Bocage, canonnant, mitraillant, éperonnant ? Rien ne peut stopper la charge folle de Michael Wittmann. Dans toute cette pagaille sanglante, impossible de mettre en batterie une seule pièce antichar.

L'équipage d'un char Cromwell décide de jouer le tout pour le tout. Son canon de 75 tire à bout portant sur le Tigre. L'obus ne parvient pas à entamer l'épais blindage du Panzer de Wittmann. La tourelle disparaît un instant dans une gerbe de feu. Mais le Tigre poursuit sa route, tourne son canon vers son adversaire et lui règle son compte d'un seul coup de son redoutable 88. Le Cromwell explose et brûle comme tous les autres blindés de la colonne britannique.

Quatre autres Tigres surgissent alors. Ce sont les autres Panzers de la compagnie, alertés par radio, qui rejoignent leur chef et veulent prendre part à la curée.

Huit autres Tigres, avec le Hauptsturmführer Möbius, débouchent à leur tour.

Michael Wittmann est en train de vivre une de ses plus extraordinaires aventures de guerre. Dès le début du combat, il a réussi à détruire à lui seul une colonne blindée ennemie ! Il n'est pas disposé à s'arrêter en si bon chemin. Il décide de s'emparer de vive force de Villers-Bocage.

— Attention, Obersturmführer, lui dit Woll, les Anglais ont dû installer maintenant des pièces antichars dans le village.

— Tant pis, Balthasar. On fonce dans le tas !

Le canon de 88 de son Panzer de commandement prend à partie de nouveaux chars Cromwell embusqués dans la bourgade.

Soudain, des canons antichars britanniques ouvrent le feu. Dissimulée dans une des rues perpendiculaires à la route qui traverse le village, une des pièces attaque un Tigre à quelques mètres. Mais elle le manque. Le chef de char a compris le danger. Il est trop rapproché pour faire usage de son canon et même de ses mitrailleuses. Alors, il précipite son Panzer vers une maison d'angle et l'ébranle de toute sa masse d'acier. Sous ce gigantesque coup d'épaule, le bâtiment tressaille et s'effondre sur la pièce antichar britannique. Le canon est disloqué, les servants sont ensevelis sous les décombres. Quelques rescapés rampent pour essayer d'échapper à la mort. Mais le Tigre s'acharne sur ses victimes. Plus un ennemi vivant ne doit rester dans Villers-Bocage. Le char allemand écrase les décombres sous ses chenilles. Gravats sanglants, pierres, cadavres, poutres brisées. Une lourde poussière s'élève et marque l'emplacement du carnage.

Un aboiement rauque. Une nouvelle pièce antichar se révèle. Ses servants vont réussir un superbe coup au but : de leur premier obus, ils font sauter une des chenilles du char de Michael Wittmann. Voici le Tigre immobilisé, incapable de combattre désormais.

— Tout le monde dehors ! ordonne le chef de bord.

L'un après l'autre, les hommes d'équipage en uniforme noir sautent à terre. Mais les rues de Villers-Bocage grouillent de fantassins britanniques. Pour rejoindre les lignes allemandes, il faut se battre. Wittmann conduit ses hommes, le pistolet au poing. Il est fou de rage d'avoir abandonné son superbe Panzer et lutte comme un grenadier déchaîné.

Dans les rues, la bataille de chars continue. Les Britanniques, surpris en pleine offensive, réagissent avec énergie. Des fantassins se sont solidement installés dans les demeures en ruine de Villers-Bocage et sont décidés à vendre chèrement leur peau. Embusqués au premier étage des maisons, ils attaquent les chars allemands avec des charges creuses. Deux Tigres sont touchés et commencent à flamber. Les équipages ne peuvent se dégager. L'Untersturmführer Stamm et l'Oberscharführer Krieg sont grillés vifs avec tous leurs camarades. Une odeur atroce se répand autour des épaves rougeoyantes.

Des renforts britanniques ne cessent d'affluer vers le village. Des chars Cromwell et Sherman, des chenillettes d'infanterie, des camions chargés de troupes convergent vers Villers-Bocage.

Tenir cette bourgade devient brusquement essentiel pour les deux adversaires. Toutes les troupes allemandes disponibles sont dirigées vers ce secteur. Les combats de rues pour le contrôle de quelques bâtiments en ruine vont durer jusqu'au soir. Les Britanniques devront refluer, après avoir perdu une trentaine de chars et laissé sur le terrain près de deux cents tués, dont un général.

L'Obersturmführer Michael Wittmann a réussi à rejoindre les troupes allemandes et rassure les hommes de sa compagnie, qui le croyaient mort avec tous les garçons de son char de commandement. Certes, il a dû abandonner son Tigre, mais il a réussi, à lui seul, à retourner la situation : les Britanniques ont échoué dans leur manœuvre pour déborder Caen par le sud.

Pour s'emparer de la capitale de la Normandie occidentale, ils devront poursuivre l'attaque par l'ouest de la ville. Solidement installés sur des positions qu'ils consolident jour et nuit depuis une semaine, les grenadiers de la division *Hitlerjugend* sont décidés à leur barrer la route.

En attendant un nouvel assaut allié, le front s'immobilise.

Dans les deux camps, les combattants reprennent leur souffle. Sporadiques, les bombardements continuent. Dès que le temps revient au beau, les Jabos harcèlent les positions allemandes. Les canons de gros calibre de la flotte alliée ne cessent de pilonner les objectifs que leur signalent les avions d'observation. La terre normande retentit sans fin du fracas des explosions. La bataille continue.

Le 16 juin, le chef d'état-major de la division *Hitlerjugend,* le Sturmbannführer Hubert Meyer, appelle au téléphone son homonyme Kurt Meyer.

— Standartenführer, rendez-vous immédiatement au poste de commandement de la division. Il s'agit d'un événement grave.

Toutes les routes qui mènent vers la forêt de Grimbosq, où se trouve cantonné l'état-major, semblent avoir subi l'assaut d'une tornade : arbres arrachés, toitures béantes, véhicules incendiés. Tous les grenadiers des services divisionnaires et leurs gradés arborent des mines atterrées. Le chef d'état-major se dirige rapidement vers Panzermeyer dès qu'il le voit surgir à l'entrée du village.

— Notre commandeur est tombé il y a une demi-heure, annonce d'emblée Hubert Meyer.

— Comment est-ce arrivé ?

— Il a été tué lors d'un bombardement. On a cru que toute la terre s'écroulait. Il avait tenu à sauter le dernier dans l'abri antiaérien, après tous ses grenadiers... Il n'en a pas eu le temps. Un obus a explosé près de lui.

— Puis-je voir son corps ?

— Nous avons enterré aussitôt ce qu'il en restait. Il vaut mieux que vous vous souveniez de ce qu'il fut de son vivant.

Ancien de la *Leibstandarte Adolf Hitler* dès avant la guerre, Fritz Witt était un des plus connus de tous les officiers de la fameuse « Garde Noire ». Il avait participé à tous les combats, de la Pologne jusqu'à la Normandie, en passant par les plus mauvais secteurs du front de l'Est.

Panzermeyer perd avec lui un des derniers témoins de sa jeunesse guerrière. Il se dirige vers le tertre de gazon sur lequel s'élève la rune de la vie qui marque la tombe des SS morts au combat.

Après un long moment de silence, Panzermeyer demande :

— Qui va remplacer le Commandeur ?

— Vous-même. C'est un ordre du 1er corps d'armée SS. L'Obergruppenführer Dietrich vous charge du commandement de la division.

— Il ne me reste qu'à me montrer digne de notre camarade Witt, conclut Panzermeyer. Il n'aura vécu que les dix premiers jours de cette bataille. Mais c'est lui qui aura tenu le premier choc.

Le nouveau commandeur de la division *Hitlerjugend* sait bien que, désormais, tout espoir de rejeter les Alliés à la mer est perdu. Mais il peut encore causer de lourdes pertes à l'ennemi. Il faut tenir, combattre jusqu'à ce qu'intervienne une autre solution..., une solution « politique ». Panzermeyer n'a pas de tels soucis. Seule doit compter pour lui l'efficacité militaire immédiate.

Hubert Meyer entraîne le nouveau Commandeur à l'écart.

— Standartenführer, lui dit-il, vous ne prenez pas la tête d'une division à effectif plein. Nous avons subi depuis dix jours de très lourdes pertes. Surtout en cadres. La plupart des commandants de compagnie et des chefs de section sont hors de combat. Nos jeunes ont très bien tenu, mais tous les gradés ont pris des risques inouïs pour leur donner l'exemple. Et nos garçons ont montré encore plus de témérité. Alors, dans chaque bataillon de grenadiers, l'effectif des combattants atteint à peine la valeur de deux compagnies .

— Il nous faudrait des renforts de toute urgence, remarque Panzermeyer.

— Toutes les unités de la Waffen SS sont à bout de souffle. Bientôt, il faudra faire appel à des volontaires de seize ans.

— Ce sont souvent nos meilleurs soldats, remarque le nouveau commandeur de la division *Hitlerjugend*.

Panzermeyer quitte l'état-major pour se rendre aux premières lignes. Il veut voir les jeunes grenadiers dans leurs tranchées, les prévenir lui-même de la mort de Fritz Witt et leur annoncer sa prise de commandement. Dans l'état de fatigue et de tension où sont tous les combattants, seul le moral leur permet encore de tenir. Les jeunes loups du Führer vivent désormais sur le fanatisme plus encore que sur l'espérance.

12.

Une nouvelle attaque alliée se déclenche le 18 juin 1944. Les Canadiens s'efforcent d'emporter toute l'aile gauche du dispositif de la division *Hitlerjugend*. Ils donnent d'abord l'assaut aux positions du 26e régiment.

Panzermeyer a obtenu du commandement l'autorisation de « réaligner » ses positions, et l'attaque ennemie commence par tomber dans le vide. Toute la préparation d'artillerie n'a servi qu'à pilonner des points d'appui abandonnés. Mais les Canadiens arrivent maintenant sur les secondes lignes.

En quelques instants, le combat devient acharné dans le parc du château de Boislonde. Les grands arbres, déracinés par les explosions des torpilles, s'abattent sur les défenseurs dans un grand bruit de branches cassées. Des casques jaillissent rapidement des feuillages. Les blessés aménagent de nouveaux emplacements de combat. Il faut résister.

Les blindés canadiens attaquent sous les frondaisons. Les obus ne cessent de frapper les troncs, faisant pleuvoir sur les défenseurs du parc une pluie d'éclats d'acier et de branches tranchées net. Les fantassins s'élancent dans le sillage des chars. Les bûcherons canadiens retrouvent leur élément et bondissent au milieu des arbres abattus, tirant des rafales de pistolet-mitrailleur, lançant des grenades.

La 10ᵉ compagnie du 26ᵉ régiment est submergée. Les uns après les autres, les points d'appui sont enlevés. Il ne reste plus que des cadavres, des blessés titubants, des prisonniers que les assaillants poussent déjà vers l'arrière.

Maintenant, les Canadiens atteignent les positions de la 9ᵉ compagnie. Le commandeur du bataillon, Erich Olboetter, mène lui-même la contre-attaque, au milieu de ses grenadiers.

— En avant ! hurle-t-il en courant sans même prendre le temps de recharger son pistolet-mitrailleur au chargeur vide.

Un corps-à-corps s'engage. Terrible. Impitoyable. Les Britanniques sont repoussés vers le nord. Le petit bois est repris.

Alors, l'artillerie alliée s'acharne sur les derniers arbres mutilés et écrase les positions conquises et reperdues sous un déluge de feu. Le bombardement devient vite si violent que le bois du parc de Boislonde ne peut plus être tenu plus longtemps par les Allemands. Les SS évacuent le terrain qu'ils venaient de reprendre.

Erich Olboetter regroupe les survivants de son 3ᵉ bataillon près du village de Fontenay. Ils ne sont plus que quelques dizaines, couverts de terre, de poussière, de sang. Les grenadiers du 26ᵉ régiment ont dû céder du terrain et ils savent qu'ils ne le reprendront jamais plus.

Dans les autres secteurs du front de Caen, la situation ne cesse de devenir dramatique. Les blindés de la Panzer-Lehr ont été obligés d'abandonner Tilly-sur-Seulles à l'ennemi.

Les Allemands reculent. Pied à pied. Mais ils reculent.

Le 25ᵉ régiment de grenadiers SS, que commande désormais l'Obersturmbannführer Milius, est parvenu à verrouiller le front au nord-ouest de Caen. Tout l'effort des Britanniques et des Canadiens se porte désormais plus au sud, dans le secteur tenu par le 26ᵉ régiment de l'Obersturmbannführer Mohnke, dont les trois bataillons d'infanterie vont subir pendant plusieurs jours de très durs assauts.

Le commandeur de la division *Hitlerjugend* s'est rendu au point du front le plus menacé, près du village de Fontenay-le-Pesnel. De nombreux blessés sont étendus à l'abri des haies. A quelques mètres des brancards, on a étendu sur l'herbe d'un verger les cadavres de ceux qui viennent de tomber dans les combats. Ce jour du solstice d'été, le 21 juin 1944, s'annonce terriblement meurtrier. Il ne fait pas beau temps. Depuis l'aube, une épaisse couche de brume traîne au ras du sol. L'air est humide et froid. Les uniformes sales collent à la peau. Les hommes, transis, frissonnent. Depuis des jours et des jours, ils ont peu dormi. Beaucoup tremblent de fièvre et d'angoisse. Les bombardements ont succédé aux bombardements. Le feu n'a cessé que pour faire place aux rapides assauts des blindés ennemis. Chaque fois, ils ont été repoussés. Chaque fois, des camarades sont tombés.

Les équipages des blindés et les servants des canons s'affairent pour parfaire le camouflage des chars et des pièces dont seule pointe l'extrémité des tubes, avec leur frein de bouche auquel ils ont accroché quelques branches.

Un nouveau bombardement s'abat sur toutes les positions du régiment. La route qui conduit de Rauray à Fontenay semble particulièrement visée.

Les grenadiers se blottissent dans les fossés et les trous d'obus. Les sous-officiers les encouragent :

— Allez-y, les garçons. Sautez dans le cratère aussitôt que l'obus a explosé. De mémoire de fantassin, on n'a jamais vu deux projectiles arriver exactement dans le même trou.

De plus en plus, ce sont les jeunes gradés qui tiennent la troupe en main. La plupart des aspirants et des officiers ont été tués ou blessés. Cette hémorragie des cadres inquiète beaucoup Wilhelm Mohnke. Panzermeyer, qui l'a rejoint à son poste de commandement, ne cherche pas à lui cacher ses soucis :

— Nous ne pourrons pas tenir longtemps sans aviation. Il faudrait que le mauvais temps persiste. Mais nous allons vers le plein été.

— Nous manquons de tout, répète Mohnke à son chef. Nos blindés et nos camions n'ont plus d'essence, notre artillerie n'a plus d'obus. Enfin, presque plus. Vous entendez comme ils sont économes ce matin. Et pourtant...

Pourtant, l'attaque alliée se développe. Des blindés canadiens surgissent d'un creux de terrain et foncent sur Fontenay. Les aboiements rauques des Panthères annoncent le début d'un duel à mort.

Pendant toute la journée du 21 juin, le régiment va tenir. L'aile gauche de la division *Hitlerjugend* ne cède pas un mètre de terrain. Rassuré, Panzermeyer rejoint son poste de commandement; qu'il a désormais établi à Verson, peu après la sortie de Caen, sur la route de Villers-Bocage et de Vire.

La nuit tombe. Le jour le plus long de l'année 1944 s'achève. Le soleil prend la couleur du sang. Partout, rougeoient des incendies, comme autant de bûchers de solstice. Dans les camions, les munitions explosent. Les soldats du front ne recevront jamais ces cartouches et ces grenades qui fusent vers le ciel en un gigantesque feu d'artifice. La nuit s'étoile d'explosions.

La conférence quotidienne à l'état-major se déroule dans une ambiance sinistre. Tous les officiers savent que le temps travaille pour les Alliés qui se renforcent sans cesse.

— Nous n'avons pas reçu en renfort un seul homme, rappelle Hubert Meyer. Pas un seul char, pas un seul canon...

— Je le sais bien, répond son chef. Et je sais aussi ce qu'endurent nos garçons. Nous sommes en train de perdre les meilleurs des nôtres. Mais je ne peux que vous répéter à tous le même ordre : tenir.

A l'aube du 22 juin, les mauvaises nouvelles se précisent. L'ennemi attaque à la charnière de la division Panzer-Lehr et de la division *Hitlerjugend.* On se bat au corps à corps dans un petit bois à l'ouest de Tessel-Brettevillette. Une fois encore c'est le 3e bataillon du 26e régiment SS, celui d'Erich Olboetter, qui doit supporter le plus dur de l'offensive ennemie. Le village de Fontenay disparaît dans la fumée des explosions.

— Je n'ai plus de liaison avec mes compagnies, annonce Mohnke à Panzermeyer. Je ne peux même plus vous dire par où passe encore le front.

Tout n'est que brouillard, explosions, carnage. L'artillerie s'acharne sur les ruines du village. Les pans des murs s'écroulent dans une gerbe de pierres et de flammes.

L'un après l'autre, les canons antichars allemands sont mis hors de combat. Autour des ferrailles tordues et fumantes, gisent les cadavres déchiquetés des servants.

— Les chars attaquent !

Les blindés canadiens se glissent entre les ruines. Plus rien ne peut les arrêter.

Il ne reste qu'une dernière arme : le Panzerfaust. Avec ce tube à charge creuse qui ne peut tirer qu'un unique projectile, les fantassins les plus résolus peuvent affronter les chars en un terrible duel de l'homme seul contre le monstre d'acier.

Un volontaire se précipite, se découvre, épaule, tire, à quelques mètres seulement du char. La charge explose contre le blindage. Touché à mort, le blindé s'immobilise. Mais d'autres chars surgissent. Les grenadiers vont être écrasés. Les chenilles des blindés ennemis fouleront leurs cadavres dans les ruines de Fontenay-le-Pesnel. Il n'y a plus aucun espoir.

Encore d'autres grondements de moteurs, d'autres bruissements de chenilles. Encore des chars. Mais, cette fois, ils viennent des lignes allemandes.

— Nos Panzers contre-attaquent !

Une compagnie du régiment blindé de la division *Hitlerjugend* arrive enfin en renfort. Ils sont à cent mètres derrière les fantassins qu'ils viennent soutenir de toute leur puissance. Maintenant, ils franchissent la route de Fontenay à Cheux. Et commence un autre combat. Blindé contre blindé. Panthère contre Sherman.

L'Obersturmführer Ruckdeschel dirige la contre-attaque des Panzers. Son char de commandant de compagnie avance en tête.

Soudain, le char reçoit un coup au but. Une fumée âcre envahit la tourelle. Ruckdeschel, tout étourdi par le choc, ouvre l'écoutille, s'extrait de son siège, saute à terre et se dirige en titubant vers un groupe de fantassins allemands. L'officier trébuche et ne se relève plus. Il veut lever la main pour appeler à l'aide, mais s'aperçoit que son bras a été coupé net par un éclat d'obus.

La matinée s'achève. Le 26e régiment SS tient toujours Fontenay. Mais la pression ennemie s'accentue sur sa gauche, où la division Panzer-Lehr doit supporter attaque sur attaque.

Au début de l'après-midi, les hommes de la Wehrmacht ne peuvent plus tenir sans renforts. Ils appellent à leur aide leurs camarades de la Waffen SS.

— Mais je ne peux presque rien leur donner ! lance Panzermeyer. Presque tous mes hommes se battent en première ligne.

Il faut lancer dans la bataille les ultimes réserves : un bataillon de chars du 12e régiment blindé SS et le bataillon de reconnaissance de la division *Hitlerjugend* — quelques blindés et quelques fantassins à bout de souffle.

Les Panthères s'ébranlent. Les grenadiers de Gerd Bremer se sont accrochés sur les superstructures et s'apprêtent à sauter à terre dès les premières secondes de combat. Il faut reprendre le petit bois situé à l'ouest de Tessel-Brettevillette.

A la tombée de la nuit, les SS ont atteint leur objectif. Mais à quel prix ! Reprendre quelques dizaines de mètres aux Britanniques a coûté très cher. Si on veut les conserver, il faut des renforts. Des renforts en chars et des renforts en hommes. Le dernier bataillon blindé sera lancé dans la bataille dès l'aube du 23 juin.

La Waffen SS ne peut laisser écraser la division Panzer-Lehr qui empêche le débordement de Caen par le sud.

Le 26 juin, l'Obersturmbannführer Max Wünsche, blessé dans les premiers jours de la bataille de Normandie, quitte l'hôpital et reprend la tête du 12e régiment blindé SS. Il rejoint le poste de commandement de la division *Hitlerjugend* à Verson.

— Tu tombes bien, lui dit Panzermeyer. Nous allons lancer une attaque pour dégager un peu le sud-est de Caen. La pression ennemie devient intenable.

Max Wünsche retrouve les équipages des Panzers qui attendent l'ordre d'attaque. Les hommes sont calmes et fument des cigarettes, en camouflant la lueur au creux de leur paume. Le Reich est de plus en plus pauvre en matériel et en équipement. Les tankistes sont habillés d'uniformes de cuir noir destinés aux équipages de sous-marin. Leurs vestes courtes luisent sous la bruine qui précède le lever du jour. Ce mois de juin semble parfois gris et froid comme un précoce automne.

Les chars s'ébranlent les uns après les autres et gagnent leurs positions de départ. Max Wünsche a les oreilles bourdonnantes des récriminations de ses chefs de compagnie :

— Ce n'est pas possible. Il n'y a pas un seul avion allemand dans le ciel !

— Avec toutes ces maudites haies, nous ne pouvons même pas profiter de la longue portée de nos canons !

— Les fantassins sont trop peu nombreux pour nous escorter et occuper le terrain ! Nous sommes obligés de travailler isolés et aucune percée ne peut déboucher !

Wünsche comprendra vite qu'il est de moins en moins question de crever le front adverse. Chaque assaut de ses blindés est aussitôt bloqué par le déploiement des chars ennemis.

La pluie tombe, glacée et drue. Les vestes de cuir luisent d'un éclat métallique comme le blindage des tourelles.

Le combat fait rage vers l'ouest, dans le secteur tenu par la Panzer-Lehr. On doit à nouveau se battre dans le bois de Tessel, à la charnière des deux régiments de grenadiers. Les chars allemands quittent Rauray pour engager le combat. Les lourdes silhouettes sombres disparaissent, l'une après l'autre, dans le crachin normand.

Le ciel bas semble vide d'avions ennemis. Mais ses canons se déchaînent soudain. Une pluie d'obus s'abat sur Rauray. En quelques minutes, le village n'est plus qu'un tas de ruines fumantes et d'arbres déchiquetés. Les projectiles passent en chuintant et s'écrasent sur ce qui fut autrefois un village.

Le brouillard matinal et la fumée des explosions enveloppent Rauray d'une brume cotonneuse : personne ne voit plus rien. Personne ne sait plus rien : tous les fils téléphoniques du poste de commandement ont été coupés par le bombardement. Les hommes des transmissions, débordés, rendent compte à Max Wünsche :

— Obersturmbannführer, impossible d'obtenir la liaison avec les unités qui se trouvent au contact de l'ennemi.

— Prévenez l'état-major de la division.

— Il y a longtemps que nous sommes aussi coupés de ce côté-là.

D'ailleurs, Panzermeyer ne se trouve plus à son poste de commandement. Il a gagné Rauray pour rejoindre, une fois encore, le cœur des combats. Un agent de liaison arrive hors d'haleine auprès de lui :

— Standartenführer ! Les blindés ennemis attaquent ! Le 2e bataillon du 26e va être anéanti ! On ne peut plus arrêter les chars !

Les Alliés conservent l'initiative des opérations. Leur objectif est clair : il s'agit de tourner Caen et de crever le front allemand. Le sort de la bataille de Normandie peut se jouer dans les heures qui viennent.

Le commandeur de la division *Hitlerjugend,* installé dans un fossé, au milieu de Rauray en feu, s'écrie :

— Trouvez-moi Max Wünsche ! J'ai besoin de lui. De toute urgence.

Des agents de liaison disparaissent en courant. Quelques minutes plus tard, le chef du régiment blindé arrive.

— Ça a l'air de chauffer dur, dit-il seulement.

— A toi, ce n'est pas la peine de fournir une longue explication. Ce qui arrive est tout simple. L'ennemi cherche à enfoncer notre 26e régiment et à foncer sur Caen.

— Que veux-tu que je fasse ?

— D'abord, Max, tu arrêtes ton attaque de blindés contre Juvigny. Elle ne signifie plus rien, à présent. Tu te contentes de tenir Rauray.

— Entendu, Kurt.

— Tu as bien compris. Tenir Rauray à tout prix. C'est toi le responsable, ici. Moi, je file à Fontenay auprès d'Olboetter. Le 3e bataillon du 26e doit encore se trouver en pleine bagarre.

Les blindés ennemis déferlent en essaims compacts. Les grenadiers, débordés, ne pourront pas tenir bien longtemps. Ils essaient de se camoufler dans chaque trou d'obus, au creux de chaque haie, derrière chaque pan de mur. Mais l'artillerie alliée ne cesse de pilonner le paysage. Le sol normand semble une enclume sur laquelle s'abat, sur un rythme infernal, un gigantesque marteau-pilon. Tout n'est plus qu'une bouillie de sang, de terre, de feu. Les petits canons de PAK crachent obus sur obus. Les chars sautent dans de grandes gerbes de flammes. Mais d'autres chars arrivent encore.

Panzermeyer ne peut rester plus longtemps en première ligne. Il est responsable de toute une division. Sa place est à Verson. Dans son poste de commandement. D'ailleurs, si cet assaut continue, Verson sera bientôt en première ligne...

Les Canadiens enlèvent Cheux, bondissent vers Colleville. Le 26e régiment SS se trouve peu à peu enfoncé et le 25e se voit menacé à son tour. Le bataillon du génie disparaît dans la tourmente. Les pionniers de la division *Hitlerjugend* se sont battus comme tous leurs camarades des unités d'infanterie et tombent les uns après les autres, au cours de terribles corps-à-corps.

— Cette fois, annonce Hubert Meyer à son chef, les Alliés ont réussi à percer. Ils s'approchent de Verson.

— Qu'est-ce qui te reste comme troupes de réserve ? demande Panzermeyer.

Le chef d'état-major hausse les épaules :

— La compagnie d'escorte divisionnaire. Quelques dizaines d'hommes. Il y a aussi des isolés de la compagnie de reconnaissance de ton ancien régiment.

— Je les connais bien. Avec eux, nous allons défendre le poste de commandement de la division. Il faut à tout prix enrayer cette attaque.

— Est-ce que vous savez ce que nous avons en face de nous, Standartenführer ? Un demi-millier de chars. Et les effectifs de deux divisions d'infanterie...

— Je ne peux que répéter ce que j'ai déjà ordonné : tenir. Tenir à tout prix.

Pour encourager les officiers de son état-major, leur chef leur annonce, avec un sourire un peu forcé :

— Cette fois, les renforts sont proches. Les divisions de la Waffen SS *Hohenstaufen* et *Frundsberg* vont arriver en Normandie d'un jour à l'autre.

— Il sera trop tard...

Les Canadiens attaquent sur un front de plus de cinq kilomètres de large. Rien ne semble pouvoir leur résister. Ils se dirigent sur Colleville et Grainville, prenant à revers le 26e régiment SS de Mohnke. Panzermeyer va être coupé de la moitié de

Dans un camp de la jeunesse hitlérienne, au temps de la lutte pour le pouvoir. Le premier chef des jeunes nationaux-socialistes, Kurt Gruber (en culotte de cuir bavaroise), accompagné d'un chef SS, présente ses troupes au Führer.

Sur les fanions des trompettes du "Jungvolk" (le jeune peuple) se détache, en blanc sur noir, la rune germanique de la victoire : S, initiale de *Sieg*. *(Photo Axel von Graefe.)*

Le S runique sera repris comme écusson officiel de la 12e Panzerdivision SS *Hitlerjugend*. *(Document* "Der Freiwillige".)

En temps de paix, la jeunesse hitlérienne s'inspire des méthodes du scoutisme et rassemble les adolescents de toutes les classes sociales, pour leur faire découvrir la vie dans la nature. *(Photo Harald Jahrl.)*

Dès le début de la guerre, tous les garçons de la jeunesse hitlérienne reçoivent une préparation militaire intensive et apprennent à se servir d'un fusil, sous les ordres d'instructeurs de la Wehrmacht. *(Photo Sud-deutscher Verlag.)*

Très vite, apparaissent sur les murs des villes allemandes, des affiches de recrutement pour la Waffen SS, spécialement destinées aux volontaires de la jeunesse hitlérienne : *Auch Du!* (Toi aussi!). Affiche reproduite en carte postale et largement diffusée dans les écoles.

Naguère, ils défilaient à Nuremberg, en portant les bannières de la jeunesse du IIIe Reich. *(Photo Harald Jahrl.)*

En juin 1944, ils s'apprêtent à monter en ligne sur le front de Normandie, chargés de leur paquetage de guerre. *(Photo "Wenn alle Brüder schweigen".)*

Prestation de serment de jeunes recrues de la *Hitler-jugend,* sur l'épée tenue par un officier. *(Collection Bender.)*

Certains volontaires arborent encore, sur l'uniforme SS, le brassard de la jeunesse hitlérienne. *(Collection Bender.)*

Sepp Dietrich, commandeur de la *Leibstandarte Adolf Hitler,* et Fritz Witt, commandeur de la *Hitlerjugend,* entourés d'officiers de la Waffen SS et de cadres de la jeunesse hitlérienne, assistent à une manœuvre lors de l'entraînement de la division en Belgique. *(Photo "Signal".)*

Brigadeführer Fritz Witt, premier chef de la division *Hitlerjugend*, tué dès le début de la bataille de Normandie. *(Photo "Der Freiwillige".)*

Sturmbannführer Max Wünsche, commandant du régiment blindé de la division, un des rares chefs survivants. *(Photo "Der Freiwillige".)*

Obersturmbannführer Kurt Meyer, surnommé "Panzermeyer", commandeur de la division *Hitlerjugend* en Normandie. *(Photo "Der Freiwillige".)*

L'Obergruppenführer Sepp Dietrich, chef de la "Vieille Garde", aimait à se faire photographier en compagnie de grenadiers de la "Jeune Garde", dont les visages sont maculés de peinture de camouflage et les traits durcis par les fatigues des premiers combats. *(Photo "Signal".)*

Les chefs des trois régiments de choc de la division *Hitlerjugend* : Max Wünsche (12e régiment blindé SS), Kurt Meyer (25e régiment d'infanterie SS) et Wilhelm Mohnke (26e régiment d'infanterie SS), avant la bataille. *(Photo Kratschner.)*

Pour tous les combattants allemands du front de Normandie, le premier danger vient du ciel. *(Document Bibliothèque nationale.)*

De jeunes grenadiers de la division *Hitlerjugend* reçoivent les ordres d'un sous-officier, avant de partir pour une contre-attaque dans un des villages au nord-ouest de Caen dont viennent de s'emparer les Canadiens. *(Photo "Der Freiwillige".)*

Très rapidement, le front de Normandie, sous les bombardements de l'aviation et de la marine alliées, devient un enfer. *(Dessins de Wilhelm Petersen.)*

Un char Tigre en position au milieu des ruines.

Devant l'église Saint-Jean dans le centre de Caen.

Une Volkswagen tout-terrain roule vers le front.

Les combats se déroulent aux portes de la ville.

L'infanterie SS vient de reprendre un village.

Ultime rassemblement avant un nouvel assaut.

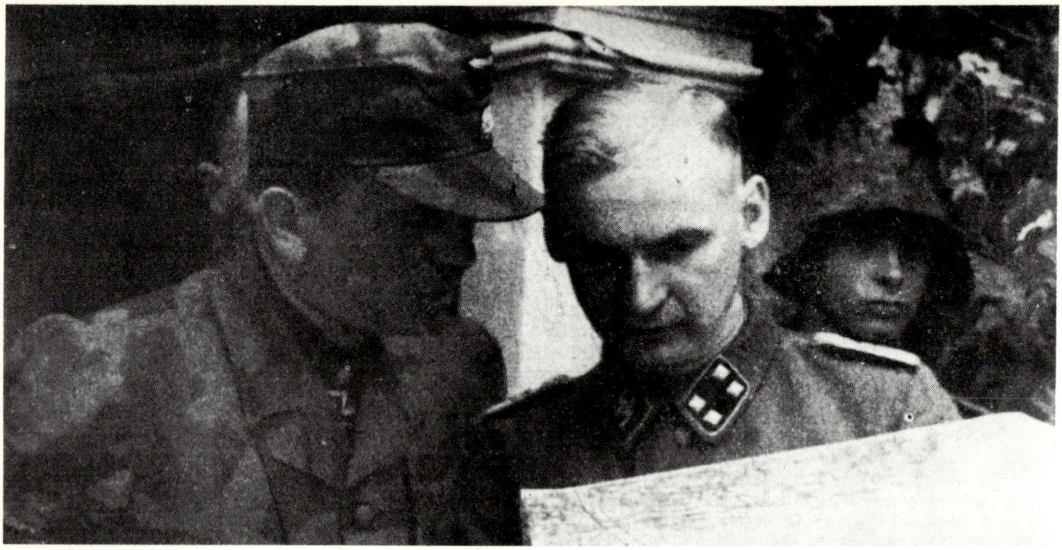

“Panzermeyer”, en casquette de camouflage, examine la carte des opérations avec son chef d'état-major, le Sturmbannführer Hubert Meyer. *(Photo “Der Freiwillige”.)*

Sturmbannführer Bernhard Krause, chef du premier Kampfgruppe après la prise de Caen, tué au combat en Hongrie en février 1945. *(Photo Kratschner.)*

Hauptsturmführer Michaël Wittmann, chef de compagnie au 501e bataillon de chars lourds de la Waffen SS, tué au combat en Normandie, après avoir personnellement détruit 138 chars et 132 canons, sur le front de l'Est comme sur le front de l'Ouest. *(Photo “Waffen SS im Einsatz”.)*

Sturmbannführer Hans Waldmüller, chef du second Kampfgruppe lors des combats de Falaise, tué dans une embuscade de la résistance belge en septembre 1944. *(Photo Kratschner.)*

Une mitrailleuse lourde en position dans un champ de blé. *(Photo "Der Freiwillige".)*

Une pièce de PAK attend l'attaque des chars canadiens. *(Photo "Der Freiwillige".)*

Un canon léger anti-char, posté dans une cour de ferme normande, vient de faire feu. *(Photo "Waffen SS im Bild".)*

Un officier blessé à la tête reçoit le compte-rendu d'une patrouille entre les lignes. *(Photo "Signal".)*

Unterscharführer Emil Dürr, le "kamikaze" de la division *Hitler-jugend,* mortellement blessé en plaquant avec son corps une mine contre le blindage d'un char ennemi. *(Photo Kratschner.)*

Le chef de la jeunesse du Reich, Arthur Axmann, remet lui-même des croix de fer à des volontaires de la division *Hitlerjugend. (Photo Suddeutscher Verlag.)*

Jeunes grenadiers décorés de la croix de fer entre deux combats de la bataille de Normandie. *(Photo "Signal".)*

"Panzermeyer" au combat. *(Document famille Meyer.)*

La tombe du commandeur de la division *Hitlerjugend. (Photo "Der Freiwillige".)*

sa division. Il risque d'être lui-même pris au piège. Il n'y a qu'une solution, un ultime espoir : les Panzers du régiment blindé rassemblés près de Rauray.

— A-t-on rétabli la liaison avec l'Obersturmbannführer Wünsche ?

— Les téléphonistes ont réussi à tendre un câble.

— En pleine mitraille ! Quel exploit !

Max Wünsche semble toujours aussi calme et rassure son vieux camarade :

— Ecoute, Kurt, je suis responsable de Rauray. Alors, je tiens toujours. Bien entendu, je vois des blindés alliés me déborder à droite et à gauche. Mais chaque fois qu'on se frotte à mon hérisson, je te garantis qu'il pique encore...

— Tu peux tenir à Rauray, Max ?

— Je l'espère, Kurt. Et toi, à Verson ?

— Je vais me débrouiller. Mais impossible de rien commander dans cette pagaille. Alors, je vais aller me battre avec les gars de la compagnie d'escorte divisionnaire.

— Tu es incorrigible...

Panzermeyer s'empare d'un pistolet-mitrailleur et prend la tête des grenadiers, interloqués de voir le commandeur de la division venir faire le coup de feu au milieu d'eux. Autour de lui, commencent à s'agglutiner des éléments de résistance surgis de la bruine glaciale comme des fantômes. Voici quelques blindés et même deux canons de PAK.

Le grondement des chars ennemis se renforce. Le brouillard étouffe parfois les bruits de moteur. Mais quand ils résonnent à nouveau, ils semblent de plus en plus proches. D'un instant à l'autre, les blindés vont surgir. Les SS serrent contre leur poitrine les Panzerfaust qui restent leur seule arme pour affronter l'assaut des blindés.

— Les voici !

Les Sherman jaillissent du brouillard en quelques secondes. Ils apparaissent immenses, luisants de pluie, comme des monstres antédiluviens sortis de leur fange. Leurs canons crachent des flammes comme les dragons des vieilles légendes germaniques.

Un Panthère explose. Ses camarades le vengent aussitôt et expédient à la ferraille plusieurs Sherman. Dans les deux camps, les hommes des équipages sont brûlés vif. L'air sent la chair grillée.

Deux blindés britanniques ont réussi à franchir tous les barrages. Ils s'approchent en grondant des quelques dizaines de survivants de la compagnie divisionnaire. Deux grenadiers les attendent derrière une haie. Malgré leur masque de sueur et de poussière, ils gardent des visages d'adolescents. Ils n'ont certes pas plus de dix-sept ans l'un comme l'autre. Les chars approchent. Ils sont à quelques mètres, dominant le paysage de leur masse d'acier.

— A toi, le premier.

Un des jeunes SS bondit, une mine à la main, et la plaque sous la chenille du char, comme on l'enseigne à l'exercice. Il roule dans le fossé, de l'autre côté de la route. Son camarade bondit, le Panzerfaust à l'épaule, vise le second char à quelques mètres et le fait sauter d'un coup en pleine tourelle. Puis il rejoint son camarade en courant.

— Je l'ai eu !

— Moi aussi !

Ils sont essoufflés, ravis, mais commencent à sentir, après ce bref combat, la peur leur nouer le ventre. Ils reviennent lentement de ce voyage de l'autre côté de la vie. Les chars s'immobilisent, laissant échapper une lourde fumée noire. Deux hommes d'équipage sortent en titubant et se dirigent vers les SS, les bras en l'air.

Ils semblent à peine plus âgés que ceux qui viennent de les mettre hors de combat. Eux aussi ont des joues roses, des yeux bleus et des cheveux blonds que la sueur et la pluie plaquent sur le front.

L'attaque canadienne continue. L'infanterie d'accompagnement escorte les chars et débusque les Allemands avant qu'ils ne puissent se servir des Panzerfaust et des mines. Les SS sont découverts les uns après les autres. Une brève rafale et ils s'écroulent, foudroyés dans leur trou individuel. Parfois, un isolé, abasourdi, est fait prisonnier avant même de réaliser que l'ennemi a depuis longtemps dépassé sa position.

A l'arrière, les canons allemands se taisent les uns après les autres. Il n'y a plus de munitions désormais.

Les chars alliés avancent, écrasant tout sur leur passage. Les chenilles enfoncent dans la terre normande les membres disloqués et les armes fracassées. Il pleut. Il pleut de plus en plus. La pluie et le sang forment une boue innommable.

De lourds nuages sombres roulent dans le ciel gris. Le vent secoue les branches des arbres effeuillés par le souffle de la guerre, qui les tue plus sûrement que la morsure de l'hiver. Les canons tonnent sans arrêt, dans un grondement continu.

Panzermeyer et les soldats qui l'entourent se sont tapis au creux des haies. Le colonel a troqué son pistolet-mitrailleur pour un Panzerfaust et s'apprête à vendre chèrement sa vie. Un nouveau Sherman s'approche, comme pour l'écraser.

Un aboiement rauque. Le char ennemi s'immobilise. Le tube de 88 d'un blindé allemand apparaît au creux d'un bosquet. Les grenadiers saluent le Tigre qui vient de leur sauver la vie. Le Panzer continue d'envoyer quelques obus bien ajustés. Les assaillants n'insistent pas, bifurquent et se dirigent sur Mouen.

Panzermeyer regagne enfin Verson. A moins de deux cents mètres de son poste de commandement, les agents de liaison de l'état-major ont réussi à détruire deux chars alliés qui achèvent de brûler au bord de la route.

Hubert Meyer accueille avec soulagement son chef :

— Où étiez-vous donc disparu, Standartenführer ?

— Je voulais conduire moi-même au combat la compagnie d'escorte divisionnaire. Quelles sont les nouvelles ici ?

— L'Obergruppenführer Dietrich vous demande de quitter Verson et d'établir votre poste de commandement plus en arrière des lignes.

— Impossible. Je dois rester au milieu de mes hommes au combat. D'ailleurs, il n'y a même plus de lignes de front...

Pendant toute la nuit du 26 au 27 juin, Kurt Meyer et Hubert Meyer vont travailler, à la lueur d'une bougie, pour préparer de nouvelles positions de défense. La division *Hitlerjugend* doit se replier sur une ligne de résistance assez solide pour verrouiller encore la route de Caen.

L'offensive alliée se poursuit. Mais des points de résistance allemands, complètement encerclés, subsistent encore. L'ennemi n'a pas réussi à s'emparer de Grainville. A la tête d'une compagnie de Panthères, le Hauptsturmführer Siegel repousse attaque sur attaque. Brûlé grièvement aux mains et au visage, il continue à commander son unité. Il résiste à quatre assauts successifs des chars britanniques. Puis il envoie un ordre incroyable :

— En avant !

Les derniers chars Panthères de sa compagnie s'élancent.

La nuit du 26 au 27 juin se termine. Dans leurs trous, les grenadiers du 26ᵉ régiment ont réussi à sommeiller quelques heures. Le tonnerre de l'artillerie alliée les a réveillés brutalement. Le ciel semble leur tomber sur la tête, tant est grande la densité des canons ennemis.

Le village de Saint-Manvieu n'est plus que ruines, incendies et gravats. De nombreux grenadiers ont été déchiquetés dans leur trou individuel par des obus arrivés de plein fouet. Toutes les lignes allemandes sont désorganisées. Les emplacements de mitrailleuses et de mortiers ont été démantelés. Les stocks de munitions ont sauté les uns après les autres. Il n'y a plus une seule ligne téléphonique vers l'arrière.

Les jeunes SS du 26e régiment vont se battre dans une atmosphère irréelle, au milieu d'une fumée aussi dense qu'un brouillard de novembre. Le village a brûlé pendant toute la nuit. Poutres noircies, décombres fumants, pans de murs qui vacillent à chaque explosion et finissent par s'écrouler dans un nuage de poussière. Personne ne pourrait même dire si le soleil s'est levé, tant les fumées obscurcissent le ciel. Des flammèches volent dans tous les sens, rallument encore d'autres brasiers.

Monotones, lancinants, redoutables, les canons alliés pilonnent toujours les positions allemandes. Les survivants, isolés, abasourdis, se terrent dans leurs trous, recroquevillés sur leur arme. Dans la compagnie lourde du 1er bataillon de Bernhard Krause, l'Unterscharführer Emil Dürr compte les rescapés de son groupe et fait creuser de nouveaux emplacements de batterie.

— Dès que les canons se tairont, annonce-t-il à ses camarades, les chars vont nous tomber dessus.

Le sergent Dürr est un des plus vieux sous-officiers de la division *Hitlerjugend* : il vient d'avoir vingt-quatre ans depuis quelques jours, moins d'une semaine après son arrivée sur le front de Normandie. Un visage carré aux yeux profondément enfoncés, le menton lourd, la parole brève, tout chez lui indique le chef exigeant, efficace. Il se bat depuis la Pologne dans les rangs de la Waffen SS et fait partie de ces cadres que la *Leibstandarte Adolf Hitler* a cédés à la Jeune Garde lors de sa création en 1943. Dürr porte déjà les croix de fer de première et de deuxième classe, gagnées sur le front de l'Est. Chef de pièce, il a sous ses ordres une dizaine de très jeunes volontaires, pour qui il se veut tout autant le dur gradé que le grand frère. Lui aussi, avant la guerre, a participé comme eux aux feux de camp de la Jeunesse hitlérienne.

Maintenant, le jour s'est levé. Et soudain, à travers la poussière, la fumée, la brume, surgissent les chars canadiens. Ils se dirigent sur Saint-Manvieu de toute la vitesse de leurs moteurs. Quinze chars ennemis, blindage contre blindage, écrasent tout sur leur passage. Ils foncent droit devant eux. Après avoir crevé le front, ils arrivent devant le poste de commandement du 1er bataillon du 26e régiment. Le Sturmbannführer Krause et tout son état-major risquent d'être écrasés, capturés...

Des blindés ennemis s'embusquent derrière le mur qui entoure le parc où se trouve le poste de commandement. On entend le bruit de leurs moteurs. Ils approchent.

— Ils viennent aussi par là, Unterscharführer !

Un des grenadiers désigne une haie. Derrière, on aperçoit les tourelles des chars qui émergent d'un champ de blé.

Dans quelques instants, le centre vital du bataillon de Bernhard Krause sera anéanti. Privées de leur chef, les compagnies ne pourront tenir bien longtemps. La position sera entièrement submergée.

Tous les gradés de la division *Hitlerjugend,* même les simples sous-officiers de troupe, savent bien que le front n'a pas de secondes lignes. Si les Canadiens arrivent à percer, leurs chars pourront atteindre l'Orne, le dernier pont intact près de Saint-André et même la route de Caen à Falaise. La capitale de la Normandie occidentale sera alors presque totalement encerclée, absolument indéfendable. La chute de Caen signifiera pour les Allemands la perte de la bataille de Normandie. Rien ne pourra plus alors empêcher le reflux.

Mais qui peut encore défendre le poste de commandement du 1er bataillon ? L'Unterscharführer Dürr, qui assure avec son groupe la protection rapprochée de l'état-major, n'a avec lui qu'une dizaine d'hommes et ils n'ont aucune arme lourde contre les chars.

Une fusillade s'engage. Des tireurs d'élite allemands, nichés dans la haie, derrière le mur et jusque dans les arbres du parc, essaient d'abattre les gradés ennemis qui commandent l'assaut.

Les équipages des chars referment les écoutilles avec un bruit sec. Le plus dur de la bataille va commencer. Les grenadiers qui entourent Emil Dürr sentent leur poitrine se nouer.

— Ecoutez, Unterscharführer.

Ils entendent dans le lointain le grondement d'autres chars qui se dirigent vers eux et vont encore renforcer l'attaque ennemie.

— Il va falloir les arrêter avec nos Panzerfaust, décide Dürr qui vérifie d'un coup d'œil que tous ses hommes se tiennent prêts à bondir. Mais des hurlements de terreur jaillissent soudain :

— Regardez ce qui arrive !

Le sergent sursaute : un char lance-flammes débouche, juste devant l'entrée du parc, et s'apprête à transformer toutes les positions de la défense allemande en autant de brasiers.

— J'y vais, dit seulement Dürr.

Le sous-officier s'est emparé d'un Panzerfaust et commence à courir vers l'énorme blindé. Impossible d'attaquer de front. D'ailleurs, les périscopes du bord surveillent la campagne sur trois côtés. Il faut trouver l'angle mort. Dürr saute par-dessus un mur et essaie d'approcher le char sans se faire repérer. Quand il s'estime enfin à bonne portée, il se redresse, vise, fait feu. La charge creuse s'éloigne en chuintant, mais manque son objectif.

Le Panzerfaust est l'arme que redoutent le plus les tankistes alliés ; alors, ils redoublent d'attention et commencent à tirer des rafales de mitrailleuses. Emil Dürr ressent un terrible choc dans la poitrine. Il est touché. Il trébuche, tombe à terre, mais ne veut pas abandonner le combat. Il se relève, sans se soucier du sang qui coule de son torse, regagne les positions occupées par ses camarades. Dès qu'ils l'aperçoivent, ceux-ci veulent le porter à l'abri et lui poser un pansement :

— Vous êtes blessé, Unterscharführer. Il faut aller vous faire soigner.

— Donnez-moi un autre Panzerfaust, répond seulement Dürr

d'un ton sans réplique. Il faut foutre ce maudit char lance-flammes en l'air !

Ses hommes lui tendent un second tube à charge creuse. Le sous-officier refuse à quiconque de l'accompagner. Un bon tireur de Panzerfaust doit se battre seul. Il saute à nouveau le mur en grimaçant de douleur, s'approche du char en recherchant toujours l'angle mort, fait feu.

Cette fois, le blindé canadien est touché. Les engrenages patinent dans le vide : une des chenilles a été brisée par l'explosion. Le char ennemi est enfin immobilisé, mais aucun organe vital n'a été touché. La tourelle continue de tourner, faisant jaillir des gerbes de flammes.

Le sergent rejoint pour la seconde fois les hommes de son groupe :

— Bravo, Unterscharführer, vous l'avez eu !

— Pas encore, bougonne le sous-officier. Passez-moi donc une mine magnétique.

Un autre gradé, l'Unterscharführer Förster, qui lui sert d'adjoint, intervient brusquement :

— Ça suffit, Emil. Tu saignes. Va te faire panser.

Dürr ne regarde même pas son anorak de camouflage trempé de sang. Cette mauvaise blessure à la poitrine ne compte pas pour lui.

— Le char ennemi doit sauter ! dit-il seulement.

Pour lui, il ne s'agit pas d'un exploit, mais d'une évidence. On ne peut pas laisser cette menace à quelques mètres du poste de commandement du bataillon.

Pour la troisième fois, Emil Dürr saute par-dessus le mur d'enceinte, recommence sa manœuvre d'approche. Tous les tankistes ennemis doivent être aux aguets. Mais il ne se soucie que de courir, le plus vite possible, courbé en deux, sa grosse mine circulaire à la main.

Cette fois, il ne s'agit pas de tirer le char au Panzerfaust, à quelques mètres. Il faut arriver jusqu'à lui, toucher son blindage pour y coller la charge mortelle. Manœuvre d'une folle témérité qui ne réussit en général qu'à l'instruction dans la cour d'une caserne ou sur le champ de manœuvre.

Dürr s'approche du char immobile. Il ne lui reste que quelques pas. Un dernier bond. Il se colle contre la masse d'acier immobilisée. Le ronronnement du moteur couvre les battements de son cœur qui cogne follement dans sa poitrine ouverte.

Le sous-officier pose la charge contre le blindage et repart en courant rejoindre ses camarades. Il n'a pas fait quelques mètres qu'il entend un choc : la mine, sans doute mal aimantée, s'est détachée du blindage et vient de tomber sur le sol. Elle va exploser d'une seconde à l'autre, sans aucun effet.

Alors, Emil Dürr fait demi-tour, saisit la mine qui fuse, s'accroche au protège-chenilles du char, se hisse sur la plate-forme. Le voici à bord du blindé ennemi. Il n'a que le temps de plaquer l'engin de mort entre sa poitrine et la tourelle. Il ne reste plus qu'une fraction de seconde.

La mine explose brutalement. Une gerbe de flammes. Le sergent est aveuglé, déchiqueté, blessé à mort. Il se laisse rouler à terre.

Fasciné par son exemple, l'Unterscharführer Förster a bondi à son tour. Il attrape le corps mutilé de son camarade et parvient à le tirer à l'abri du mur d'enceinte.

Emil Dürr n'est pas mort. Mais il a toute l'épaule déchiquetée et la poitrine ouverte par la déflagration. Entre ses côtes brisées, on voit une masse rougeâtre. Son cœur s'affole, mais il reste d'un calme étrange. Il accepte une cigarette et aspire avec avidité la fumée. On voit dans l'horrible blessure ses poumons trembler à chaque bouffée. Il finit par demander d'une voix presque inaudible :

— Est-ce que le blindé est détruit ?

— Ne t'en fais pas, Emil, dit Förster. Celui-là ne nous fera plus de mal.

Les autres chars canadiens n'osent pas poursuivre leur offensive. Le poste de commandement du 1er bataillon du 26e régiment est sauvé.

Le Sturmbannführer Bernhard Krause fait porter Emil Dürr dans un creux de terrain, à l'ombre des basses branches d'un des arbres du parc. Le blessé a l'épaule et la poitrine entourées de bandages qui ne parviennent même pas à étancher tout son sang qui jaillit par saccades. Dürr reste silencieux, il ne fume plus. Il regarde ses camarades avec calme. C'est incroyable, mais il sourit.

Sa main gauche attrape une touffe d'herbe qu'il porte à ses lèvres comme s'il voulait embrasser la terre normande où il va bientôt reposer à jamais.

— Saluez ma femme et ma fille, dit-il seulement.

Il ne dira plus rien désormais. Il s'enferme dans le silence de son sourire. Ses yeux clairs ne se ferment pas. Pas encore. Il veut mourir les yeux ouverts. Il respire de plus en plus vite, de plus en plus fort.

Puis il ne respire plus.

L'Unterscharführer Emil Dürr sera le premier sous-officier de la division *Hitlerjugend* à être promu chevalier de la croix de fer.

Grâce à son sacrifice, en cette matinée du 27 juin, les chars canadiens n'ont pas réussi à s'emparer du poste de commandement du 1er bataillon et à déborder les positions du 26e régiment. L'initiative et le courage d'un homme seul ont sans doute retardé de plus de dix jours la prise de Caen.

13.

Le 27 uin 1944 voit se dérouler de durs combats. Malgré l'obstination de Max Wünsche, Rauray tombe à la fin de la journée.

Les Alliés poursuivent leur avance « dans la foulée » et parviennent à établir une solide tête de pont sur les rives de l'Odon. La manœuvre d'encerclement de Caen par le sud-ouest se précise.

Une fois encore, le poste de commandement de la division *Hitlerjugend* à Verson se trouve directement menacé. Téléphonistes, plantons, secrétaires, chauffeurs de l'état-major forment une unité de marche improvisée. Ils perçoivent quelques bandes de mitrailleuses et surtout des Panzerfaust. Rapidement, ils s'établissent en bouchon défensif sur les bords de l'Odon, près du village de Fontaine-Etoupefour.

La maison où le Commandeur a établi son poste de commandement n'est plus qu'une ruine branlante. L'état-major doit travailler dans la cave. Mettre le nez dehors équivaut de plus en plus à un suicide. Quelques guetteurs se dissimulent derrière des tas de pierres. Ils sont couverts de gravats et se frottent les yeux après chaque explosion, pour essayer encore d'apercevoir ce qui peut survenir dans ce chaos brumeux.

A chaque instant, peuvent déboucher des chars ennemis. Et

il ne reste que quelques Panzerfaust pour les arrêter. L'atmosphère évoque « les dernières cartouches ».

Des agents de liaison arrivent en courant au poste de commandement de la division. Les mauvaises nouvelles s'accumulent :

— L'ennemi vient d'établir une seconde tête de pont sur l'Odon, dans la région de Gavrus !

— Nos artilleurs n'ont plus de munitions !

— Les liaisons sont coupées avec toutes les unités au contact de l'ennemi. Chaque bataillon de grenadiers doit se battre isolé.

Panzermeyer voit très bien se dessiner le grand mouvement tournant des Britanniques. Une fois franchi l'Odon, les blindés ennemis vont se ruer vers la route de Caen à Falaise, la dépasser, s'emparer des ponts sur l'Orne. Alors, la capitale de la Normandie occidentale tombera entre les mains des Alliés. La prise de Caen peut survenir dans quelques heures.

La situation risque de devenir désespérée.

A l'ouest de la route de Caen à Falaise, il n'existe qu'un point fort où puisse encore s'amarrer la résistance. C'est une colline de faible hauteur, mais qui domine la plaine de Caen ; elle porte sur la carte d'état-major un simple chiffre, indicatif de son altitude : c'est la cote 112.

Le régiment blindé de la division *Hitlerjugend* reçoit au soir du 27 juin l'ordre d'occuper la cote 112. De ce régiment à deux bataillons de chars, il ne reste plus qu'une seule compagnie disponible. Durement éprouvée lors des derniers combats, elle ne compte plus que quelques blindés servis par des équipages fourbus.

Panzermeyer doit se résoudre à quitter Verson. Il établit son poste de commandement dans les faubourgs situés à l'ouest de Caen. L'Obergruppenführer Dietrich lui promet par téléphone de bientôt relever sa division, épuisée.

— Je sais tout ce qu'ont fait tes garçons de la *Hitlerjugend*, annonce le célèbre « Sepp ». Ils sont à bout de souffle. Mais j'ai enfin obtenu des renforts. Des troupes fraîches vont prendre en charge ton secteur. Les divisions *Hohenstaufen* et *Frundsberg* arrivent enfin de Pologne. La *Leibstandarte Adolf Hitler* en provenance de Hollande sera engagée dès demain.

— Il est bien tard, Obergruppenführer. Et aucune de ces unités ne constitue une véritable Panzerdivision. Toutes manquent de personnel, de matériel — de mordant, aussi, car elles arrivent saignées à blanc par les combats du front de l'Est.

— Il faut se battre avec ce que nous avons. Essaie de tenir encore l'aérodrome de Carpiquet et la cote 112. Encore quelques heures, Kurt. La nuit sera longue, mais demain il fera jour...

Le lendemain, 29 juin, il fait jour. Et grand beau temps. Les Jabos alliés peuvent reprendre leur ronde infernale. Ils surgissent du ciel clair et piquent sur tout ce qui bouge. Ils tournent au-dessus des positions allemandes comme des essaims de guêpes énervées par l'approche de l'orage.

Tout explose ! Les gros canons automoteurs jaillissent, disloqués, vers le ciel. Les camions chargés de munitions se dispersent dans des gerbes d'étincelles et d'éclats, des ambulances brûlent avec leurs blessés. Les projectiles s'acharnent interminablement sur les cadavres mutilés qui tressaillent sous les impacts, comme renaissant à la vie pour périr à nouveau, mannequins désarticulés et pitoyables.

Les blindés de la *Hitlerjugend* qui occupaient la cote 112 ont été relevés par des Panzers du 2e corps blindé SS qui viennent d'arriver en Normandie sous les ordres de l'Obergruppenführer Paul Hausser. Mais les Britanniques attaquent au même instant. Ils repoussent leurs adversaires et s'emparent de la position.

Le bataillon d'obusiers lourds du 12e régiment d'artillerie SS tente un tir de barrage. Les salves partent les unes après les autres. La colline s'empanache de fumée. Mais les Britanniques s'accrochent et ne veulent pas lâcher leur conquête. La cote 112 devient le cœur même de la bataille.

Au soir du 29 juin, Max Wünsche reçoit l'ordre qu'il redoutait depuis quarante-huit heures.

— Tu reprendras la cote 112 demain à l'aube, lui annonce Panzermeyer.

La cote 112 constitue un observatoire de premier ordre. De cette hauteur, on domine toute la plaine de Caen et la vue porte jusqu'aux premières collines du Bocage et de la Seine normande. Dès qu'ils sont parvenus à s'emparer de cette position clé, les Britanniques ne cessent de s'y fortifier. Les hommes de la 8e Rifle Brigade qui ont donné l'assaut à la colline sont renforcés par des fantassins, des artilleurs antichars, des mitrailleurs. Le bois, aux arbres mutilés par les explosions, qui couronne la hauteur est rapidement truffé de points d'appui, de pièges, de nids d'armes automatiques.

Mais la contre-attaque des divisions de la Waffen SS, enfin rameutées de Hollande et de Pologne, ébranle tout le dispositif britannique. La grande offensive alliée contre Caen marque le pas. Bientôt, la cote 112, conquise au prix de tant de sang, va se trouver isolée. Le commandement allié a besoin de ses blindés des Royal Tanks pour constituer une réserve mobile, prête à intervenir si les Panzers de Hausser et de Dietrich parviennent à pousser leur contre-attaque et à crever le front allié au sud de Caen.

Dès l'aube du 30 juin, les batteries allemandes concentrent leur feu sur la cote 112. Tous les tubes sont de la partie : les canons, les mortiers lourds, les lance-fusées que la Wehrmacht nomme « Nebelwerfer » et qui s'apparentent aux fameux « orgues de Staline » soviétiques, terreur des combattants du front de l'Est.

Les fusées, les torpilles, les obus tombent par rafales serrées sur la colline aux arbres déchiquetés. Les Britanniques sont blottis dans leurs tranchées et leurs trous, assommés par ce terrible bombardement. Jamais ils n'auraient cru les Allemands capables d'une telle concentration d'artillerie. Comment tant de pièces ont-elles pu échapper aux Jabos qui bourdonnent sans cesse dans le ciel ?

Les explosions succèdent aux explosions. La cote 112 commence à prendre un aspect lunaire, avec ces cratères de bombes, cette poussière grise, ce paysage brutalement dépouillé de sa verdure par les déflagrations et les incendies. Les arbres s'abattent, se fendent, brûlent. Des blessés hurlent. Partout, gisent des corps disloqués, des mitrailleuses aux canons tordus, des canons antichars au bouclier d'acier criblé d'éclats.

— Les Allemands arrivent !

Les Britanniques survivants à la terrible préparation d'artillerie écarquillent les yeux dans le brouillard épais qui couvre toute la campagne entre l'Orne et l'Odon, en ce matin du 30 juin. Ils entendent un grondement de chars. Mais ils n'arrivent même pas à le localiser, tant ils sont abasourdis par le bombardement et tant cette épaisse brume étouffe tous les sons.

L'Obersturmbannführer Wünsche mène lui-même ses Panzers à l'attaque. Des deux bataillons de son régiment blindé, il n'a réussi à rameuter que quelques Panthères. Mais il a reçu l'ordre de reprendre la cote 112 et rien ne pourra l'arrêter. Il se dirige vers le pied de la colline. Le brouillard protège l'attaque allemande. De longues volutes cotonneuses semblent s'accrocher aux longues volées des pièces de 88.

Max Wünsche ordonne par radio à ses chefs de char de s'arrêter :

— Attendez la fin du bombardement. Et ensuite, à mon commandement, vous foncerez droit devant à toute vitesse.

C'est sa vieille tactique d'attaque. Combien de fois, sur le front de l'Est, en a-t-il vérifié la redoutable efficacité. Ne jamais laisser à l'adversaire le temps de se ressaisir, le bousculer de toute la masse de son blindage, de tout le feu de son canon et de ses mitrailleuses.

Maintenant, l'un après l'autre, les obusiers et les mortiers se taisent. La préparation d'artillerie se termine. C'est l'heure de l'assaut.

— En avant ! lance Max Wünsche par radio.

Les chars allemands démarrent d'un même élan. Ils attaquent tous ensemble la pente, dans le ronflement puissant des moteurs lancés à plein régime.

Les Panthères de la *Hitlerjugend* gravissent la colline. Ils tirent obus sur obus.

Les artilleurs britanniques bondissent sur leurs pièces antichars et essaient d'arrêter la ruée des blindés de Max Wünsche. Mais il est trop tard. Lancés à toute allure, les Panzers arrivent au sommet de la cote 112, écrasent tout sur leur passage. Pas un seul canon n'est assez puissant ni assez rapide pour les arrêter.

Voici les chars allemands parvenus sur leurs objectifs. Des rafales de mitrailleuses retentissent. Les Britanniques ont truffé le sommet de la colline de pièces lourdes. Mais les balles ricochent contre les blindages, sans faire d'autre effet que des gouttes de pluie sur une plaque de tole chauffée à blanc.

Le brouillard enveloppe toujours la région. Au sommet de la cote 112, il reste dense, enfermant les combattants dans ses pièges.

Les défenseurs de la position sont tirés à bout portant par les mitrailleuses de bord. Les blindés allemands les écrasent dans leurs trous, allant et venant à plusieurs reprises sur des abris qui se transforment en tombeaux. Les fusiliers de la Rifle Brigade semblent rentrer dans la terre. Ils continuent pourtant à se battre jusqu'au bout. Les SS trouvent en face d'eux des hommes aussi courageux et aussi résolus qu'eux-mêmes. Allemands et Anglais doivent en venir au corps-à-corps. Ils se prennent à la gorge, se battent au coutelas et à la pelle de tranchée.

Les Panthères dépassent le sommet, dévalent la contre-pente, s'embusquent dans les creux et sous les couverts. Les chars de

Max Wünsche sont les maîtres absolus de la cote 112. Dans leur sillage, l'infanterie d'accompagnement commence à nettoyer le terrain. Abasourdis, souvent blessés au cours du bombardement ou de la brève bataille, les Britanniques sont débusqués. La plupart vont mourir, au fond de leur trou, criblés de balles. Quelques-uns acceptent de se rendre et lèvent les bras, stupéfaits d'avoir cédé si rapidement une position qu'ils avaient mis près d'une journée à conquérir.

La nuit ne va pas tarder à tomber. Du haut de la cote 112, les vainqueurs de ce rude engagement aperçoivent la plaine de Caen qui sombre peu à peu dans la nuit.

On distingue à peine, dans le crépuscule, la masse sombre de la grande cité normande, les cours sinueux de l'Orne et de l'Odon, les herbages incendiés, les routes encombrées d'épaves, les champs inondés et dévastés.

Sur la cote 112, les hommes de Max Wünsche, vainqueurs épuisés par leur si fragile victoire, ont enfin quitté leur prison d'acier. Ils allument nerveusement quelques cigarettes. Tout autour d'eux, s'étend un spectacle de désolation et de ruine. Des chars flambent, des véhicules de transport blindés gisent sur le dos, les roues déchenillées en l'air. Partout des armes brisées, des cadavres, des blessés exsangues.

La nuit arrive lentement. Les hommes se sont entre-tués au plein de l'été. Après le brouillard de la matinée, le ciel s'est un peu dégagé. On aperçoit la lourde masse de nuages sombres courant sur l'horizon des collines, là-bas vers le sud, vers le Bocage où la guerre et la mort vont désormais déboucher.

Max Wünsche a réussi à garder la liaison radio avec Panzermeyer. Il lui a annoncé tout à l'heure, laconiquement, avec une sorte d'amertume :

— Objectif atteint.

Il est de nouveau maître de la cote 112. Mais pour combien

de temps ? Mais à quel prix ? Le chef du 12e régiment blindé SS vient encore de perdre de nombreux camarades.

Et il sait que rien, désormais, ne pourra empêcher, tôt ou tard, l'inéluctable poursuite de l'offensive alliée. Pourtant, pour quelques jours encore, il a réussi à retarder la fatale échéance.

A moins de dix kilomètres au nord-est de la cote 112, les ruines de la ville de Caen disparaissent dans la nuit. Dans quelques heures, va commencer le mois de juillet. Il ne peut qu'être terrible pour les combattants des deux camps.

14.

Ecossais et Canadiens sont maintenant engagés dans la bataille décisive pour Caen. La capitale de la Normandie occidentale n'est plus qu'un amoncellement de gravats et de ruines où subsistent encore dans les caves quelques civils épuisés. La défense rapprochée de la ville a été confiée à la division *Hitlerjugend*.

L'unité, qui fut naguère la juvénile et orgueilleuse 12e division blindée de la Waffen SS, n'est plus que l'ombre d'elle-même. Les régiments de grenadiers sont réduits chacun à l'effectif d'un bataillon que commandent Milius et Mohnke. Le régiment blindé de Max Wünsche a perdu de nombreux Panthères au cours des combats à l'ouest de Caen. Le régiment d'artillerie est réduit de moitié. Le bataillon de reconnaissance de Gerd Bremer ne regroupe plus qu'une centaine de combattants, et le bataillon du génie a disparu dans la tourmente. Le Standartenführer Kurt Meyer commande désormais une unité disparate, exsangue. Mais les jeunes loups du Führer ont reçu de leur chef suprême un ordre lapidaire. « Caen sera défendue jusqu'à la dernière cartouche », a décidé Adolf Hitler.

Sa Jeune Garde n'a plus qu'une seule consigne : se faire tuer sur place, mais ne pas reculer. Les grenadiers de dix-sept ans vont se battre le dos au mur, accrochés aux faubourgs de la ville dévastée, sans autre espoir que de bien mourir pour leur idéal et leur chef.

Panzermeyer vient d'établir son poste de commandement au milieu de ses hommes. Il veut se trouver parmi eux lors des terribles combats qu'il devine imminents. Le commandeur de la plus jeune division de l'armée allemande ne partage pas le sentiment suicidaire qui semble émaner du quartier général du Führer.

— C'est de la folie ! confie-t-il à son chef d'état-major Hubert Meyer. Il ne s'agit pas de faire stupidement tuer nos garçons sur place pour défendre des tas de pierres. Nous devons épargner leurs vies pour de nouveaux combats.

Tant de sacrifices inutiles l'ont révolté. Sans pourtant entamer un instant son fanatisme. Ancien officier de la garde personnelle d'Adolf Hitler, dès avant la guerre, Panzermeyer ne renie en rien la cause du Reich national-socialiste. Il ne discute que l'efficacité des ordres qu'il reçoit. Pas leur esprit.

— Puisqu'il faut tenir, nous tiendrons. Enfin, tant que ce sera possible...

— Tout va se jouer autour de l'aérodrome de Carpiquet, estime le chef d'état-major. Les Canadiens ne cessent d'y multiplier les patrouilles de reconnaissance pour tâter nos défenses.

— Qu'ils viennent donc se frotter à nos grenadiers. Ils seront bien reçus ! conclut Panzermeyer.

Le village de Carpiquet s'étend entre la voie ferrée de Caen à Bayeux et la piste d'envol de l'aérodrome. La plupart des maisons ont été détruites par l'artillerie et l'aviation, mais leurs ruines offrent de solides positions de résistance. Le 1er bataillon du 26e régiment SS a reçu la mission de défendre Carpiquet. Etrange bataillon désormais que celui du Sturmbannführer Bernhard Krause : ses effectifs ne dépassent pas deux cents grenadiers, y compris quelques blessés légers qui continuent à combattre au milieu de leurs camarades.

— Nous n'avons plus un seul canon de PAK, annonce calmement le commandeur du bataillon à son chef. Mais nous espérons arrêter les blindés canadiens avec des mines.

— Vous aurez un appui de pièces de 88 et quelques Panzers en renfort, lui annonce l'Obersturmbannführer Mohnke. La division m'a aussi promis un soutien de mortiers et de canons d'infanterie.

— Alors, c'est chez moi que se jouera le « grand jeu » pour Caen, conclut le responsable de la défense de Carpiquet.

— Tout le monde en est persuadé.

Il n'y a rien à ajouter. Seulement creuser plus profondément les tranchées, renforcer les fortins improvisés, se reposer dans les trous en attendant l'assaut.

L'attaque doit sans doute venir de Norrey et de Saint-Manvieu, au nord de la route de Caen à Bayeux. Les Canadiens ne cessent de concentrer des troupes dans ce secteur. Du poste d'observation de l'abbaye d'Ardenne, les Allemands distinguent un grouillement continuel de blindés. Quand le vent porte, on entend le grondement des moteurs.

— Il faut faire quelque chose, demande sans cesse Mohnke qui sent la pression s'accentuer sur son régiment.

Un tir de lance-fusées sera dirigé sur la concentration des troupes ennemies. Mais que peuvent quelques rafales de projectiles contre les chars rassemblés en meutes serrées ?

Les fusées passent au-dessus de l'aérodrome, déchirant l'air de leur sifflement. On distingue, de l'autre côté de la route de Bayeux, la fumée des explosions.

— Voilà les renforts promis, annonce Bernhard Krause à son adjoint.

Ils sont cinq chars Panthères, pas un de plus, pour soutenir son bataillon réduit à l'effectif d'une simple compagnie. Cette journée du 4 juillet sera rude. Et Krause n'a même pas cinquante grenadiers dans le village de Carpiquet.

Le bombardement commence. Aux mitraillages des Jabos, succède maintenant la canonnade des grosses pièces de marine. Les bateaux alliés qui croisent au large des côtes du Calvados ont leurs soutes pleines de munitions. Les obus de 380 et de 400 ouvrent d'énormes cratères et bouleversent les fortins improvisés. La terre frissonne sans fin, comme un malade fiévreux. L'air sent la poudre ; une odeur âcre prend à la gorge les défenseurs de Carpiquet.

Le décor est planté : quelques maisons en ruine, des hangars dévastés où se dissimulent les cinq chars du régiment blindé, des tranchées que flanquent des réseaux de barbelés et des champs de mines.

Les Canadiens attaquent.

Les meilleurs régiments sont lancés dans la bataille. Depuis quatre semaines, les jeunes SS ont appris à reconnaître les plus coriaces de leurs adversaires. A Carpiquet, les deux cents défenseurs de l'aérodrome vont combattre contre plusieurs régiments. Voici les fantassins du North Shore, du régiment de La Chaudière et du Royal Winnipeg Rifles. Voici les blindés du Fort Garry Horse. Derrière eux, toute l'artillerie canadienne se déchaîne et pilonne l'aérodrome ainsi que ses abords. Les Allemands sont obligés de se terrer dans leurs abris tant que dure ce bombardement. Dès que cesse le tir, les premiers fantassins ennemis surgissent des couverts et bondissent à l'assaut. Les SS ont déjà gagné leurs tranchées et leurs casemates.

La brume, très épaisse, ne se décide pas à se lever. Les adversaires ne s'aperçoivent qu'au dernier moment. A quelques mètres. Rafales d'armes automatiques et éclatements de grenades signalent la progression ennemie. Panzermeyer vient de rejoindre au poste de commandement du 1er bataillon son vieux camarade de combat Bernhard Krause. Cette bataille défensive ne leur plaît pas, après tant d'années de guerre éclair dans les unités de reconnaissance motocyclistes de la Waffen SS. Mais le vent de la guerre a tourné. Maintenant, la tempête de feu souffle de la Manche.

— Regarde, Bernhard !

— Je n'ai rien vu d'aussi fantastique sur le front de l'Est. C'est un spectacle dantesque. Un char lance-flammes canadien aborde les défenses allemandes, crachant un long jet de feu qui fait disparaître les tranchées et leurs défenseurs sous une énorme vague de feu. Mais le char s'est aventuré dans un champ de mines. Il saute.

Les Canadiens attaquent dans le village de Carpiquet. Trois bataillons d'un millier d'hommes chacun contre une cinquantaine de SS de la *Hitlerjugend*. Cependant, les défenseurs ont aménagé les décombres en casemates. Les gravats retardent l'avance des chars. Leurs chenilles patinent sur des barricades de pierres, de poutres, de meubles. Ils veulent tenter une manœuvre vers le terrain d'aviation. Le claquement des pièces de 88 les décourage. Les Panthères, à leur tour, prennent à partie les blindés canadiens. Le premier assaut semble brisé.

Les chars des assaillants ne peuvent déboucher dans les rues de Carpiquet, encombrées de gravats et fortement tenues par une demi-centaine de grenadiers armés de Panzerfaust. L'un après l'autre, les blindés abandonnent leur tentative et essaient maintenant de déboucher dans la plaine, en direction de la piste d'aviation et des hangars. Dans leurs périscopes, les hommes d'équipage voient se rapprocher les installations de l'aérodrome. Encore quelques minutes, et ils seront maîtres du terrain.

Autour des chars, des petits groupes de fantassins progressent lentement, le doigt sur la détente de leur fusil. Ce sont les Canadiens du Royal Winnipeg Rifles. Eux aussi sont persuadés que Carpiquet va tomber rapidement entre leurs mains. Les Allemands ne se manifestent pas. Le bombardement de l'artillerie alliée les aurait-il anéantis dans leurs trous ? Lors de chaque assaut, les Canadiens ont trouvé ainsi des cadavres couchés sur leurs armes, au creux d'abris dévastés.

Le terrain d'aviation apparaît complètement dégagé. C'est un vrai désert où s'avancent les Canadiens, méfiants devant ce silence insolite. Ils sont à peine à cent mètres des tranchées où se terrent, bien camouflés, les garçons de la division *Hitlerjugend*. Les soldats de Bernhard Krause retiennent leur souffle : dans quelques secondes, chaque balle va compter. Devant eux, le terrain d'aviation s'étend comme un glacis dénudé. Un champ de tir idéal. Chacun ajuste un ennemi.

Les tubes de 88 de la FLAK, qui servent maintenant de canons de PAK, sont pointés sur les chars canadiens. Et, dissimulés dans les hangars, les cinq Panthères de la compagnie blindée s'apprêtent à commencer le tir.

— Feu ! hurlent les chefs de bord.

— Feu ! hurlent les gradés du bataillon d'infanterie SS.

— Feu ! hurlent les chefs de pièce.

Toutes les armes semblent cracher la mort en même temps. Fracas assourdissant. Volée sèche des canons de 88. Courtes rafales rageuses des mitrailleuses MG 42.

Les grenadiers, dès la fin du bombardement, ont quitté leurs abris pour retrouver leurs tranchées d'où ils font pleuvoir sur les assaillants un orage d'enfer. Tout le terrain d'aviation de Carpiquet semble s'embraser d'un seul mouvement.

Les Canadiens se sont jetés par terre, essayant de se dissimuler dans le moindre repli du terrain et même derrière les cadavres de leurs camarades. Ce sont de rudes gaillards qui, passés le premier moment de surprise, s'accrochent et réagissent.

Les Allemands du bataillon Krause encaissent durement cette brutale riposte. Ils ont, eux aussi, des tués, des blessés. On traîne vers le poste de commandement des garçons couverts de sang, avec des mains arrachées, des jambes fracassées, des visages déchiquetés. Impossible de les évacuer en pleine bataille.

Il faut les panser tant bien que mal. Et continuer à se battre.

Panzermeyer se tient toujours à côté de son camarade.

— Les Canadiens gagnent du terrain, fait-il remarquer à Krause. Ils sont en train de s'infiltrer dans le centre du village de Carpiquet.

— Je ne peux pas tenir tout le dispositif.

— Entendu, Bernhard. Alors, il faut s'accrocher en priorité au terrain d'aviation.

— Sois tranquille. De ce côté, on ne reculera pas.

Le commandeur de la *Hitlerjugend* parvient à obtenir la liaison avec le poste de commandement de la division. Dans l'appareil, il reconnaît aussitôt la voix de son chef d'état-major Hubert Meyer, comme une présence rassurante.

— Il faut que notre artillerie tire sur la partie ouest du village de Carpiquet, ordonne Panzermeyer.

— Mais, Standartenführer, c'est une des positions de Krause !

— Plus maintenant, Hubert. Nos hommes ont été obligés de décrocher et de se replier vers l'est. Ils ont besoin d'appui pour enrayer l'avance des Canadiens.

— Bien compris. Je préviens l'artillerie.

— De toute façon, le village de Carpiquet ne tiendra plus longtemps.

— Et le terrain d'aviation, Standartenführer ?

— Pas de crainte de ce côté pour le moment. Les Canadiens sont stoppés.

Une nouvelle ligne de front est en train de s'établir. Le Commandeur prend congé de Bernhard Krause. Réduit à l'effectif d'une simple compagnie, le 1er bataillon du 26e régiment a tenu au-delà de toute espérance.

— Je te quitte, Bernhard. Continue à tenir. Si tu devais sauter, tout Caen sauterait avec toi...

— Sois tranquille.

Panzermeyer retrouve sa petite Volkswagen de campagne à l'abri d'un hangar. Son chauffeur, Erich Holsten, l'attend calmement, aussi tranquille que devant la porte d'un état-major, dans une petite garnison de l'arrière.

— En route, Erich. Tu me conduis au poste de commandement de la division.

La voiture démarre à vive allure. Elle roule entre les éclatements spasmodiques des obus ennemis. L'artillerie ennemie poursuit son tir sur tous les faubourgs situés à l'ouest de Caen, pour essayer d'isoler de leurs camarades les combattants de Carpiquet.

Mais l'artillerie allemande riposte. Les pièces de campagne et surtout les lance-fusés du 1er corps blindé SS entrent en action. Une pluie de projectiles s'abat sur Carpiquet. Quand Panzermeyer arrive à son poste de commandement, un officier des transmissions l'accueille avec un grand sourire :

— Standartenführer, nous venons d'intercepter un message radio du commandant du régiment canadien de La Chaudière. Il annonce la prise de Carpiquet, mais demande à faire aussitôt demi-tour, tant notre artillerie rend la localité intenable. Et il semble avoir bien du mal à décrocher...

Sur les cinquante jeunes SS qui défendaient le village de Carpiquet, il ne reste qu'une vingtaine de survivants. Tous les gradés ont été mis hors de combat, tués ou blessés. Ceux qui ont défendu ces ruines jusqu'à la limite de leurs forces sont pourtant décidés à poursuivre le combat. Ils cherchent une nouvelle mission et s'installent en protection rapprochée de la batterie de 88 qui, tout à l'heure, a bloqué l'attaque des chars.

Les Canadiens restent sur les positions qu'ils ont conquises. Mais les Allemands, désormais, ne cèdent plus de terrain. Les deux adversaires ne bougeront plus jusqu'au 8 juillet. Pendant quatre jours, ils vont se faire face, sans pouvoir, les uns comme les autres, quitter leurs abris et leurs tranchées.

Sur le terrain d'aviation labouré par les obus et dans les ruines de Carpiquet, les adversaires vivent dans une sorte de paysage lunaire.

L'offensive alliée va sans nul doute se développer maintenant dans un autre secteur. Les Britanniques peuvent attaquer du nord. Ils peuvent aussi tenter un grand mouvement tournant par l'est de la ville où leurs parachutistes tiennent l'embouchure de l'Orne depuis le 6 juin. Ils peuvent aussi attaquer par le sud, dans cette plaine que domine la hauteur de la cote 112.

De toute façon, à plus ou moins longue échéance, la grande cité normande est condamnée. Pourtant, le quartier général maintient toujours l'ordre du Führer : « Se battre dans Caen jusqu'à la dernière cartouche. »

Adolf Hitler en est persuadé : qui tient Caen tient Paris. Mais qui tient encore Caen ? Une division d'adolescents épuisés par un mois d'incessants combats.

Au soir du 7 juillet, un énorme grondement remplit le ciel. Un demi-millier de bombardiers alliés attaquent la capitale de la Normandie occidentale.

Les Lancaster et les Halifax larguent deux mille cinq cents tonnes de bombes sur la ville déjà ravagée et à demi détruite. Les rues et les caves sont depuis le début de la bataille vides de soldats allemands. Ce sont les civils normands qui vont à nouveau payer, au prix fort, le tribut du sang.

15.

Le 8 juillet 1944, commence l'ultime assaut sur Caen. Les pièces de campagne et les canons de marine alliés entrent en action dès l'aube. C'est un feu roulant, sans aucune accalmie. Les murs de la cave où se trouve le poste de commandement de la division *Hitlerjugend* ne cessent de frissonner. La poussière tombe sur les cartes déployées.

Le Commandeur et son chef d'état-major sont penchés sur un plan de Caen. Il s'avère impossible de tenir bien longtemps dans la ville attaquée par l'ouest, le nord et l'est.

— La seule ligne de résistance possible se trouve sur l'Orne, remarque Hubert Meyer.

— Je le sais bien, réplique son chef. Mais nous avons l'ordre de tenir sur place. Nous devons l'exécuter.

Panzermeyer laisse passer un moment de silence et ajoute rapidement :

— Nous devons l'exécuter .. tant que ce sera possible.

Désormais, tous les bataillons de la division, réduits pour la plupart à l'effectif d'une compagnie, se trouvent au contact de l'ennemi.

Canadiens et Ecossais attaquent, soutenus par des blindés. Les grenadiers SS se défendent au Panzerfaust et parviennent à bloquer l'ennemi par le tir de leurs armes automatiques.

Le commandeur de la division s'inquiète pour son aile droite où son 25e régiment est flanqué par une division de campagne de la Luftwaffe. « Rampants » et aviateurs se révèlent peu habitués au combat d'infanterie. Ils sont quelques centaines, mal armés, mal instruits, mal encadrés. En face d'eux, toute une division britannique, la 3e d'infanterie, qui se bat depuis plus d'un mois sur la rive occidentale de l'Orne et ne cesse de se montrer accrocheuse et aguerrie.

— Voici un message inquiétant, Standartenführer, annonce Hubert Meyer à son chef. Les aviateurs sont en train de céder du terrain. Tout notre flanc droit va se trouver dégarni.

— Il faudrait envoyer des renforts...

— Vous savez bien que nous n'avons plus personne sous la main. Nos squelettiques unités d'infanterie ont déjà sur le dos une division britannique et une division canadienne.

Le bataillon le plus exposé est le 1er du 25e régiment, celui que commande le Sturmbannführer Hans Waldmüller. Tous les chefs de compagnie sont mis hors de combat les uns après les autres. Le commandeur du bataillon conduit lui-même la résistance, grenadier parmi ses grenadiers.

— Je crois que je peux encore tenir, lance-t-il à la radio. Mais je n'ai plus personne à ma droite. Nos aviateurs ont disparu. Et ce sont les Ecossais qui les remplacent...

La situation semble tout aussi grave pour les deux autres bataillons du 25e régiment. Au 2e, tous les chefs de compagnie sont tombés au combat. Le Sturmbannführer Heinz Schrott prévient l'état-major :

— Je viens de perdre mon dernier officier, le Dr Tiray. Il a détruit lui-même trois Sherman au Panzerfaust. Il vient d'être tué en attaquant le quatrième.

Le Commandeur ne peut que lui confirmer toujours la même consigne :

— Tiens bon. Essaie de ne pas te faire encercler.

Le 3e bataillon du Hauptsturmführer Fritz Steger combat dans les ruines d'Authie et de Buron, qu'il tient solidement depuis le 7 juin. Plus d'un mois à se battre derrière les mêmes pans de murs en ruine. Plus d'un mois à subir les attaques des Jabos et les assauts des Sherman. Plus d'un mois à souffrir, dans les vergers normands, de la soif, de la peur, de la chiasse. Plus d'un mois...

— Tenez encore, ordonne Panzermeyer.

Le commandeur de la division *Hitlerjugend* se soucie de plus en plus du 1er bataillon du 26e régiment. Son chef, Bernhard Krause, ne pourra plus tenir désormais longtemps l'aérodrome de Carpiquet attaqué par les Canadiens du régiment de La Chaudière, du North Shore et du Queen's Own Rifles, soutenus par le régiment blindé Fort Garry Horse. Près de dix mille hommes contre moins de deux cents grenadiers SS !

D'un instant à l'autre, le front peut craquer. La division ne pourra alors lancer dans la bataille qu'une réserve dérisoire : les quinze chars Panthères de la compagnie de l'Obersturmführer von Ribbentrop, le fils du ministre des Affaires étrangères du Reich, grièvement blessé sur le front de l'Est, mais qui a repris la tête de ses hommes dès les premiers jours des combats de Normandie. Les rescapés des deux bataillons du régiment blindé de Max Wünsche luttent depuis le début de la bataille au nord et à l'est de Caen. Mais ils n'ont plus que quelques chars en état de combattre.

L'adversaire semble maintenant bien décidé à en finir. Il veut écraser dans Caen les survivants de la division *Hitlerjugend* et leur couper toute possibilité de repli. Les bombardiers attaquent les ponts de l'Orne et les faubourgs situés au sud de la ville. Un rideau de feu isole les défenseurs de la capitale de la Normandie occidentale de leurs arrières. Plus aucun convoi ne passe.

Les combattants ne parviennent plus à évacuer leurs blessés.

Ils ne peuvent plus recevoir aucun ravitaillement. Ils doivent lutter désormais encerclés sur une véritable île, attaqués de trois côtés par l'ennemi et adossés à un mur de feu infranchissable.

Les avions alliés, pendant toute cette terrible journée du 8 juillet, vont aussi attaquer le centre de la ville — enfin, ce qui reste du centre. Au milieu des ruines, se dressent les silhouettes mutilées des plus belles églises normandes. Le gothique flamboyant s'illumine à la lueur des incendies. Tragique décor d'un crépuscule des dieux où la chaleur fait éclater les pierres, où la fumée noue les gorges, où la mort frappe à grands coups de faux. Fauchant cent civils normands pour un seul soldat allemand. La cité martyre est vide de troupes, à l'exception de quelques secrétaires, agents de liaison ou radios de l'état-major de la division *Hitlerjugend*.

Dans le poste de commandement, le plafond de l'abri se fissure. Mais les murs tiennent le choc. Soudain, un obus de fort calibre s'abat à quelques mètres. Toute la cave tremble. Les bougies s'éteignent. On entend tomber des moellons et des gravats.

Un très jeune grenadier, de garde dans l'escalier, a été lancé par terre par le souffle de l'explosion et projeté au milieu de la cave. Pris de panique, il se met à crier :

— C'est fini. Nous sommes ensevelis. Nous allons mourir ! C'est fini !

La flamme d'un briquet vacille. Une voix énergique domine le tumulte :

— Tais-toi. Tu vois bien que nous sommes tous vivants.

Les antennes sont coupées. Il n'y a plus de liaison radio avec les unités engagées.

— Réparez-moi cela tout de suite, ordonne Hubert Meyer aux soldats du bataillon de transmissions.

Les hommes s'affairent, tandis que des projectiles continuent de tomber. Des pans de murs s'écroulent brutalement. Des bombes explosent soudain, projetant des gravats dans tous les sens.

Au bout de minutes qui paraissent des heures, le chef d'état-major peut annoncer à son chef :

— Standartenführer, les communications par radio sont rétablies avec toutes les unités.

Panzermeyer questionne l'un après l'autre tous ses commandeurs de bataillon. Il pousse une exclamation de colère.

— Que se passe-t-il ? demande Hubert Meyer.

— Ce que je craignais : les Canadiens ont réussi une percée !

— Où donc ?

— Entre le 2e et le 3e bataillon du 25e qui tenaient Galmanche et Buron. L'ennemi vient de prendre Saint-Contest.

A l'abbaye d'Ardenne, l'Obersturmbannführer Milius se trouve déjà sous le feu direct des armes ennemies. Il demande des renforts d'urgence. Le 2e bataillon du régiment blindé est dirigé à toute vitesse sur ce secteur et entame une contre-attaque. Mais la supériorité de l'ennemi reste écrasante. Les Panzers ne peuvent déboucher.

— Saint-Contest reste aux mains de l'ennemi, annonce Hubert Meyer.

— Encore heureux qu'il ne montre pas trop de mordant. Je n'arrive pas à comprendre les Canadiens et les Anglais. Ils ont l'avantage d'une supériorité écrasante en hommes, en chars, en appuis, et ils semblent hésiter à nous porter les coups décisifs. Une attaque bien menée de blindés, comme nous en avons tant lancé à travers toute l'Europe. Rien ne pourrait y résister. Qu'ils établissent une tête de pont sur l'Orne, et tout s'écroule pour nous.

— Il faut croire que nos adversaires n'ont pas encore digéré la leçon de la guerre éclair, ajoute le chef d'état-major.

— Si seulement nous combattions à armes égales, soupire Panzermeyer...

L'offensive se poursuit. Gruchy, entre Authie et Buron, vient de tomber. Le village était occupé par la compagnie de génie du 25ᵉ régiment. Tous les pionniers se sont battus jusqu'au dernier. Il n'y aura qu'un seul rescapé, un agent de liaison venu annoncer la nouvelle :

— Tous mes camarades sont tombés au combat.

Les Canadiens du Winnipeg Rifles et des Glengarry Highlanders nettoient les ruines de Gruchy de leurs derniers défenseurs et poursuivent leur avance. Authie se trouve de plus en plus menacée.

Les North Nova Scotia viennent renforcer leurs camarades des Highlands canadiens.

Laconiques, les commandants d'unité de la division *Hitlerjugend* annoncent les mauvaises nouvelles à la radio :

— Nous ne pouvons plus tenir. Authie est aux mains de l'ennemi.

— La situation s'aggrave. Franqueville vient de tomber.

— Les Canadiens parviennent à franchir la route de Bayeux et la voie de chemin de fer.

Un mouvement tournant se dessine nettement. Les Alliés veulent atteindre l'Odon et prendre à revers les défenseurs de l'aérodrome de Carpiquet.

— Essayez de rétablir un front, ordonne l'état-major à l'Obersturmbannführer Milius, toujours installé à l'abbaye d'Ardenne.

— On se bat maintenant juste au nord de mon poste de commandement, annonce le commandeur du 25ᵉ régiment. Tous mes bataillons sont encerclés. Je n'ai plus aucune liaison.

Saint-Contest est tombé dès le début de la bataille, mais des grenadiers SS s'accrochent encore aux ruines de trois villages. Ils se battent avec l'énergie du désespoir à Malon, à Galmanche, à Buron.

Panzermeyer garde toujours en réserve les quinze chars Panthères de l'Obersturmführer von Ribbentrop. Quand il les engagera, la résistance de sa division sera terminée...

— Nous pouvons encore tenir quelques heures, dit-il à son chef d'état-major. Mais il ne restera plus alors un seul homme vivant à la division. Je refuse un tel suicide.

— Vous connaissez comme moi l'ordre du Führer, fait remarquer Hubert Meyer.

— Je suis certain que le Führer ne sait pas ce qui se passe exactement ici. Jamais il n'accepterait que toute sa Jeune Garde soit ainsi sacrifiée inutilement.

Le commandeur de la division *Hitlerjugend* a pris sa décision : le sang de ses garçons ne doit plus continuer à couler pour barrer la route de Caen. Ils ont tenu plus d'un mois dans des conditions épouvantables. Leur esprit de sacrifice ne fait aucun doute. Il est un moment où le courage devient inutile et l'obstination criminelle.

Panzermeyer veut rejoindre ceux qui se battent en première ligne.

— En route, lance-t-il à son chauffeur Erich Holsten.

— Où allons-nous, Standartenführer ?

— A l'abbaye d'Ardenne.

Cette fois, le Commandeur est complètement fou, estime Holsten en mettant le moteur en marche. La Volkswagen ne tarde pas à parvenir à la hauteur des quinze chars de la compagnie von Ribbentrop, qui se battent maintenant avec les Sherman déferlant de Saint-Contest.

— Accrochez-les ! lance Panzermeyer au fils du ministre des Affaires étrangères du Reich. Je voudrais bien arriver entier à l'abbaye !

L'abbaye d'Ardenne se trouve encadrée par tous les coups de l'artillerie ennemie. Déjà, les tours ont été durement atteintes par la mitraille. Leurs sommets, décapités, ne peuvent plus servir de poste d'observation.

Depuis Saint-Contest, les chars canadiens ouvrent le feu sur la voiture de liaison.

— Erich, donne-moi ta place ! lance Panzermeyer à son chauffeur.

Holsten veut protester, mais on ne résiste pas à un tel chef. Le commandeur de la *Hitlerjugend* prend lui-même le volant. Ainsi, il est sûr que la Volkswagen, même sous le pire des bombardements, ne fera en aucun cas demi-tour...

Les chars tirent maintenant de toutes leurs armes de bord. Canons et mitrailleuses essaient de toucher cette voiture qui roule en plein champ de bataille, à une allure folle.

Les hommes des blindés canadiens pensent exactement ce que pensent les soldats allemands témoins de la scène : « Celui qui conduit ce véhicule est complètement fou ! »

Le dieu des batailles veille sur les téméraires. Panzermeyer réussit à conduire la voiture jusqu'au verger de l'abbaye d'Ardenne. Maintenant, il se trouve dans un angle mort, à l'abri des coups directs des chars ennemis.

— Je vais vous avouer une chose, Standartenführer : je n'ai jamais eu aussi peur de ma vie, lance Erich Holsten.

— Je vais te faire un aveu à mon tour, lui répond Panzermeyer : moi non plus.

La Volkswagen est arrêtée dans le verger. Des obus d'artillerie continuent à tomber. Un peu au hasard, semble-t-il. Des éclats sifflent dans tous les sens. Il faut gagner le poste de commandement du régiment, à l'intérieur des bâtiments dévastés. L'Obersturmbannführer Milius s'est sans doute installé dans une cave.

— En avant ! lance Panzermeyer.

En quelques bonds, il gagne les bâtiments. Partout, gisent des corps démembrés. Les SS n'ont plus le temps d'enterrer les cadavres. Le chef de la compagnie de commandement, atteint par un éclat d'obus, compte parmi les morts. Il gît, sanglant, au milieu de ses hommes. Secrétaires, chauffeurs, téléphonistes, plantons, tous ont poursuivi leur tâche sous le bombardement.

— Enfin, dit Milius à son chef, vous voici. Je savais que vous seriez avec nous au moment le plus dur.

— Mais que t'arrive-t-il ? Tu es blessé ! s'exclame Panzermeyer.

— Ce n'est pas grand-chose. Attendez un instant, Standartenführer, je suis en liaison radio avec le Hauptsturmführer Steger.

— Le chef de ton 3ᵉ bataillon. Tient-il toujours Buron ?

— Plus pour longtemps, je le crains.

Le chef de la division réclame le combiné d'un geste impérieux et s'adresse à Steger :

— Il faut essayer de tenir ! Tu n'as presque plus d'hommes ? Mais je le sais aussi bien que toi !

Le Hauptsturmführer Steger subit en ce moment une rude attaque de chars canadiens. Il réclame de l'aide. Il sait qu'il va être submergé d'une minute à l'autre.

— Ecoute bien, lui lance Panzermeyer. Je dirige vers toi tous les Panzers disponibles. Ils vont essayer de dégager Buron.

Le Commandeur monte lui-même dans les ruines du clocher de l'abbaye d'Ardenne pour suivre la contre-attaque : une douzaine de Panthères contre toute une brigade blindée ! Rapidement, il doit constater l'échec de cette opération. Aucun héroïsme ne peut plus rien contre le déferlement des chars ennemis.

Maintenant, l'ennemi se rapproche de l'abbaye d'Ardenne. Deux chars surgissent d'Authie et roulent vers le poste de commandement. Deux obus des Panthères de von Ribbentrop les bloquent net dans leur élan. Ils ont été arrêtés à moins de cent mètres du poste de commandement du 25ᵉ régiment. La prochaine attaque un peu sérieuse emportera l'abbaye d'Ardenne et ses défenseurs.

— Je n'en peux plus, avoue le Dr Gatternig, médecin-chef du 25e régiment, en épongeant la sueur qui lui ruisselle sur le front. Je n'ai plus de brancards, plus de pansements, plus d'infirmiers même. La plupart de mes hommes ont été tués en allant chercher leurs camarades sous le feu.

Ils sont des dizaines et des dizaines, hébétés, sanglants, souillés. Couverts de terre et de sang, ils ont enveloppé leurs blessures de bandages de fortune. Ils tremblent de fièvre et de rage. De peur aussi. Car ils savent que l'ennemi resserre sans cesse son étau sur l'abbaye d'Ardenne.

— Je vais essayer de les évacuer à la nuit tombante, conclut le Dr Gatternig. Mais tiendrons-nous encore jusqu'à ce soir ?

Panzermeyer hausse les épaules sans répondre. Il sait bien que chacun fait tout ce qu'il peut, mais combat de plus en plus isolément, de plus en plus farouchement, sans autre espoir que de tenir jusqu'à la nuit. Il lance à Milius :

— Je vais vers Cussy. C'est un des derniers points forts au milieu de l'avance ennemie.

Cussy est tenu par des artilleurs antiaériens de la division. Les hommes de la 1re compagnie de FLAK du Hauptsturmführer Ritzel ont placé leurs pièces en tir tendu et s'efforcent de bloquer les chars ennemis.

— Comment ça va, Ritzel ? demande Panzermeyer.

— Pas trop mal, Standartenführer. Nous avons déjà réussi à détruire trois Sherman.

— Avez-vous de la casse ?

— Malheureusement. Une de mes pièces de 88 a été détruite par un bombardement d'artillerie. Et j'ai perdu beaucoup de servants. Mais ceux qui restent se battront jusqu'au bout.

— Il le faut, Ritzel. Vous êtes le dernier à couvrir encore l'abbaye d'Ardenne. Les caves sont remplies de blessés. On va essayer de les évacuer à la tombée de la nuit. Je vous donne l'ordre de tenir au moins jusque-là.

— Nous tiendrons, Standartenführer.

Tous ses artilleurs vont mourir à leurs pièces. Le Hauptsturmführer Ritzel tombera au milieu d'eux, fidèle à sa promesse de se battre jusqu'à la tombée de la nuit.

Quand le commandeur de la division *Hitlerjugend* retourne à l'abbaye d'Ardenne, il apprend que les Canadiens viennent de submerger le poste de commandement du 3e bataillon.

— C'est épouvantable, dit Milius. Ils ont attaqué avec des chars lance-flammes. La plupart des hommes qui se trouvaient avec Steger ont été brûlés vifs. Leurs camarades ne tiennent plus que les dernières maisons du village. Buron est perdu.

— La nuit va bientôt tomber, remarque Panzermeyer. Dès que possible, tu vas évacuer tes blessés. Puis tu gagneras sur ordre les faubourgs de Caen avec ce qui reste de ton état-major et de ta compagnie de commandement.

— Nous abandonnons l'abbaye d'Ardenne ?

— C'est la seule décision possible désormais. Je vais replier toute la division au sud-est de l'Orne. Voilà, Milius, un terrible mois de combat se termine. Je vais rejoindre le poste de commandement de la division. Essaie de tenir encore jusqu'à minuit.

Panzermeyer regagne en courant sa petite Volkswagen. Le chauffeur Holsten le voit arriver avec joie :

— J'ai cru que nous ne partirions jamais, Standartenführer.

— En route pour Caen, Erich ! lance seulement Panzermeyer.

Quitter l'abbaye d'Ardenne lui paraît tirer un trait amer sur tout ce qui fut, depuis l'aube du 7 juin, la vie de son régiment, puis de sa division. Le vieil édifice médiéval avec ses murs mutilés avait pris la valeur d'un véritable symbole de la résistance allemande.

Dès son retour à son état-major, le commandeur de la division *Hitlerjugend* demande la liaison avec le 1er corps blindé SS dont il dépend. Il sait que Sepp Dietrich est d'exécrable humeur, mais il veut essayer de lui faire entendre la voix de la raison dans toute cette folie :

— Obergruppenführer, je vous demande la permission d'établir une nouvelle ligne de défense sur l'Orne et sur l'Odon.

— Impossible, Kurt ! Tu sais bien qu'il existe un ordre du Führer : « Caen doit être défendu jusqu'à la dernière cartouche. »

— Pas un seul de mes garçons ne se sortira de ce piège ! La division sera totalement anéantie. Vous entendez, Obergruppenführer : totalement !

— C'est un ordre du Führer, répète seulement Dietrich.

Mais sa voix semble un peu hésiter. Panzermeyer sent bien que le vieux baroudeur ne veut ni cautionner ni même confirmer cette ultime mission de sacrifice inutile. Il lance alors à son chef :

— Vous voulez dire que nous devons mourir à Caen !

— Mais enfin, Kurt, tu connais comme moi l'ordre du Führer. Tu sais ce qu'il te reste à faire.

Panzermeyer raccroche le combiné de l'appareil et ordonne à ses radios :

— Appelez-moi tous les commandeurs de bataillon.

Hubert Meyer se tourne vers son chef, l'air un peu incrédule, partagé entre l'admiration et le scandale.

— Vous n'allez pas obéir à l'ordre du Führer ? demande-t-il à mi-voix.

Panzermeyer ne répond pas directement et se contente d'annoncer d'un ton grave :

— Je vais essayer de sauver ce qui reste de la division.

Lentement, posément, durement, il donne ses ordres. Les blessés seront évacués dès que possible. Puis tout le matériel lourd sera dirigé vers l'arrière. Ensuite, les bataillons de grenadiers vont décrocher et gagner l'Orne.

— Mais ils sont presque tous déjà encerclés, fait remarquer Hubert Meyer.

— Des petits groupes de Panzers contre-attaqueront à la tombée de la nuit pour les dégager. Ils ont déjà fait des miracles. Ils continueront.

Les survivants des compagnies de combat doivent maintenant se replier sur les faubourgs de Caen. Les pertes sont effrayantes. Le 3e bataillon du 25e régiment semble le plus éprouvé. Sur le millier d'hommes montés en ligne le 6 juin avec le Sturmbannführer Fritz Steger, il ne reste qu'une centaine de rescapés, grenadiers ou petits gradés. Tous les officiers ont été tués, blessés, ou sont tombés aux mains de l'ennemi.

Peu avant minuit, en ce tragique 8 juillet, le commandeur du 25e régiment parvient à joindre son chef par radio.

— Que se passe-t-il, Milius ? demande Panzermeyer.

— Les Canadiens sont en train d'arriver dans l'abbaye. Il faut absolument que je puisse décrocher. Alors, je vous demande d'envoyer un tir d'artillerie sur Ardenne.

— Sur vous ?

— C'est la seule solution. Nous resterons dans nos abris pendant ce bombardement. Allez-y vite ! Dégagez-moi.

Deux groupes du bataillon lance-fusées de la division entrent aussitôt en action. Les rafales sifflent et s'abattent sur les bâtiments dévastés de l'abbaye. Les assaillants doivent se terrer à leur tour et desserrer un peu leur étreinte. Depuis le poste d'observation du régiment, un volontaire guide le tir de ses camarades artilleurs :

— C'est ça ! En plein sur nous... Continuez tant que vous pouvez ! Continuez !

Les éclats sifflent autour de la tour mutilée. Les projectiles s'abattent à quelques mètres. L'observateur, impassible, continue à attirer sur lui les fusées.

— Merci ! Les Canadiens se retirent.

Maintenant, l'Obersturmbannführer Milius va pouvoir évacuer l'abbaye et gagner les faubourgs de Caen. Le commandeur du 25ᵉ régiment aura tenu jusqu'au 9 juillet à zéro heure.

Ses hommes s'enfoncent dans la nuit, laissant derrière eux l'abbaye d'Ardenne dont les murs se découpent en silhouette sombre sur le ciel illuminé par les explosions.

Dans la nuit du 8 au 9 juillet, les deux Obersturmbannführers Milius et Mohnke arrivent enfin au poste de commandement de la division, dans les ruines de Caen. Le commandeur de la *Hitlerjugend* les accueille avec une mine grave. Il a les yeux rougis par le manque de sommeil, la voix rauque, des traits tirés qui font encore davantage ressortir l'ossature du visage.

— J'ai décidé d'évacuer la ville au cours de la nuit, annonce aussitôt Panzermeyer. La division va gagner d'autres postes de combat, au-delà de l'Orne et de l'Odon. Tous les bataillons ont terriblement souffert. La percée pour échapper à l'ennemi et rejoindre les faubourgs de Caen a coûté cher, très cher. Certaines unités sont restées prises au piège.

— Les survivants d'une de mes compagnies n'ont pas réussi à rejoindre, annonce le Sturmbannführer Waldmüller qui commande le 1ᵉʳ bataillon du 25ᵉ régiment.

Ils se sont enfermés dans une ferme, sous les ordres de leur chef, l'Obersturmführer Schünemann. Pendant quarante-huit heures, ils refuseront de se rendre. Puis une attaque massive des chasseurs-bombardiers enterrera ces obstinés sous les décombres de leur forteresse improvisée.

— Nous ne pouvons plus attendre plus longtemps, annonce Panzermeyer. Les chars qui assurent la couverture vers le nord ne tiendront pas plus de quelques heures. Il faut franchir l'Orne.

Les chefs d'unité doivent eux-mêmes réveiller leurs grenadiers épuisés qui se sont endormis sur les trottoirs, sans même déboucler leurs équipements. Les rescapés de la division ressemblent à des fantômes dépenaillés. Ils se lèvent en titubant, accrochent autour de leur cou les bandes de mitrailleuses et s'avancent vers les rives de l'Orne.

A trois heures du matin, un message du corps blindé SS arrive au poste de commandement. Hubert Meyer le déchiffre et s'écrie :

— Enfin, « Sepp » Dietrich nous autorise à nous replier !

— Tu n'as qu'à lui répondre que l'ordre est déjà exécuté, lance Panzermeyer. Il ne restera bientôt plus un seul SS de la *Hitlerjugend* dans le centre de Caen.

Le nouveau « front » de la division se trouve réduit à quelques kilomètres de large. Il va de la gare de Caen, à l'est, au village de Fleury-sur-Orne, à l'ouest. Partout, la défense s'appuie sur le fleuve. Les grenadiers, en pleine nuit, improvisent de hâtives positions, mais ils sont trop épuisés pour s'installer bien solidement.

— Espérons que les Canadiens et les Britanniques vont un peu souffler eux aussi, confient les chefs d'unité.

Les chars Panthères assurent encore la couverture au nord de la ville. La division récupère aussi la batterie de 88 de l'aérodrome de Carpiquet. C'est la deuxième du bataillon de FLAK. La première a disparu « corps et biens » à Cussy.

A quatre heures du matin, Panzermeyer annonce à son chef d'état-major :

— A notre tour, Hubert. Nous allons déménager. Nous serons parmi les derniers.

— Où allons-nous, Standartenführer ?

— A Garcelles-Secqueville, à l'est de la route de Caen à Falaise.

Les hommes des services d'état-major de la division croient rêver. Ils découvrent leur nouveau poste de commandement : un ravissant petit château normand enfoui dans la verdure. Partout des hêtres, des ormes, des chênes. Ils aperçoivent le jour lentement se lever derrière les frondaisons. Un vent léger agite les feuillages.

Cette journée du 9 juillet commence dans une atmosphère étrange. Chacun remâche l'amertume de la défaite. Caen est perdue pour les Allemands.

— Ne nous désolons pas, commente Panzermeyer pour son état-major. Les Alliés auront mis plus d'un mois à prendre une ville qui devait tomber dès le premier soir de l'invasion. A cette vitesse, ils ne sont pas encore au bout de leur peine.

Mais chacun sait que les sacrifices ne pourront sans cesse se renouveler.

La bataille continue. Dès le lever du jour, Panzermeyer quitte son poste de commandement de Garcelles pour gagner les premières lignes.

Ses hommes sont installés au bord de l'Orne, allongés endormis à même le sol, sans avoir creusé ni trous ni abris. Même les officiers ont succombé à ce terrible sommeil qui les couche dans une hébétude proche de la mort. Les deux commandeurs des régiments sont réveillés avec peine.

— La troupe est au bout de son énergie, avoue Milius.

— Sans une période de repos, nous ne sommes plus en état de combattre, estime Mohnke

Le Sturmbannführer Waldmüller, qui a franchi l'Orne en premier avec son 1er bataillon du 25e, s'installe en défensive pour recueillir les derniers SS qui se battent encore dans Caen. Voici les éléments de couverture du régiment blindé de la division. Les Panthères reculent lentement, leur long tube de 75 tourné vers l'ennemi. Puis arrivent en courant des grenadiers. Ce sont les hommes du 3e bataillon du 26e régiment que commande le Sturmbannführer Olboetter. Le repli s'est effectué dans l'ordre.

Des pionniers font maintenant sauter les ponts sur l'Orne. Le fleuve devient la ligne de front. Dans la soirée, on commence à échanger des coups de feu d'une rive à l'autre.

La bataille pour Caen est terminée. Pour les Allemands, c'est un échec. Le rêve de rejeter les Alliés à la mer est bien loin.

A la division SS *Hitlerjugend,* le bilan apparaît terrible. On compte vingt pour cent de tués, plus de quarante pour cent de blessés et de disparus. En un mois d'engagement, les jeunes loups du Führer ont perdu au feu les deux tiers de leurs camarades.

TROISIÈME PARTIE

FALAISE

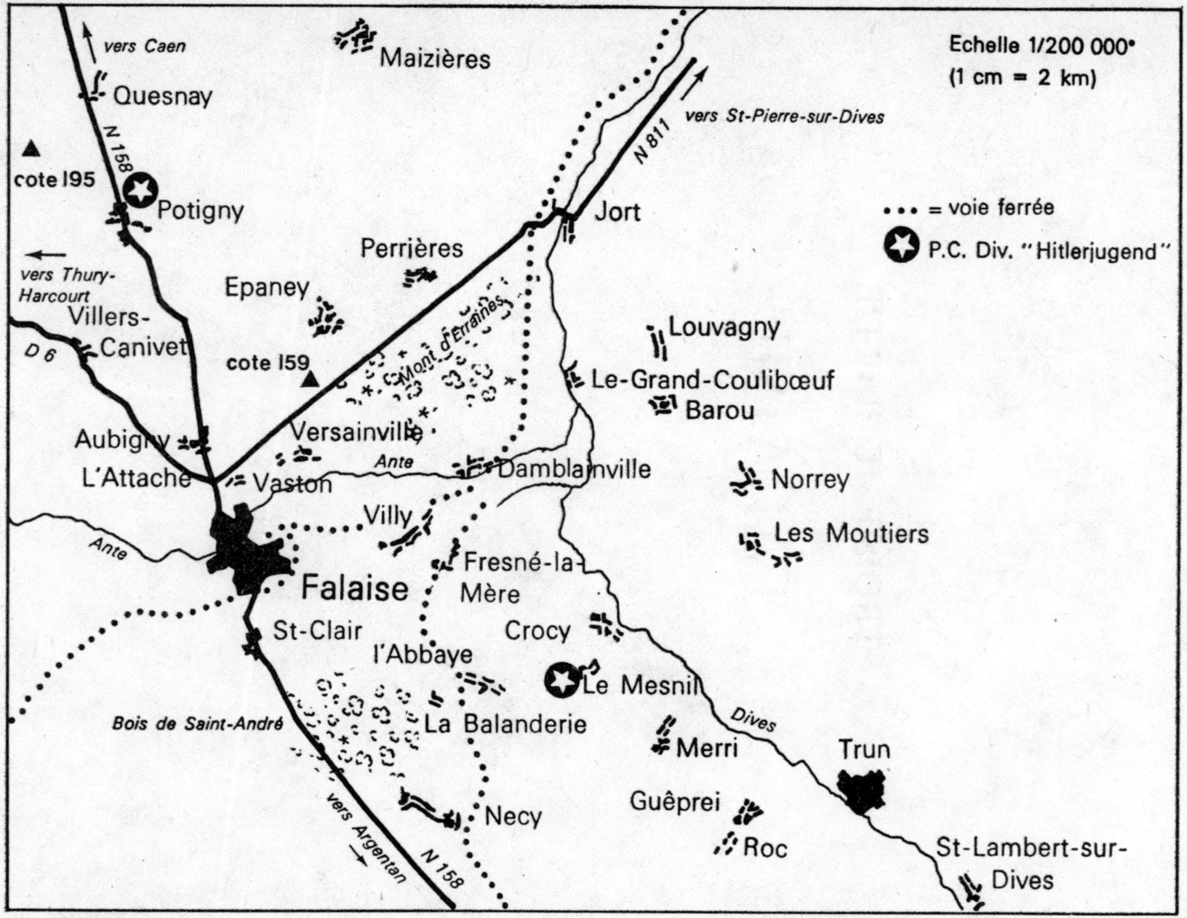
Echelle 1/200 000°
(1 cm = 2 km)
= voie ferrée
P.C. Div. "Hitlerjugend"
vers Caen
Quesnay
Maizières
N 158
cote I95
Potigny
vers St-Pierre-sur-Dives
N 811
Jort
Perrières
vers Thury-Harcourt
Epaney
Villers-Canivet
D 6
cote I59
Mont d'Eraines
Louvagny
Le-Grand-Couliboeuf
Barou
Aubigny
Versainville
Ante
L'Attache
Vaston
Damblainville
Norrey
Villy
Les Moutiers
Ante
Fresné-la-Mère
Falaise
St-Clair
Crocy
l'Abbaye
Le Mesnil
Bois de Saint-André
La Balanderie
Dives
Merri
Trun
Guêprei
Necy
vers Argentan
Roc
N 158
St-Lambert-sur-Dives

16.

Au sortir de l'enfer de Caen, la division SS *Hitlerjugend,* épuisée par plus d'un mois de combats meurtriers, ne ressemble plus guère à l'orgueilleuse formation blindée qui montait en ligne au lendemain du débarquement allié du 6 juin 1944.

Les survivants sont rassemblés dans la région de Potigny, entre Caen et Falaise. Dans les vergers, à l'abri des bosquets et des haies, se reconstituent des petits groupes d'hommes autour des rares gradés survivants. Il règne une atmosphère étrange. En quatre semaines, ces adolescents ont brusquement vieilli. Ils n'ont plus d'âge, avec leurs visages aux traits durcis, leurs joues creuses, leurs yeux fiévreux. Ils vivent encore dans la hantise de leurs camarades disparus. Des fantômes fraternels ne cessent de les accompagner.

La division voit partir ses canonniers. Les rescapés du régiment d'artillerie et du bataillon de FLAK sont les seuls à conserver encore un peu de cohésion et de combativité. Les forces allemandes ne peuvent se priver de tels spécialistes dans les heures tragiques que doit vivre le front de Normandie. Les artilleurs SS sont alors mis à la disposition d'une division d'infanterie de la Wehrmacht.

Dans cette guerre des haies, l'infanterie demeure « la reine des batailles ». Mais il ne reste plus à la division *Hitlerjugend* que des effectifs squelettiques. Où trouver encore des hommes aptes au combat ? Voici pourtant des renforts. Ce sont de très jeunes engagés qui viennent à peine de terminer leur instruction. Ils arrivent au front avec l'enthousiasme de leurs aînés. Ils brûlent d'un feu étrange que ne semble entamer nulle défaite. Avec ces adolescents, la division récupère quelques « vieux » grenadiers, blessés dans les premiers jours des combats à l'ouest de Caen et qui viennent de sortir des hôpitaux. Ils sont bien décidés à passer au front leur permission de convalescence, au milieu de leurs camarades.

Toutes les anciennes unités d'infanterie de la division sont disloquées et l'on reforme des compagnies de marche où seront amalgamés les anciens, les nouveaux et les blessés.

Il n'est plus question de régiments ou de bataillons. Désormais, les effectifs combattants de l'ancienne division *Hitlerjugend* sont répartis entre deux « Kampfgruppen », groupes de combat que commandent deux jeunes Sturmbannführers : Hans Waldmüller et Bernhard Krause.

Le régiment blindé de Max Wünsche se trouve réduit à quelques unités de chars, destinées à se battre en soutien de ces formations défensives improvisées.

Toute cette réorganisation sent la misère et la défaite. Le mot d'ordre, pourtant, reste le même : tenir. L'ennemi a réussi à s'emparer de Caen. Il faut l'arrêter devant Falaise. La contre-offensive a échoué au lendemain du débarquement. La défensive continue. Un seul objectif : gagner du temps. Faire comprendre aux Alliés qu'ils vont payer très cher leur victoire à l'Ouest.

Le Standartenführer Kurt Meyer, épaulé par son chef d'état-major le Sturmbannführer Hubert Meyer, reste ce qu'il n'a jamais cessé d'être : le chef incontesté d'une meute de jeunes loups.

Le chauffeur de Panzermeyer, Erich Holsten, doit subir une intervention chirurgicale. Il quitte avec regret le volant de la petite Volkswagen de campagne avec laquelle il a accompli tant de liaisons acrobatiques sous le feu direct de l'ennemi. Celui qui le remplace s'est battu sans cesse aux côtés de Panzermeyer de 1940 à 1943 et a connu avec lui les heures les plus dures du front de l'Est. Il se nomme Max Bornhöft et a toujours servi dans le bataillon de reconnaissance de la 1re division blindée de la Waffen SS, la *Leibstandarte Adolf Hitler.* La Vieille Garde ne cesse de fournir des renforts à la Jeune Garde.

Depuis quelques jours, le 1er corps blindé SS se trouve reconstitué avec les anciens et les jeunes des deux plus fanatiques divisions SS. A leur tête, l'irremplaçable « Sepp » Dietrich, plus bouledogue que jamais avec son visage boucané, ses yeux furibards et ses manières abruptes d'ancien sous-officier de chars de la Première Guerre mondiale. Ce baroudeur se cache mal d'être une sentimental. Il est plus économe qu'il n'y paraît de la vie de ses hommes et souffre de voir tant de sacrifices inutiles. Mieux que nul autre chef, parce qu'il sort du rang, il connaît les souffrances de la troupe.

L'Obergruppenführer Dietrich convoque Panzermeyer à son poste de commandement pour une conférence d'état-major. Il s'est installé à Bretteville-sur-Laize, profitant du couvert des bois pour échapper aux avions alliés. Plus que jamais, les Jabos sont les maîtres absolus du ciel normand. Les convois ne circulent que la nuit. Dans la journée, même les motocyclistes sont chassés comme des lièvres.

Max Bornhöft appuie sur l'accélérateur de la Volkswagen. Devant la petite voiture de liaison, la route de Falaise s'allonge, toute droite dans la plaine. Les avions tournoient dans le ciel, à la recherche de leur proie. Soudain, ils piquent, vrombissant et mitraillant.

Le colonel et son chauffeur se retrouvent dans le fossé, tandis que les balles fouettent la route. Max Bornhöft découvre qu'il n'a certes pas accepté une place de tout repos...

— La prochaine fois, lui lance Panzermeyer, je crois qu'il faudra prendre une motocyclette.

Les chasseurs-bombardiers s'éloignent enfin. Le commandeur de la division *Hitlerjugend* arrive à l'état-major du corps d'armée avec plus d'une heure de retard. Tout se déroule sans protocole.

Sepp Dietrich est assis sous un arbre. Avec lui, se trouve le grand chef du front de l'Ouest, le maréchal von Rundstedt, au long visage d'aristocrate mélancolique et blafard. Avec Sepp Dietrich, il forme un duo étrange. Le Bavarois ressemble à un bouledogue et le Prussien à un épagneul. Pour l'instant, ils aboient tous les deux de concert. Et contre qui !

Von Rundstedt et Sepp Dietrich n'hésitent pas à juger sévèrement les interventions continuelles du haut commandement de la Wehrmacht dans la conduite pratique des opérations. Cela revient tout simplement à critiquer la manière dont le Führer lui-même entend mener la guerre. Panzermeyer découvre avec surprise qu'il n'est pas le seul à juger très lucidement une situation de plus en plus désespérée.

Le vieux maréchal semble soudain s'apercevoir de la présence du nouveau venu et lui fait signe de s'approcher :

— Parlez-moi de votre division de jeunes SS.

— Monsieur le Maréchal, elle n'existe plus comme division. Nous avons déjà perdu les deux tiers des nôtres. La *Hitlerjugend* s'est totalement sacrifiée pour essuyer d'interdire à l'ennemi la route de Caen.

— Comme j'admire vos jeunes grenadiers, Meyer ! Ils possèdent le même enthousiasme que ces garçons de leur âge qui se battaient en 1914 à Langemarck, dans les Flandres. Mais ils sont mieux instruits et mieux encadrés. Jamais notre pays n'a possédé une troupe aussi jeune et aussi brave.

— Monsieur le Maréchal, il n'en reste plus rien.

— Je le sais. Il est triste de voir une jeunesse animée d'une telle foi sacrifiée dans une situation sans issue.

Le pessimisme du vieux maréchal surprend Panzermeyer. Il

regarde Sepp Dietrich, qui hoche la tête sans rien dire. Le plus célèbre baroudeur de la Waffen SS, lui non plus, ne conserve guère d'illusions.

Longue semaine d'attente, de repos, d'incertitude. De reprise en main, aussi. Sitôt les nouvelles unités constituées, les hommes réparent leurs équipements, nettoient leurs armes, découvrent leurs nouveaux camarades. Tous ont subi la même épreuve : ils ont perdu au feu les plus chers des amis.

Chaque nuit, des convois de ravitaillement parviennent jusqu'à Potigny. Les jeunes SS reprennent une vie normale. Ils mangent, dorment, se lavent. La division *Hitlerjugend* se trouve réduite de plus de moitié. Mais chaque aurore la voit de plus en plus redoutable. Les jeunes grenadiers brûlent de venger la défaite subie à Caen.

La bataille continue. Après un temps d'arrêt, les Alliés reprennent l'offensive. Ils parviennent à percer le front entre Maltot et Vendes. Il faut contre-attaquer de toute urgence. Une cinquantaine de grenadiers SS sont envoyés en renfort et repoussent l'ennemi. La brèche se trouve colmatée en quelques heures. Il ne sera pas aussi facile de repousser une attaque sérieuse. Tôt ou tard, les Alliés vont essayer de percer en direction de l'Orne. Et ce jour-là...

Le 17 juillet, le maréchal Rommel, chef du groupe d'armées B, convoque certains chefs d'unité au poste de commandement du 1er corps blindé SS. Il veut faire un large tour d'horizon et sait que les soldats de la Garde ont acquis un franc-parler dont ils commencent à user et même à abuser. Rommel n'est pas indifférent à cette grogne. Il découvre de plus en plus que le fanatisme n'empêche pas la lucidité. Plus certains soldats croient au national-socialisme et plus ils déplorent le chaos qui ne cesse de s'accroître. Ils savent que cette guerre n'est pas comme les autres : leur monde ne peut survivre à la défaite.

Le maréchal Rommel déteste sans doute le parti nazi et ses fonctionnaires, il méprise la police et se méfie de la dictature. Mais il connaît le courage et la foi des jeunes combattants de la Waffen SS. Il fait une étrange confiance en leur jugement.

— Je n'ai pas le temps de visiter vos cantonnements, dit-il à Panzermeyer. Je sais ce que nous devons tous aux garçons de votre division. Ils ont été les meilleurs aux heures les plus difficiles.

— L'offensive alliée va se poursuivre, monsieur le Maréchal. Je crois que nous n'avons pas encore vécu le pire.

— Comment voyez-vous l'avenir ?

— Mal. L'offensive alliée est inéluctable. L'objectif me semble évident : c'est Paris. Mes grenadiers sauront mourir sur leurs positions. Mais les blindés canadiens et britanniques les écraseront. Nous ne pourrons pas tenir, parce que le ciel est contre nous.

Panzermeyer trace un tableau effroyable de la situation :

— Les Jabos nous contrôlent totalement. Le moindre point d'appui est repéré et mitraillé, chaque convoi se trouve attaqué, pas un seul renfort ne peut parvenir. Si la Luftwaffe n'intervient pas, tout est perdu. Monsieur le Maréchal, donnez-nous des escadrilles de chasse !

— Ce n'est pas à moi de vous les donner. Je ne peux que multiplier les rapports. Mais je ne sais même pas s'ils sont lus ! Nous avons gagné la guerre en 1940 grâce aux bombardiers en piqué. En 1944, cette arme se retourne contre nous. Déjà, en Afrique...

Voici Rommel dans ses souvenirs. L'amertume de la défaite de l'Afrikakorps ne cesse de le tenailler. Il revit le même cauchemar. Plus un avion à croix noire n'apparaît dans le ciel. Pour les Allemands, la mort et la défaite vont surgir des nuages.

Soudain, Rommel regarde sa montre.

— Il est temps de rejoindre mon poste de commandement de La Roche-Guyon, dit-il.

Sepp Dietrich s'approche de lui. Le vieux baroudeur se fait soudain très aimable. D'ailleurs, tout au long de cette journée, l'officier de tradition et le chef de la garde prétorienne ont visiblement sympathisé.

— Faites attention, monsieur le Maréchal. Les Jabos ne cessent d'attaquer tout ce qui roule. Empruntez des chemins de campagne. Et changez donc votre grosse voiture de commandement, si repérable, contre une Volkswagen tout terrain.

— Ne vous faites pas de souci pour moi. J'ai toujours eu de la chance.

Les officiers de la Waffen SS ne voient pas partir sans appréhension l'ancien chef de l'Afrikakorps. Quelques heures plus tard, le maréchal Rommel sera attaqué par des chasseurs-bombardiers alliés et très grièvement blessé. Une fois encore le destin frappe sans pitié.

Les deux Kampfgruppen de la division *Hitlerjugend* se trouvent en réserve près de Potigny. L'état-major allemand croit imminente une nouvelle attaque alliée au sud de Caen.

A l'aube du 18 juillet, le ciel s'obscurcit de vagues d'avions alliés. Près de huit mille tonnes de bombes sont larguées sur les positions allemandes. Le Kampfgruppe de Waldmüller sera engagé de chaque côté de la route de Cagny à Vimont et parviendra à stopper les blindés ennemis près de Frénouville.

Cette fois, la Jeune Garde et la Vieille Garde combattent côte à côte. La *Leibstandarte* occupe l'aile gauche et la *Hitlerjugend* l'aile droite de la position qui verrouille Falaise. Les hommes de la Waffen SS se sont établis sur une ligne de collines qui dominent entièrement le paysage de la grande plaine entre Caen et Falaise. Canadiens et Britanniques perdent, en quelques heures, une centaine de blindés. Les chars Panthères ne cessent de bloquer chaque pointe de l'avance ennemie et les grenadiers s'accrochent au terrain.

— Ils n'insistent pas beaucoup en face, fait remarquer Hubert Meyer à son chef.

— Ils manquent même de mordant, constate Panzermeyer. Ce n'est pas la fameuse charge de la brigade légère.

— Pourquoi prendraient-ils des risques inutiles ? Avec un peu de patience et beaucoup de matériel, ils sont bien certains de venir à bout de notre résistance.

Il semble désormais impossible d'établir une ligne de front continue. Panzermeyer va disposer les maigres troupes qui lui restent en profondeur autour de quelques points d'appui qui parviendront peut-être à retarder l'ennemi. Mais le manque d'effectifs et de moyens rend ses efforts de plus en plus dérisoires.

Après avoir inspecté pendant toute la journée les positions de ses groupes, le colonel regagne son poste de commandement à Potigny au soir du 20 juillet. Il est environ dix-neuf heures. Tous les secrétaires semblent très excités.

— Que se passe-t-il, Hubert ? demande le commandeur de la division à son chef d'état-major.

— Vous ne savez pas la nouvelle, Standartenführer ? La radio vient d'annoncer l'échec d'un attentat au Grand Quartier général !

— Et le Führer ?

— Sain et sauf.

Dans la nuit, Adolf Hitler parlera lui-même à la radio et annoncera de terribles représailles contre les instigateurs du complot. Des généraux vont payer. La justice nationale-socialiste sera impitoyable.

Tous les soldats du front, qu'ils appartiennent à la Wehrmacht ou à la Waffen SS, se montrent révoltés par cet attentat.

— Bien entendu, nous souhaitons tous la fin de la guerre, explique Panzermeyer à ses officiers. Nous espérons voir se terminer ce combat désormais sans issue. Mais nous sommes tous tenus par notre serment de soldat.

Pour lui comme pour le moindre de ses grenadiers, on ne transige pas avec la devise de la SS : « Mon honneur s'appelle fidélité. » On ne renie pas les paroles du chant du serment : « Lorsque tous trahiront, nous resterons fidèles, afin que toujours au monde subsiste un point de ralliement. »

— Camarades, conclut Panzermeyer, la journée de demain sera rude. Et plus rudes encore les autres journées. Mais tout pour nous se résume en une seule phrase : nous serons fidèles.

Dès le lendemain 21 juillet, à l'aube, un petit groupe d'officiers d'état-major, arrivant de l'arrière des lignes allemandes, parvient jusqu'aux avant-postes, à quelques dizaines de mètres seulement de l'ennemi ; à sa tête, le maréchal von Kluge, le successeur de von Rundstedt à la tête du front de l'Ouest. Le vieux soldat tient à visiter lui-même les points d'appui que tiennent les hommes du Kampfgruppe Waldmüller.

— Je voulais me rendre compte par moi-même de l'état d'esprit des combattants, dit-il au Sturmbannführer. Je trouve vos hommes admirables de calme et de courage. Et ce sont presque des enfants. Quelle belle troupe !

— Si vous l'aviez connue, il y a six semaines, monsieur le Maréchal ! Ce ne sont plus que des rescapés que vous avez inspectés.

— Je me suis aperçu de leur état de fatigue. Vous ne pourrez pas arrêter longtemps l'ennemi avec des garçons aussi épuisés. Dès que cela sera possible, vous serez relevés par une division d'infanterie de la Wehrmacht.

Mais cela est une promesse en l'air. Von Kluge ne peut pas trouver des renforts inexistants. Les jeunes SS devront tenir sur place, avec les moyens du bord...

17.

Caen est tombée le 9 juillet 1944. Il faudra près d'un mois aux Alliés pour « digérer » leur victoire et lancer, à l'aube du 7 août, la grande attaque sur Falaise.

Les deux Kampfgruppen de la division *Hitlerjugend* dont le chef vient d'être promu le 10 août Oberführer [1], se trouvent en réserve avec une cinquantaine de véhicules de combat. Ils sont les derniers à tenir encore des positions sur la rive est de l'Orne. Derrière eux, il n'y a plus rien. Si les Alliés les bousculent, ils s'ouvrent la route de Paris d'un seul mouvement.

Déjà, Britanniques et Candiens s'infiltrent.

Le Kampfgruppe Krause sera engagé le premier pour une contre-attaque locale. Les ordres sont simples : « Nettoyer la forêt de Grimbosq de tout élément ennemi. »

Les opérations commencent aussitôt. Bernhard Krause installe son poste de commandement dans une maison forestière, puis lance ses compagnies de marche dans les layons et sous les couverts.

1. Grade particulier à la Waffen SS, intermédiaire entre colonel et général de brigade.

Les jeunes SS progressent sous les taillis et finissent par repousser les Canadiens. Mais l'artillerie alliée commence à tirer sur la forêt. Les obus éclatent en touchant la cime des arbres et font voler des éclats terriblement meurtriers. Les blessés ne se comptent plus et viennent encombrer le poste de secours. Le Kampfgruppe commence à se démanteler. Le tir d'artillerie s'intensifie encore.

Les Alliés vont attaquer Falaise avec des moyens impressionnants : deux divisions blindées, trois divisions d'infanterie et deux brigades blindées. A leur tête, le général Simonds, le plus jeune de son rang de toute l'armée canadienne. Panzermeyer le définira d'une phrase : « Un adversaire très capable et très chevaleresque. »

Peu avant minuit, le 7 août, les avions alliés attaquent dans les ténèbres. Les deux Kampfgruppen de la *Hitlerjugend* sont aussitôt mis en alerte.

Avant même le lever du jour, Panzermeyer et quelques agents de liaison se dirigent vers le front. Mais par où passe maintenant le front ? On entend des coups de feu dans la direction de Bretteville-sur-Laize, un peu à gauche sur la route de Caen, à la hauteur de Cintheaux.

Panzermeyer arrive dans le village d'Urville. Son vieux camarade, le Standartenführer Mohnke, l'accueille :

— Les nouvelles sont très mauvaises, Oberführer. Les positions tenues par la Wehrmacht dans notre secteur viennent d'être submergées. Tout semble emporté. Il ne reste que quelques points d'appui encerclés.

— Comment sont les Canadiens ?

— Très accrocheurs. Ils ont un moral de vainqueurs.

— Tout n'est pas encore joué, Mohnke... Il reste encore quelques soldats courageux pour se faire tuer sur place et essayer de briser les vagues de l'avance alliée. La situation est très grave. Elle n'est pas encore désespérée.

Par un extraordinaire hasard, Panzermeyer a passé quelques mois de repos dans cette région, en 1942, alors qu'il commandait le bataillon de reconnaissance de la *Leibstandarte Adolf Hitler*.

— Je connais bien le coin, dit-il. Les hauteurs de Potigny dominent le terrain. Nous y aurons de bons observatoires. Et il sera possible de nous accrocher au cours du Laizon.

La rivière serpente dans une vallée assez encaissée, très difficile à franchir pour les chars. Des soldats résolus peuvent s'y maintenir. Avec quelques canons de PAK, des Panzerfaust, et surtout beaucoup de courage, ils seront capables de bloquer longtemps l'attaque des blindés.

— Je vais essayer de me rendre à Bretteville-sur-Laize, annonce Panzermeyer. Je voudrais quand même bien comprendre ce qui se passe dans ce secteur.

Impossible d'atteindre le village en flammes. Les maisons, ravagées par le bombardement, forment des tas de pierres fumantes qui obstruent toutes les rues.

— Nous ne passerons jamais, lance le chauffeur Bornhöft.

— Ne t'en fais pas, Max, rétorque son chef. Si tu ne peux pas rouler dans les rues, contourne le village et avance à travers champs. Je veux arriver à Cintheaux.

Là, sur la grande route de Caen à Falaise, Panzermeyer se trouvera au centre du dispositif des deux Kampfgruppen de sa division.

Pas un soldat allemand n'apparaît. Le paysage est désert. On ne voit pas un char, pas un canon, pas un homme. Panzermeyer croit arriver au château de la Belle au bois dormant. De grosses fermes, derrière leurs murs de pierre, semblent sommeiller de part et d'autre de la route.

Le pays paraît totalement vide. En arrivant à Cintheaux, le Commandeur de la division *Hitlerjugend* aperçoit enfin les taches sombres des anoraks de camouflage de la Waffen SS. Ils sont quelques dizaines d'hommes, avec des Panzerfaust, et ne semblent pas surpris de voir arriver leur chef aux premières lignes.

— Nous sommes une section antichar du Kampfgruppe Waldmüller, annoncent-ils. Nous sommes arrivés au milieu de la nuit.

L'aube voit surgir de longues colonnes de soldats allemands qui descendent vers le sud, se dirigeant vers Falaise. Les hommes portent des vêtements déchirés. Beaucoup n'ont plus de ceinturon et d'équipement. Certains se sont même débarrassés de leurs armes. Nu-tête, épuisés, apeurés, ils déferlent par groupes errants, poussés par une panique contagieuse. Les jeunes SS de la section PAK appellent leur chef :

— Oberführer, ils foutent le camp ! Les salauds !

Panzermeyer n'a encore jamais rencontré de toute la guerre des hommes en proie à une telle terreur. Ils viennent de livrer des combats furieux, mais ont été bousculés sans appel par la ruée des blindés. Ils se sont enfuis à travers la campagne, les yeux fous, sans autre souci que celui de sauver leur peau.

Plus un chef ne commande ce troupeau.

Panzermeyer sent brusquement la contagion de la peur. Il transpire à grosses gouttes. Son uniforme lui colle à la peau. Il doit faire quelque chose. Et, pourtant, il sent une étrange paralysie le gagner. Jamais il ne pourra arrêter ces fuyards. Les SS, à leur tour, vont se laisser gagner par la panique. Plus rien n'arrêtera la ruée des Alliés vers Falaise.

Il faut réagir, se mettre en travers, élever une digue, si fragile soit-elle...

— En route ! lance-t-il à Max Bornhöft.

— Mais où allons-nous, Oberführer ?

— Prends la direction de Caen, Max. Il faut arrêter cette saloperie.

Le chef de la division *Hitlerjugend* a soudain l'impression que le sort entier de la bataille repose sur ses seules épaules. Sa voiture de campagne ouvre un sillage au milieu de la marée humaine en fuite. Toutes les unités de la 89e division d'infanterie de la Wehrmacht sont confondues sur cette route de la peur. Si jamais les Jabos survenaient...

Le ciel est vide d'avions, mais les canons ennemis entrent brutalement en action. Les obus commencent à tomber sur la route, avec une régularité lancinante et meurtrière. Brusquement, les fuyards se jettent par terre, rampent vers les fossés, se dispersent dans les champs. La route se vide.

La Volkswagen reste solitaire, en plein milieu de la route, comme une cible immobile. Le flot des fuyards s'est divisé en deux colonnes qui se sont éloignées de part et d'autre de la route, mais continuent à déferler vers le sud, sans ordre et sans but.

Panzermeyer saisit un fusil et saute à bas de sa voiture. Il faut absolument faire quelque chose pour arrêter cette hémorragie. Il lève son arme dans son poing serré, commence à donner des ordres. Depuis qu'il parle, il se sent étrangement calme. Tout entier tendu dans l'action. Il sait que ce sont les derniers lambeaux du front qui s'effilochent. Les ennemis arrivent derrière.

— Arrêtez-vous, camarades. C'est fini. Maintenant, vous allez vous battre. Comme des hommes. On va arrêter les Alliés. On tiendra, camarades.

Des soldats, incrédules, regardent ce général SS gesticulant tout seul, au milieu de la chaussée, le fusil au poing, comme un simple grenadier.

— Mais où pouvons-nous les arrêter ?

— Ici. Ici même, à Cintheaux. Tenez bon dans la localité et mes deux Kampfgruppen de la Waffen SS vont venir à la rescousse.

Des chefs improvisés se révèlent et commencent à donner des ordres. Autant la troupe semblait brisée quelques minutes auparavant, autant les habitudes de discipline et les traditions de courage reprennent vite le dessus. Les fuyards improvisent des barricades, dégagent des champs de tir, fortifient des points d'appui. Les Alliés ne prendront certes pas Cintheaux « dans la foulée ».

Le Commandeur ordonne à Max Bornhöft de faire demi-tour et de reprendre la route plein sud, vers Falaise :

— Tu me conduis à Potigny.

Le général doit maintenant rejoindre son poste de commandement. Il pourra enfin donner des ordres et manœuvrer les deux Kampfgruppen de Bernhard Krause et de Hans Waldmüller.

Le premier officier qu'il découvre dans Potigny est le Standartenführer Mohnke. La localité vient de subir un dur bombardement. Les véhicules des transmissions ont été touchés. Mohnke, affalé sur une carcasse de camion, se tient la tête à deux mains. Fortement commotionné, le colonel est devenu complètement sourd. Il regarde son chef avec des yeux un peu égarés :

— Nous avons bien cru ne pas nous en sortir. Et vous aviez disparu, Oberführer.

— J'étais à Cintheaux ! hurle Panzermeyer.

Mohnke lui fait signe qu'il n'entend toujours rien.

L'Obersturmbannführer Hubert Meyer arrive en courant. Le chef d'état-major n'a pas attendu le retour de son chef pour prendre des décisions :

— J'ai déjà dirigé le Kampfgruppe de Waldmüller vers Bretteville-le-Rabet.

— Tu as bien fait, Hubert. Il n'y a pas de temps à perdre pour rétablir le front. Voici mes ordres. D'abord, le Kampfgruppe de Waldmüller. Je le renforce avec le 1er bataillon de Panzers d'Arnold Jürgensen et les Tigres de Michael Wittmann. On monte une contre-attaque à partir des hauteurs au sud de Saint-Aignan. Ensuite, le Kampfgruppe de Krause. Je le renforce avec le 2e bataillon de Panzers de Karl Heinz Prinz. Il abandonne son attaque sur le bois de Grimbosq et s'établit en défensive entre les deux cours d'eau de la Laize et du Laizon. Enfin, la compagnie d'escorte divisionnaire et une compagnie de chasseurs de chars vont essayer de prendre la hauteur au sud de Saint-Sylvain.

— Avec qui allez-vous marcher ?

— Avec Waldmüller, bien entendu. Je veux diriger moi-même la contre-attaque. Toi, tu restes à Potigny au poste de commandement de la division. Essaie de rétablir les transmissions et garde le contact avec Sepp Dietrich qui se trouve à Urville.

Panzermeyer remonte dans sa Volkswagen et ordonne à Max Bornhöft de gagner au plus vite le village de Bretteville-le-Rabet, où il espère retrouver Waldmüller.

Dès qu'il aperçoit le commandeur de son premier Kampfgruppe, il lui lance :

— On va sur Cintheaux et on contre-attaque. Tu lances tous tes gars dans la bagarre et je t'appuie avec les Panthères du 1er bataillon et les Tigres de Wittmann.

Des dernières maisons de Cintheaux, sur la route de Falaise, on peut apercevoir une incroyable concentration de blindés ennemis. Deux divisions de chars britanniques et canadiens sont rassemblés, prêtes à déferler.

— Pourquoi n'attaquent-ils pas tout de suite ? se demande à haute voix Panzermeyer.

— Pour nous laisser le temps d'organiser notre contre-attaque, répond malicieusement Waldmüller.

Le Hauptsturmführer Michael Wittmann ne dit rien et se contente de sourire, certain de faire à nouveau un carnage de blindés ennemis. Le plus célèbre chasseur de chars de toute l'armée allemande a déjà détruit cente trente-huit adversaires en combat singulier et il porte les feuilles de chêne et les glaives sur sa croix de chevalier. Cette journée du 8 août va sans aucun doute lui permettre de sensiblement améliorer son score.

— On ne va pas les laisser longtemps tranquilles, décide Panzermeyer. C'est nous qui allons entrer les premiers dans la danse. Objectif : le bois au sud-est de Garcelles. Heure de l'attaque : douze heures trente.

Les blindés allemands s'ébranlent aussitôt pour gagner leurs positions de départ. Panthères et Tigres allongent vers le ciel le tube de leur long canon. Les chenilles prennent largement appui sur le sol. La bataille n'est pas encore engagée et le buste des chefs de bord, sanglés dans leur uniforme noir, apparaît hors de l'écoutille de leur tourelle. Michael Wittmann salue Panzermeyer longuement. Puis il disparaît à l'intérieur de son Tigre.

Les Panzers traversent les champs à toute vitesse, écrasent les haies, se coulent de couvert en couvert. Maintenant, ils ouvrent le feu. Des grappes de fantassins les escortent. Les grenadiers de Waldmüller se lancent à l'attaque avec une ardeur farouche. Caen est perdu. Mais Falaise doit tenir.

L'artillerie ennemie essaie d'arrêter la ruée des chars. En tête de ses hommes, le Hauptsturmführer Michael Wittmann fonce droit devant lui. Rien ne semble arrêter son Tigre. Le capitaine n'a qu'un but : surprendre l'ennemi, le bousculer, l'écraser. Les chenilles font jaillir des gerbes de boue. Les grenadiers bondissent vers l'ennemi. Ils sont ruisselants de sueur, couverts de terre, hirsutes et farouches. Aucun n'a encore vingt ans.

Le Sturmbannführer Waldmüller progresse, comme Wittmann, en tête de ses hommes. Maintenant, la seule manière de commander, c'est de donner l'exemple. L'ordre est simple : en avant ! Il suffit de courir, de tirer, de se ruer vers l'ennemi, les dents serrées, les tempes bourdonnantes.

Panzermeyer s'est installé avec quelques jeunes SS à la sortie nord du village de Cintheaux. Soudain, un grenadier en position derrière une mitrailleuse le hèle :

— Oberführer, regardez ce qui va vous arriver dessus !

De l'horizon, au nord-ouest des lignes, surgissent, vague

après vague, de puissants bombardiers quadrimoteurs. Bien vite, il apparaît impossible de les compter, tant ils sont nombreux. Un Berlinois lance une plaisanterie :

— Churchill nous fait bien de l'honneur. Il envoie un bombardier pour chacun d'entre nous !

— Beaucoup plus encore ! rétorque un camarade.

Mais les bombes arrivent déjà. Tous se jettent à plat ventre dans la boue. Les bombardiers ouvrent grand leur soute et déversent des tonnes de bombes sur la position de Cintheaux.

— On ne s'en sortira pas ! lance Panzermeyer. Il faut évacuer la localité et s'égailler dans les champs. Vite ! Dispersez-vous au nord du village !

En quelques minutes, toutes les maisons sont soufflées par les explosions. Le village de Cintheaux est rasé. Totalement.

Les avions alliés ont été si généreux pour larguer leurs bombes au-dessus de la localité, qu'ils ont aussi provoqué des pertes sévères dans leurs lignes avancées. Les troupes d'assaut canadiennes subissent finalement plus de casses que les défenseurs allemands de Cintheaux... Grâce à l'aviation ennemie, le premier engagement tourne à l'avantage des hommes de la division *Hitlerjugend* !

Maintenant, les bombardiers survolent les grenadiers du Kampfgruppe Waldmüller qui se ruent à l'assaut. Les bombes ne peuvent pas freiner l'élan des fantassins dispersés en pleine campagne. Et les aviateurs ne semblent pas avoir repéré les chars. Panthères et Tigres se dissimulent sous les couverts, laissant passer les vagues vrombissantes qui ressemblent à un sombre nuage d'acier au-dessus des lignes.

L'attaque des bombardiers américains n'a même pas ralenti l'élan des SS. Maintenant, les grenadiers de Waldmüller et les tankistes de Wittmann arrivent au contact de l'ennemi.

Dans ce secteur, les Allemands ne se battent plus contre des Canadiens, mais contre des Polonais.

Revanche de la guerre éclair de 1939. Falaise va venger Varsovie. Aigle blanc contre aigle noir. La lutte séculaire oppose une nouvelle fois les vieux adversaires des marches de l'Est. Le combat se déroule désormais dans la verdure des campagnes normandes. Mais ce ne sont plus des cavaliers polonais qui chargent à la lance les Panzers. Pendant quelques heures, les ennemis vont se battre à armes égales. Blindage contre blindage, canon contre canon, chenille contre chenille. Tigres et Panthères engagent des duels à mort avec les Sherman.

Dans le village de Cintheaux, les grenadiers aménagent en hâte de nouveaux postes de combat. Après le bombardement aérien, l'attaque ennemie semble imminente. Chaque maison doit devenir une forteresse.

L'ennemi déferle du nord. Les chars canadiens s'ébranlent à leur tour. Mais les canons des Panzers de Wittmann les prennent de flanc et bloquent leur avance. Les chars semblent hésiter, puis changent brusquement de direction.

— Ils obliquent sur notre gauche, constate Panzermeyer. Ils vont attaquer Bretteville-sur-Laize.

Un message parvient au Commandeur : l'aile gauche tient le choc. Un coureur arrive de l'aile droite : la compagnie d'escorte divisionnaire en est arrivée au corps à corps avec l'infanterie polonaise, aux environs du village de Saint-Sylvain.

— Les Polonais sont bloqués dans le bois de Cramesnil.

— Et à Bretteville-sur-Laize ? demande Panzermeyer.

— Les Canadiens n'avancent plus.

Le front, si hâtivement colmaté, semble tenir. Mais pour combien de temps ?

Le combat dure déjà depuis plusieurs heures, en ce terrible 8 août. Les pertes s'annoncent sévères. Les blessés allemands sont dirigés, tant bien que mal, au sud du village de Cintheaux où s'est établi un poste de secours improvisé. Mais on ne peut les garder longtemps ainsi, sous le feu de l'ennemi. Il faut les évacuer vers Falaise, par une route infernale que mitraillent les avions et que bombardent les canons.

Cintheaux tient toujours. Mais l'ennemi ne cesse de resserrer sa pression. A la fin de l'après-midi. Panzermeyer s'impatiente de ne recevoir aucun renfort. Il attend toujours le peloton de chars Tigres que lui a promis Sepp Dietrich. A défaut de blindés, quelques unités de grenadiers lui permettraient de prolonger la résistance. Mais les hommes du Kampfgruppe Waldmüller sont au combat sur son aile droite et ceux du Kampfgruppe Krause, toujours dans la forêt de Brimbosq, n'ont pas encore pu rejoindre son secteur.

Cintheaux résiste. Bretteville-sur-Laize tombe à la fin de l'après-midi. Les fantassins de la Wehrmacht, regroupés tant bien que mal par Panzermeyer et renvoyés vers le front, n'ont pu tenir plus longtemps contre l'assaut des blindés canadiens.

Des combats sporadiques se poursuivent jusqu'à la nuit, au nord et à l'ouest de Cintheaux, devenu le point fort de la résistance. Le village n'est plus que ruines. Quelques grenadiers SS, regroupés autour du commandeur de leur division, sont décidés à s'y faire tuer.

La nuit tombe.

Le prochain assaut ennemi menace d'emporter toute la défense allemande. Alors, il n'y a plus qu'une seule solution : trouver une nouvelle ligne de résistance plus facile à tenir. Un coup d'œil sur la carte montre d'évidence qu'il n'existe qu'un seul obstacle un peu sérieux pour s'accrocher : le cours d'eau du Laizon. Devant la rivière, un ensemble de bosquets et de collines doit permettre de sérieusement retarder l'ennemi.

— Nous décrochons à la faveur de la nuit, décide Panzermeyer, qui parvient à joindre Waldmüller et Wittmann dont l'offensive n'a pas réussi à entamer la ruée adverse.

Les Panthères et surtout les Tigres couvrent le mouvement de repli qui s'effectue dès la tombée de la nuit. Bruit de moteurs, bruissement d'une troupe en marche, brèves rafales sporadiques, les SS parviennent à rompre le contact et se dirigent par petits groupes vers le sud. Les chars qui ont couvert tout le repli se rassemblent à l'abri des couverts, dans le bois du Quesnay. Désormais, un peu plus au sud, à Potigny, le poste de commandement de la division *Hitlerjugend* se trouve sur la nouvelle ligne de front.

Panzermeyer a décroché le dernier de Cintheaux, puis de Bretteville-le-Rabet. Il ferme la marche de la colonne de grenadiers, l'air sombre, un fusil au poing, soldat parmi ses soldats. Pour ce général de trente-trois ans, les sacrifices de sa division pèsent de plus en plus lourd.

Son chef d'état-major l'attend avec impatience à Potigny.

— J'ai de mauvaises nouvelles, Oberführer, annonce d'emblée Hubert Meyer.

— Dis vite.

— Le Kampfgruppe de Krause n'a pas réussi à rompre le contact avec l'ennemi avant la fin de la journée. Nos garçons viennent seulement de quitter le bois de Grimbosq.

— Nous sommes bien en retard pour verrouiller le secteur de front attribué à la division. Si les Polonais et les Canadiens attaquent cette nuit, c'est la catastrophe.

— Pensez donc, Oberführer. Ils sont encore plus fatigués que nous.

— Comment cela se pourrait-il..., soupire Panzermeyer.

Ses grenadiers, ses cadres, lui-même, tous sont épuisés après les heures infernales de la nuit et de la journée. La fatigue, accumulée depuis deux mois de combat, ne cesse de peser davantage. Et l'usure, et la peur, et l'amertume. Les plus lucides savent la défaite inévitable sur le front de l'Ouest. Mais pas un seul grenadier n'accepterait de quitter le champ de bataille où se livre un combat désormais sans espoir.

— Nous avons depuis longtemps accepté la mort, fait remarquer Panzermeyer. Nous nous y sommes habitués. Nous ne la craignons même plus. Au fond de nous-mêmes, nous n'avons qu'une seule crainte : ne pas remplir notre devoir envers notre pays.

Le Commandeur ne parle pas ce soir du Führer ni du Reich. Une seule réalité lui permet encore d'envoyer ses garçons à la mort : la terre natale, cette patrie allemande dont ils se veulent les meilleurs fils.

— Allez donc vous reposer quelques heures, Oberführer, lui demande son chef d'état-major.

— Pas tout de suite, Hubert. J'ai quelque chose de plus important à faire. Oui, je veux écrire une lettre pour ma plus jeune fille : elle aura un an dans quelques jours.

18.

Le commandeur de la division *Hitlerjugend* a depuis longtemps terminé la lettre qu'il destine à sa fille. En cette nuit du 8 au 9 août 1944, il rédige maintenant les ordres de combat pour les survivants de son unité.

Le Kampfgruppe Krause défendra les hauteurs au nord de Maizières, à l'extrême droite du dispositif. Le Kampfgruppe Waldmüller tiendra de part et d'autre de la route de Caen à Falaise. Ce qui reste du bataillon Olboetter, l'ancien 3e du 26e régiment, s'établira sur la cote 195, au nord-ouest de Potigny. Cette unité SS servira de recueil aux troupes de la Wehrmacht qui refluent des premières lignes sous la poussée des Canadiens.

— Nos grenadiers ne pourront tenir longtemps sans appui, fait remarquer Hubert Meyer.

— Bien entendu. Aussi, je place l'artillerie en soutien au sud du Laizon, assez en arrière de nos positions avancées.

— Et les chars, Oberführer ?

— Max Wünsche va regrouper tout ce qui reste de Panthères et de Tigres. Il en prendra le commandement et « coiffera » Wittmann. Ils sont d'ailleurs faits pour s'entendre. Pour le moment, je garde tous nos blindés en réserve dans le bois du Quesnay.

La rapide conférence se termine.

— J'installe le poste de commandement à un kilomètre à l'est de Potigny, conclut Panzermeyer. Et je garde avec moi comme ultime réserve d'infanterie la compagnie d'escorte divisionnaire.

Peu avant le lever du jour du 9 août, Panzermeyer grimpe sur la colline que domine le tombeau de l'actrice normande Marie Joly.

Déjà, tout l'horizon à l'est de la route de Caen à Falaise s'éclaire d'une lueur grise. Les arbres qui bordent le Laizon sortent peu à peu de l'ombre. On commence à pouvoir suivre les sinuosités du cours d'eau. Plus loin, au nord, vers Caen, vers l'ennemi, la plaine semble s'étendre à perte de vue. Peu à peu, les taches sombres des immenses champs se transforment en taches vertes. On distingue des clochers, des routes, des bosquets. Une goutte de rosée perle sur chaque brin d'herbe. L'air est doux, un peu humide, paisible.

La campagne normande reste encore endormie. Dans ces clos depuis longtemps vidés de leurs paysans par la bataille, on ne distingue pas encore les soldats. Pourtant, dans les deux camps, on ne va pas tarder à se lever pour aller au travail quotidien. Les moissonneurs de la mort sommeillent encore.

Les chars sont tapis sous les bois, les canons de 88 s'embusquent au creux des haies, les guetteurs veillent derrière les mitrailleuses légères. Epuisés, leurs camarades dorment sur le sol, confondus avec ce paysage si tranquille.

Bientôt, le soleil fera frémir la lumière des feuillages sur les anoraks camouflés, ravivant les petites taches vertes et brunes des survêtements et des toiles de tente.

— Ecoutez, dit soudain un grenadier. On entend chanter des oiseaux.

Le jour est levé. La bataille va commencer d'une minute à l'autre. Qui ouvrira le feu le premier ?

Soudain, un coup de canon claque sur la cote 140. C'est un char ennemi qui vient de tirer sur un engin blindé allemand. Or, la cote 140 figure dans le dispositif « ami » ! Pourtant, c'est bien un Sherman qui s'est embusqué dans un bosquet et vient bruyamment manifester sa présence.

Panzermeyer se précipite sur un téléphone de campagne, puis appelle le commandeur du régiment blindé :

— Max, dit-il à Wünsche, il y a des chars ennemis sur la cote 140. C'est incroyable !

— Incroyable, Kurt. Un de mes engins de reconnaissance vient de se faire tirer dessus. Il devait assurer la liaison avec Waldmüller. Dès qu'il reviendra, je te rappelle.

Quelques minutes plus tard, Max Wünsche avertit Panzermeyer :

— Ça s'annonce mal. Il n'y a pas de troupes allemandes et la hauteur se trouve occupée par des blindés ennemis.

— Mais, enfin, où se trouve Waldmüller ? Il ne peut quand même pas avoir disparu pendant la nuit ?

— Je vais renvoyer un blindé de reconnaissance pour essayer la liaison avec lui.

L'Obersturmführer Meitzel, qui vient déjà de se faire tirer dessus quelques minutes auparavant, reçoit l'ordre de repartir en patrouille. Il retourne d'où il vient et essuie, bien entendu, un second coup de canon. Cette fois, son blindé est touché. Meitzel saute à terre. Des fantassins ennemis semblent surgir de partout et le font aussitôt prisonnier.

De son observatoire, Panzermeyer a suivi la scène à la jumelle. C'est une catastrophe : ses adversaires occupent une position clé du champ de bataille d'où ils dominent tout le cours du Laizon. La rivière sur laquelle la division devait appuyer sa résistance va se trouver exposée aux vues et aux coups directs de l'ennemi.

Le jeune général décide de reprendre, coûte que coûte, cette position et rappelle aussitôt Wünsche au téléphone :

— Max, à toi de jouer.

— Ça, je m'y attendais, Kurt. Je vais mettre le paquet et les prendre dans une sacrée tenaille. Je leur lance dessus des Tigres par l'ouest et des Panthères par l'est. Le spectacle risque d'être amusant...

— Sois tranquille, Max. Je reste aux premières loges.

Du haut de la colline que domine le monument de Marie Joly, Panzermeyer va assister à une scène incroyable : les Tigres et les Panthères ont à peine entamé le combat et détruit quelques Sherman que les redoutables Jabos surgissent dans le ciel. Les chasseurs-bombardiers alliés ne semblent pas avoir de liaison avec leurs blindés : ils piquent sur la cote 140 et attaquent... les chars canadiens. Les blindés allemands profitent du chaos pour s'infiltrer entre leurs adversaires en flammes. En quelques minutes, Panthères et Tigres s'emparent de la cote 140.

La colline n'est plus qu'un cimetière de blindés. Partout, des carcasses fumantes, des cadavres disloqués, des blessés qui errent de buisson en buisson, avec des garrots de fortune et des pansements tachés de sang frais. Seuls, quelques Canadiens tiennent encore sur la contre-pente. Parmi eux, un prisonnier allemand, l'Obersturmführer Meitzel, capturé à l'aube lorsqu'il venait « renifler » la cote 140 avec son véhicule blindé de reconnaissance. Le lieutenant porte le bras en écharpe, car il s'est fracturé l'épaule au cours de l'accrochage qui devait aboutir à sa capture.

— Il semble que la fortune soit en train de changer de camp, fait flegmatiquement observer l'officier allemand à ses gardiens.

Les Canadiens l'ont correctement traité, mais semblent peu soucieux d'engager la conversation avec lui.

— Si vous voulez vous rendre, poursuit ironiquement le prisonnier, je veux bien vous prendre en charge.

— Fermez-la ! lui lance un officier canadien.

Meitzel hausse son unique épaule valide et attend la suite des événements. Les chars allemands sont désormais les maîtres absolus de la hauteur. Les canons et les avions ennemis essaient vainement de les déloger. Ce sont surtout les fantassins canadiens entourant Meitzel qui reçoivent des éclats meurtriers...

— Sans vouloir trop vous influencer, reprend l'Allemand, je crois que vous feriez quand même mieux de vous rendre. Sinon, ni vous ni moi n'en sortirons vivants.

Vingt et un soldats et deux officiers l'entourent. De plus en plus ébranlés par l'incessant bombardement, incapables de regagner leurs lignes, ils commencent à perdre pied.

— Ecoutez, dit un des gradés à Meitzel, on pourrait peut-être discuter un peu de votre proposition.

— Je savais bien que nous finirions par nous entendre...

Le lieutenant SS guide ses vingt-trois gardiens, devenus en un instant ses vingt-trois prisonniers, vers les positions où il pense trouver des grenadiers du Kampfgruppe Krause.

Il réussit à regagner les lignes, à la tête de son étrange convoi enfin désarmé. Au début de l'après-midi, Meitzel arrive au poste de commandement de la division, toujours avec ses vingt-trois captifs.

— Je suis content de te revoir, lui dit Panzermeyer, qui avait assisté de loin à sa capture. Et je suis aussi content de faire connaissance avec tes « amis »...

Le Commandeur s'entretient avec l'un des prisonniers, un capitaine du régiment blindé originaire de la Colombie britannique. Les deux officiers, qui ont à peu près le même âge, vont deviser pendant une bonne trentaine de minutes, profitant de la brusque accalmie qui règne sur le front. Tous deux ne tardent pas à tomber d'accord :

— Quelle folie, la guerre !

Mais ils ne poussent pas trop loin la conversation. Panzermeyer est bien trop national-socialiste pour se laisser longtemps impressionner par ce prisonnier aux allures de gentleman. Et puis la bataille continue

Le Kampfgruppe Waldmüller a enfin réussi à établir une solide position de résistance. Le Kampfgruppe Krause s'installe, lui aussi, sur la défensive. Ces deux unités qui devraient avoir la force d'un bataillon n'ont même plus les effectifs d'une simple compagnie. Une centaine d'hommes chacune, tous épuisés.

— Ces dernières semaines nous ont sucés jusqu'à la moelle des os, avoue un des commandeurs.

Mais il y a pire que la fatigue et la peur : le chagrin. La nouvelle court sur tout le front tenu par les hommes du 1er corps blindé de la Waffen SS ; la Jeune Garde et la Vieille Garde sont en deuil : Michael Wittmann vient de tomber au combat. Il est mort comme le voulait la sombre tradition des Panzers : brûlé vif dans son char Tigre, enfin vaincu dans un duel avec un Sherman, après avoir détruit avec son équipage cent trente-huit chars et cent trente-deux canons... La mort du premier des chasseurs de toute l'armée allemande annonce la catastrophe qui sa s'abattre sur le front de Falaise.

— Ce sont les meilleurs qui nous quittent, dit seulement Panzermeyer.

Il sait bien que Michael Wittmann ne sera pas le dernier et qu'il reste encore tant de souffrances, tant de sacrifices.

En cette journée du 9 août 1944, les Allemands ont réussi à marquer un très sérieux coup d'arrêt au nord de Falaise. Le bilan apparaît impressionnant : les Tigres et les Panthères ont mis hors de combat près de cinquante blindés ennemis. Par-delà la mort, Michael Wittmann reste l'as des as.

La nuit voit se poursuivre les attaques. Sur l'aile droite, les Kampfgruppen de Krause et de Waldmüller tiennent bon, mais c'est le bataillon Olboetter qui va supporter le choc ennemi, à l'aile gauche du dispositif.

Les Canadiens attaquent la cote 195. Ce sont les Highlanders du régiment « Argyll et Sutherland » qui mènent l'offensive. En face d'eux, il ne reste qu'une centaine de grenadiers, sans cesse sur la brèche depuis plus de deux mois. Les SS croulent de fatigue et de sommeil. Mais ils combattent encore, à la grenade, à la mitrailleuse, au Panzerfaust.

Le Sturmbannführer Olboetter arrive même à lancer de rapides contre-attaques qui déconcertent ses adversaires. Les Canadiens semblent sans cesse plus nombreux. Ils veulent prendre la cote 195. Ils s'infiltrent dans les positions allemandes, isolent les points d'appui, essaient de les réduire. Une fois encore, en pleine nuit, Olboetter rameute les survivants et les relance dans la bataille. Quelques Panzers viennent le soutenir. Il a juré de tenir sur sa position et entend en rester le seul maître. Avec une poignée d'hommes, Olboetter tient bon. A l'aube du 10 août, la cote 195 se trouve toujours entre les mains des Allemands.

Les Canadiens ont échoué à l'aile gauche. Alors, les Polonais reprennent l'attaque à l'aile droite. Le commandement allié veut, à tout prix, ouvrir la route de Falaise.

— Les blindés polonais attaquent au nord de Maizières !

La situation apparaît vite très grave. L'ennemi veut contourner le Kampfgruppe Krause, atteindre le Laizon et percer vers Falaise.

Le Sturmbannführer Krause n'a plus un seul canon de PAK disponible. La veille, sa dernière pièce, après avoir détruit neuf blindés polonais, a été frappée d'un coup de plein fouet. Tous les servants ont été tués.

— Attaquez les chars avec des Panzerfaust ! ordonne le commandeur.

Les Polonais n'insistent pas et rebroussent chemin vers le nord. La « ligne » du Laizon est sauvée pour quelques heures.

Panzermeyer décide de ne pas laisser ses adversaires souffler et il monte, en toute hâte, une contre-attaque de chars.

— Combien reste-t-il de Panzers disponibles ? demande-t-il à Hubert Meyer.

— Une demi-douzaine. Ce sont eux qui ont sauvé la situation sur la cote 195.

— Alors, ils feront encore un miracle. Nous allons prendre les Polonais de flanc.

Les chars s'ébranlent rapidement sur un chemin de traverse. Ils parcourent tout le front d'est en ouest, comme ces cavaliers de théâtre qui repassent plusieurs fois sur la scène...

Un renfort inattendu vient soudain changer tout le cours de la bataille. Dans un grondement puissant, débouchent de l'arrière les blindés d'une compagnie de canons d'assaut automoteurs. Ce sont les plus redoutables destructeurs de chars de la Waffen SS. A leur tête, l'Obersturmführer Georg Hurdelbrink. Ses tubes de 75 se déchaînent. Les chars polonais sont pris à partie, poursuivis, tirés comme à l'exercice. En quelques minutes, les Allemands font un véritable carnage de blindés ennemis. Le bilan se révèle aussi impressionnant que la veille : quarante blindés détruits, dont le quart par le lieutenant Hurdelbrink lui-même.

— Le front tient, commente laconiquement Hubert Meyer. Les Canadiens et les Polonais vont enfin se tenir tranquilles.

Les deux Kampfgruppen et le bataillon de grenadiers ne comprennent plus qu'une centaine de combattants chacun. La division *Hitlerjugend* est saignée à blanc. Les survivants de la bataille de Caen viennent de sauver la situation devant Falaise.

19.

L'opération, que les Alliés nomment « Totalize », se solde pour l'instant par un échec sanglant. Mais les vainqueurs du 10 août 1944 sont épuisés. Il faudrait les relever de toute urgence.

La 85e division d'infanterie de la Wehrmacht arrive enfin dans le secteur de Potigny le 12 août. Panzermeyer confie le front du Laizon aux soldats de la Wehrmacht et gagne avec les survivants de la Jeune Garde une position de repli entre Perrières et Falaise.

La bataille de Normandie ne peut désormais s'achever que par une défaite. Il faut prévoir le repli général de toutes les forces allemandes au nord-est de la Seine. Déjà, les gradés et les hommes des services divisionnaires sont dirigés sur l'arrière, dans le secteur de Bernay et d'Evreux. Panzermeyer réorganise une fois encore sa division et ne garde comme gradés avec lui que les cadres des unités combattantes.

La division blindée *Hitlerjugend* comprenait, au matin du 6 juin 1944, environ vingt mille hommes. Il reste trois cents grenadiers en état de combattre et une vingtaine de blindés, chars ou canons d'assaut. S'y ajoutent quelques faibles unités d'appui : une section portée d'infanterie, un groupe de reconnaissance, quatre pièces de 88, une dizaine de canons de 37, quelques tubes de 20. L'artillerie se trouve réduite à une seule batterie d'obusiers. En tout, les effectifs de la division n'atteignent pas, officiers compris, un demi-millier d'hommes. La *Hitlerjugend* a perdu au combat quatre-vingt-quinze pour cent de ses jeunes loups.

Pour ceux qui restent en ligne devant Falaise, le combat continue.

— Les Alliés exigent de l'Allemagne une capitulation inconditionnelle. Nous ne pouvons que leur répondre par une résistance inconditionnelle. Personne dans la division n'abandonnera son poste de combat, annonce Panzermeyer à ses hommes.

Pourtant, le front s'écroule. Les rescapés de la bataille de Normandie se trouvent pris dans une grande poche dont les limites passent par Mézidon, Falaise, Thury-Harcourt, Tinchebray, Mortain, Domfront, Briouze, Argentan. Les Alliés s'efforcent de fermer la nasse entre Trun et Chambois, puis de prendre au piège trois cent mille hommes. La Ve armée et la VIIe armée risquent de connaître un nouveau Stalingrad.

Pendant toute la journée du 13 août, les messages alarmistes se succèdent. Panzermeyer ne se fait désormais aucune illusion : il n'y a plus de salut que dans la retraite.

— Nos troupes ne pourront échapper au piège que si certains se sacrifient à l'arrière-garde, remarque son chef d'état-major.

— Tu sais bien, Hubert, que ce sera encore une fois notre place.

Avant l'ultime mission de sacrifice, il reste une dernière nuit de repos. Etrange veillée d'armes où les hommes, ivres de fatigue, s'endorment sur place, dans le désordre des corps abandonnés à un lourd sommeil. Les cinq cents derniers SS de la division *Hitlerjugend* se couchent à l'abri des haies et des fossés.

Au matin du 14 août, Panzermeyer se trouve dans une voiture

légère de liaison en compagnie de trois officiers de la division : Olboetter, Bernard Krause et Max Wünsche. Ils recherchent sur le terrain comment accrocher une nouvelle ligne de résistance au nord-ouest de Falaise.

— Le meilleur point d'appui de tout le secteur, estime Wünsche, c'est encore la cote 159, un peu à l'est de la route de Falaise à Caen.

— Pour l'aile droite, constate Krause, on peut utiliser le cours de la Dives.

— D'autant que son affluent, l'Ante, prolonge la Dives à angle droit et couvre tout le nord de Falaise, remarque Olboetter.

— Tout cela me semble très bien, conclut Panzermeyer. Mais il ne faut pas perdre de temps. Les Canadiens et les Polonais se tiennent un peu trop tranquilles, à mon gré, ce matin. Ils doivent nous préparer quelque chose...

La situation particulière dans le secteur tenu par la « division » *Hitlerjugend* apparaît critique. La situation générale sur le front de Normandie s'annonce dramatique. Les Américains, par un large mouvement d'enveloppement, sont en train de fermer la poche, de toute la vitesse et de toute la puissance de leurs blindés. Déjà, ils se trouvent du côté d'Argentan.

L'assaut final ne saurait tarder.

Au début de l'après-midi, de nombreuses formations de bombardiers Halifax et Lancaster apparaissent dans le ciel, au-dessus des positions de la 85e division de la Wehrmacht venue peu auparavant relever la *Hitlerjugend* en première ligne. La défense se trouve en quelques minutes écrasée sous la mitraille et sous les bombes. Tous les points d'appui sont bouleversés, les pièces d'artillerie sautent les unes après les autres, les canonniers sont mis hors de combat avant de pouvoir riposter. L'attaque est imminente. La 1re division blindée polonaise et la 4e division blindée canadienne débouchent avec des centaines de chars. Une division d'infanterie canadienne, la 3e, s'avance dans le sillage des blindés.

Spectacle fantastique. Les chars roulent comme à la parade, chenille contre chenille. Ils forment comme un mur. C'est une forêt d'acier en marche. Rien ne peut enrayer son avance. Ni les fantassins de la Wehrmacht, ni le Laizon où les Allemands espéraient bloquer la ruée ennemie. Le cours d'eau est franchi à la fin de l'après-midi. Lourdement, lentement, puissamment, les chars canadiens et polonais s'avancent vers le sud, vers Falaise. En face d'eux, le demi-millier de combattants de la Waffen SS qui constituent l'utltime rempart devant la ville natale de Guillaume le Conquérant.

Ils sont quelques dizaines de grenadiers à tenir à la cote 159, soutenus par les derniers Panthères et les derniers Tigres, contre deux divisions canadiennes.

Quand la nuit tombe, la cote 159 se trouve toujours entre les mains des jeunes Allemands de la *Hitlerjugend*. Chaque soldat est désormais au courant de la situation générale sur le front de Normandie. Il faut encore tenir tout le flanc nord de la « poche » pour permettre aux camarades d'échapper à ce piège qui se referme d'heure en heure.

A l'aube du 15 août, la cote 159 tient encore. Des silhouettes jaillissent soudain de la brume matinale.

— Attention ! crie un guetteur. Voici les Canadiens.

— Mais non, intervient un gradé. Ils portent des casques allemands. Ne tirez pas !

Ces quelques hommes, épuisés, se laissent tomber dans les trous occupés par les SS du dernier Kampfgruppe. Ils reprennent souffle peu à peu. Ils sont à peine une trentaine, rescapés de la division d'infanterie qui tenait la ligne du Laizon.

— Les Canadiens lancent attaque sur attaque. Ils ont des centaines de chars. On ne peut plus rien. Nous avons réussi à vous rejoindre à la faveur de la nuit.

— Puisque vous êtes là, remarque le Sturmbannführer

Krause, vous pourriez peut-être nous donner un coup de main pour défendre cette sacrée position.

Etonnés par l'esprit de sacrifice des jeunes SS, les soldats de la Wehrmacht se laissent gagner à la contagion du courage. Volontairement, ils s'intègrent dans la défense de la cote 159. Seuls, les blessés sont évacués vers Falaise.

Rapidement, dans le jour qui s'affirme, cette colline en plein nord de la ville, juste à l'est de la route de Caen, devient l'objectif numéro un des Canadiens. Les fantassins du Reginas donnent l'assaut.

En quelques minutes, la cote 159 n'est plus qu'une montagne de feu. Les obus s'abattent sans une seule accalmie. La terre labourée et relabourée tressaille. Une épaisse fumée empanache les défenses allemandes. Grenadiers et équipages des Panzers attendent l'assaut. Le brouillard et la poussière sont devenus trop denses pour apercevoir l'ennemi. Mais ils entendent le grondement des chars, ce bruit de chenilles et de moteurs, qui s'ébranlent et commencent à escalader la pente. D'un instant à l'autre, les chars vont surgir.

Rafale après rafale, les mitrailleuses allemandes s'efforcent de clouer au sol les Canadiens. Les tireurs s'arrêtent seulement pour changer le canon de leur arme. Ils se brûlent les doigts. Ils sont noirs de poudre et bruns de terre. Les adversaires s'insultent avant de se prendre à la gorge. Maintenant, le corps-à-corps est imminent.

Le grondement des chars s'amplifie. En voici un, puis un autre. Bientôt, tout le paysage apparaît noyé sous ces masses qui avancent irrésistiblement.

Mais, brusquement, les chars n'avancent plus. Ils semblent retenus par une main gigantesque. Les Canadiens dédaignent la victoire qui se trouve à leur portée, mais coûterait trop cher en hommes et en chars.

La cote 159 reste entre les mains de ses défenseurs. Les Allemands tiennent aussi les villages de Jort et de Perrières, qu'occupent quelques dizaines de SS isolés.

Les Canadiens ne peuvent franchir les monts d'Eraines. Les Polonais ne peuvent traverser la Dives.

— C'est incroyable, constate Panzermeyer, mais notre front tient toujours.

Les derniers blindés et les derniers canons soutiennent les derniers grenadiers. La « division » *Hitlerjugend* verrouille toujours le nord de Falaise.

Mais à quel prix ! Un nouveau chef de bataillon tombe au combat, le Sturmbannführer Prinz, chef du 2e bataillon du 12e régiment blindé SS. Avec lui, Max Wünsche et Panzermeyer voient disparaître encore un de ceux qui se battaient avec eux depuis 1940. Le cercle des vieux camarades se resserre de plus en plus.

La cote 159 semble le centre d'un immense brasier.

Panzermeyer se dirige vers cette position, sans cesse attaquée et sans cesse menacée. En traversant le village de Versainville, il tombe sur Max Wünsche :

— Ne monte pas là-haut, Kurt. J'en reviens. C'est intenable.

— J'y vais, Max.

— Ecoute-moi. Puisque je te dis que moi-même je n'ai pas pu tenir et que j'ai été obligé de redescendre.

— Si toi tu n'as pu tenir, Max, alors...

Le Commandeur laisse tomber les bras. Tout s'écroule, désormais. Là où Wünsche doit abandonner, personne ne pourra tenir.

Déjà, les chars ennemis débouchent, foncent sur la route, tirent. Panzermeyer se trouve environné d'explosions. Il ne voit plus personne dans le feu, la fumée, la fournaise.

— Max ! Max, où es-tu ?

Wünsche ne répond pas, comme happé par les derniers soubresauts de la bataille.

Soudain, Panzermeyer se sent frappé au visage comme par un gigantesque coup de bâton. Il s'écroule sur la route. Il croit qu'il a le crâne éclaté. Il va mourir. Voilà. Cette fois, l'heure du vieux trompe-la-mort est arrivée. Encore un général de la Waffen SS à tomber au combat. Le sang ruisselle sur son visage. Il est aveuglé, affolé. C'est la fin. Panzermeyer se traîne sur la route, bondit dans une haie. Il réalise qu'un éclat d'obus vient de lui labourer le crâne. Mais il n'est pas encore mort. Non, pas encore.

Le voici seul. Son camarade Max Wünsche a disparu. Son chauffeur Max Bornhöft semble, lui aussi, volatilisé dans ce paysage de fer et de feu. Les éclats sifflent sans cesse. Pourtant, Panzermeyer sait qu'il ne va pas mourir. Pas tout de suite... Mais il ne s'en sortira pas tout seul. Qui peut encore survivre pour lui porter secours ? Qui reste debout dans tout cet ouragan ?

Le grondement de chars se rapproche. Voici les Sherman. Des explosions rapides. Les Panthères les prennent à partie. Un duel à mort s'engage. Entre les deux adversaires, tapi dans son fossé, tout seul, Panzermeyer.

Les minutes passent, interminables.

— Oberführer ! Oberführer, où êtes-vous ?

La voix perce à peine la masse cotonneuse et puante du brouillard mortel. On entend, faiblement, un bruit de moteur. La Volkswagen surgit soudain. Insolite petite véhicule au milieu de tout cet enfer. Max Bornhöft tient le volant. Il appelle son chef...

— Oberführer ! Dépêchez-vous, les Sherman arrivent !

Des obus encadrent le véhicule, arrachent le goudron de la route par plaques entières. De la terre vole dans tous les sens. Max Bornhöft est revenu chercher son chef. Il irait le chercher jusque sous les chenilles des chars ennemis...

Panzermeyer jaillit du fossé et saute dans la Volkswagen,

qui accélère aussitôt. Bornhöft n'a aucune envie de rester très longtemps entre les Panthères et les Sherman qui poursuivent leur dialogue à coups d'obus.

Quelques minutes plus tard, le commandeur de la division et son chauffeur arrivent dans les lignes que tiennent les derniers blindés de Max Wünsche.

— Eh bien, Kurt, s'exclame son camarade, tu t'es drôlement fait arranger !

Panzermeyer a le visage couvert de sang. L'éclat lui a arraché la moitié de ses cheveux et profondément entaillé le crâne.

— Tu vois, Max. On dirait que je suis tombé entre les pattes des Indiens.

— Ne reste pas là. Nous ne tiendrons plus longtemps maintenant.

— Et la cote 159 ?

— Ce n'est plus qu'une question de minutes. Tous les garçons ont fait le maximum. Maintenant, c'est terminé.

— Je sais, Max. Je vais essayer de diriger les survivants sur le cours de l'Ante. Ils pourront encore tenir un peu en s'appuyant sur la rivière. Et puis après...

— Ce qui se passera après, Kurt, il n'y aura plus grand monde pour le voir.

Le commandeur de la « division » *Hitlerjugend,* la tête entourée d'un énorme pansement, déjà souillé de sang séché, installe sa voiture de commandement, toujours conduite par le fidèle Max Bornhöft, à un carrefour de route, au lieu-dit les Quatre-Barrières à Damblainville, sur la route de Saint-Pierre-sur-Dives. Ses unités sont de plus en plus réduites et de plus en plus dispersées sur un « front » démesuré. Alors, les liaisons jouent un rôle essentiel. Le Sturmbannführer Pandel, commandeur du 12e bataillon SS de transmissions, se démène. Il n'est plus question de tendre les fils du téléphone de campagne, mais il reste encore quelques postes de radio. Le dernier véhicule des transmissions a été camouflé dans un bosquet. Ecouteurs aux oreilles, les opérateurs essaient d'établir le contact avec les différentes unités de la « division ».

— Alors, Pandel, vous avez tout le monde ? demande Panzermeyer.

— Je crois qu'on va y arriver, Oberführer.

En ce matin du 16 août, le dispositif de ces dernières unités de la division *Hitlerjugend* ne constitue pas une ligne continue, mais une série de points d'appui, avec des vides qu'il n'est plus désormais possible de combler.

On se bat déjà dans la bourgade de Jort, à l'extrême droite du dispositif. Les Polonais sont aux prises avec les grenadiers du groupe de reconnaissance de l'Obersturmführer Hauck. Chaque maison sera prise et reprise plusieurs fois. Les adversaires se saisissent à la gorge. Toutes les armes sont bonnes pour tuer : les baïonnettes, les couteaux, les pelles de tranchée. Allemands et Polonais continuent à régler des comptes séculaires. Jort brûle.

Un peu en arrière, au Grand-Couliboeuf, l'Obersturmführer Hartwig a placé les derniers tubes de 88 de la FLAK en position antichar, à la sortie nord du village. Les Sherman de la 1re division blindée polonaise ne doivent à aucun prix franchir la Dives.

Les débris des deux Kampfgruppen occupent encore deux localités, au nord des monts d'Eraines. Waldmüller est à Perrières et Bernhard Krause à Epaney.

Panzermeyer se trouve à Versainville, non loin de la cote 159. Il reste encore quelques chars. Les Panthères sont à Vaton avec Prinz et les Tigres à Versainville avec Wünsche. A l'arrière du front, à Villy, les artilleurs de Bartling soutiendront la défense de leurs derniers obus.

La route principale sur Falaise est verrouillée au lieu-dit l'Attache, là où les routes de Saint-Pierre-sur-Dives, de Thury-Harcourt et de Caen forment une patte d'oie. Pour tout obstacle, devant une division blindée canadienne : un canon antichar, un nid de mitrailleuses et une vingtaine de grenadiers.

20.

Pour défendre la ville de Falaise elle-même, Panzermeyer engage ses dernières réserves : soixante grenadiers, quelques mitrailleuses et un unique canon antichar.

— Il faut fixer l'ennemi le plus longtemps possible, dit le Commandeur aux jeunes SS qui doivent se battre dans Falaise. Que chacun d'entre vous tiraille dans les ruines. Tout le temps que vous gagnerez sera utilisé par vos camarades de la « poche ».

Inutile de leur dire qu'il s'agit d'une mission de sacrifice. Ils le savent. Ils y sont prêts depuis qu'ils servent dans la *Hitlerjugend*. Maintenant, le moment est venu de mourir pour leur serment.

Les soixante grenadiers prennent possession de la ville. Tous les volets sont fermés. Il ne reste que de rares civils, cachés dans les caves. Dans les rues désertes, que jonchent des tas de gravats, les SS repèrent des emplacements de tir. A l'instruction, ils ont appris que le courage n'est rien sans l'initiative et la ténacité ; il faut savoir se battre seul.

Quelques grenadiers grimpent se cacher dans des arbres. D'autres prennent position dans des maisons abandonnées. Ils se dissimulent dans les greniers ou dans les caves. Ils manquent de tout, sauf de munitions. Chaque homme se sent capable d'arrêter longtemps les Canadiens et de leur faire payer très cher l'inéluctable prise de Falaise.

Les soixante SS qui s'enferment dans la cité natale de Guillaume le Conquérant ne se soucient même pas d'un chemin de repli. Ils savent qu'ils devront résister jusqu'aux dernières cartouches.

Silencieuse, déserte, la ville les voit se glisser le long des rues vides, plus que jamais semblables à de jeunes loups efflanqués.

Contre les soixante SS de la *Hitlerjugend,* les Alliés vont lancer dix-huit cent cinquante hommes. Ils appartiennent à deux unités de Canadiens anglais, le Queen's Own Cameron Highlanders et le South Saskatchewan, et au régiment de Canadiens français Mont-Royal. Pour les soutenir : vingt Shermann, des blindés légers et des canons antichars.

Trois régiments d'artillerie commencent par pilonner la ville, s'attardant sur les faubourgs situés au sud, afin de couper les défenseurs de Falaise de leurs arrières. Les voici enfermés dans le piège. Derrière eux, un mur de feu à peu près infranchissable. Devant eux, l'ennemi qui attaque. Les SS vont se battre à un contre trente.

Mais ils ont un moral de Spartiates aux Thermopyles : ils savent qu'ils sont à Falaise pour y mourir.

Venant de Villers-Canivet, les Canadiens gagnent leur position de départ, au milieu d'un énorme embouteillage de blindés et de véhicules : l'essence coule à flots dans les armées alliées. Ils progressent lentement, anxieux de savoir ce qu'ils vont trouver dans cette ville morte, dominée par la lourde silhouette de son château médiéval.

Les voici qui approchent de la patte d'oie de l'Attache, au nord de la ville sur la route de Caen, au carrefour des voies qui mènent à Saint-Pierre-sur-Dives et à Thury-Harcourt. Là, s'accroche une pièce de 88 de l'unité de FLAK. Les servants, immobiles comme à l'exercice, guettent le premier blindé ennemi qui surgira sur une des trois routes aboutissant à l'Attache. Mais les guetteurs n'aperçoivent aucun véhicule dans le lointain.

— Attention, des fantassins ! Ils arrivent par la route de Thury-Harcourt.

— Ne gaspillez pas les munitions, ordonne le chef de pièce à ses servants.

Un de ses hommes épaule son fusil, vise prosément et tire. Le gradé canadien qui progressait en tête de la colonne s'écroule, tué net à deux cents mètres.

— Au suivant, dit simplement le SS en collant à nouveau sa joue contre la crosse de son arme.

Mais les Canadiens se sont jetés par terre pour se réfugier dans les fossés. On n'aperçoit plus une seule silhouette sur la route et dans les champs. Les grenadiers retiennent leur souffle.

— Ils vont quand même bien remettre ça, s'impatiente le tireur.

— Pas certain, répond le chef de pièce. Ils vont se camoufler et nous faire envoyer une dégelée d'obus. Planquez-vous !

Les canons ennemis ne tardent pas à ouvrir le feu. Les projectiles s'abattent sur le carrefour. La pièce de 88 et les servants se trouvent au centre d'un déluge de projectiles. Les SS courbent le dos et attendent une accalmie. Le tir se poursuit. Interminable. Enfin, les canons se taisent. Aussitôt, on entend le grondement des chars.

— Cette fois, ils attaquent !

Les blindés appuient maintenant les hommes du South Saskatchewan qui commencent à s'infiltrer dans le faubourg nord-ouest de Falaise, à travers le quartier des Maisons-Blanches.

Deux explosions. Les Canadiens ne savent même pas si c'est la pièce de 88 ou deux tireurs de Panzerfaust qui ont si brutalement ouvert le feu. Mais ils viennent de perdre deux chars ! La prise de Falaise promet de coûter cher.

Des rafales de mitrailleuses. Quelques SS se sont établis à

l'entrée de la ville, juste dans le virage de la route de Caen. Excellente position qui leur permet de prendre en enfilade le grand axe d'attaque des Canadiens. Là, se trouve l'unique canon antichars de la défense de la ville.

Un Sherman s'avance lentement, comme s'il voulait écraser sous ses chenilles cet insolent point d'appui. D'autres chars grondent derrière lui, impatients de participer à la curée.

Un coup de canon. Un seul. Le blindé canadien s'immobilise et une épaisse fumée noire commence à jaillir par les écoutilles. Les SS tiennent solidement la porte de Falaise. Une mitrailleuse prend à partie des fantassins du South Saskatchewan. Les Canadiens essaient de se dissimuler derrière le blindé en flammes ou de se réfugier dans les maisons. Mais les servants du petit canon les tirent comme des lapins.

Les assaillants refluent. Leurs chefs ne sont cependant pas décidés à se laisser arrêter par une poignée de fanatiques. Le colonel prend le fusil d'un de ses soldats et entraîne ses hommes à l'assaut. Les Canadiens bondissent, tirent, hurlent. Les voici devant le canon antichar. Déjà, trois servants gisent à côté de la pièce, touchés à mort. Leurs camarades se rendent compte qu'ils ne peuvent plus rien contre l'assaut de plusieurs centaines de fantassins.

— Impossible d'emmener le canon, se désole le chef de pièce.

— Il aura quand même fait du bon boulot, répond un des chargeurs, montrant le char incendié à quelques dizaines de mètres du virage de la rue de Caen.

— Allez, faites tout sauter ! On se replie.

Le canon explose au moment où les Canadiens se lancent pour le dernier assaut. Ils découvrent trois cadavres, mais les autres servants de la pièce ont réussi à leur échapper. Ils se retrouveront tout à l'heure...

Les hommes du South Saskatchewan contournent le canon qui n'est plus qu'un amas de ferraille. Ils sont maintenant entrés de quelques mètres dans Falaise. Une brusque rafale coupe net leur élan. Une mitrailleuse les prend de flanc, précise, impitoyable. Une fois encore, il faut bondir, ramper, chercher l'abri des porches et des boutiques éventrées. Passer le premier carrefour est déjà un exploit. La ville se ferme comme un poing de fer.

Un bond leur permet de franchir l'obstacle et de se retrouver, haletants, de l'autre côté de la rue.

— C'est ça, murmurent les SS, installés dans une des maisons de la rue de Caen, derrière des volets entrouverts. C'est ça, venez vers nous...

Détonations isolées. Encore plus précises que les rafales de la mitrailleuse du carrefour. Cette fois, chaque SS a choisi son adversaire et tire pour tuer. Les Canadiens s'écroulent, refluent, essaient de trouver un angle mort pour échapper à ces tireurs invisibles.

Déjà, le chef de la colonne d'assaut appelle les blindés en renfort. Voici les Sherman qui débouchent. Lentement, lourdement, en tournant le tube de leur canon contre la façade menaçante d'où sont partis les coups de feu. Brusque moment de silence.

Puis les chars tirent. Ils tirent obus sur obus, comme s'ils voulaient démolir une forteresse. Ils tirent jusqu'à ce que leurs obus crèvent les murs et incendient la maison. Des flammes jaillissent, lèchent les murs, embrasent le toit. A nouveau, le silence. Seul, s'enfle le crépitement de l'incendie.

Les SS ont disparu dans le brasier.

La progresion peut reprendre. Après ces quelques dizaines de mètres si chèrement payés, les Canadiens arrivent sur une place vide, hostile. A leur gauche, la silhouette mutilée de l'église Saint-Gervais-et-Saint-Protais.

Les gradés les dirigent vers le quartier nord-est de la ville, vers la porte Le-Comte et l'usine à gaz. Les Allemands semblent avoir disparu.

Trois chars ont été détruits depuis le début de la bataille. Il en reste encore dix-sept. Les huit premiers avancent lentement, leur canon braqué vers les façades muettes. Les chefs de bord aperçoivent des petits fortins de béton, au ras du sol.

— Attention ! lancent-ils dans les microphones.

Mais aucune résistance ne se manifeste. Les chars poursuivent leur progression. Les équipages sont brusquement rassurés. Les Allemands ont dû s'enfuir.

Les Allemands sont là. Encore quelques isolés, bien cachés dans les fortins, les yeux grands ouverts sur les chars qui grondent à quelques mètres de leur repaire. Ils entendent le pavé résonner sous leurs chenilles. Ils n'ont pas d'armes pour arrêter ces blindés. Alors, ils les laissent passer. L'un après l'autre, les huit chars défilent devant eux, plongeant à chaque fois dans l'ombre les meurtrières des fortins et dessinant des ombres fugitives sur les visages des SS.

Ils ne bougent pas, ne respirent pas. Ils attendent les fantassins qui suivent les chars. Avec eux, les SS pourront s'expliquer à armes égales. La consigne est toujours la même : tir à tuer et chacun son homme.

Voici les soldats du South Saskatchewan. Le doigt sur la détente, ils arrivent à quelques mètres des fortins, jetant des coups d'œil inquiets sur les façades des maisons et surtout sur ces meurtrières, étroites comme des lames d'acier. Pourtant, les chars ont franchi l'obstacle sans se faire accrocher. Alors, les fantassins avancent. Encore quelques mètres.

Trois détonations. Trois Canadiens tombent par terre, tués net. Pour le sergent qui commandait le premier groupe d'assaut et ses deux éclaireurs, la bataille de Falaise est terminée. Leurs camarades refluent, laissant les trois cadavres au milieu de la rue.

Il faut rameuter les blindés, tirer sur ces fortins, aveugler ces meurtrières, enfumer ces SS comme des fauves dans leur tanière.

Faudra-t-il prendre chaque pâté de maisons comme une forteresse ? Pourtant, ils ne sont même plus cinquante, en face de trois régiments et d'une vingtaine de chars.

La porte Le-Comte est atteinte. Les Canadiens sont maîtres de la sortie nord de Falaise. Mais, dans tout ce quartier, derrière l'église Saint-Gervais-et-Saint-Protais, la bataille continue.

La « bataille » ? Ils sont quelques SS solitaires qui, fidèles à la consigne de Panzermeyer, laissent approcher leurs adversaires et ouvrent le feu à bout portant. Quelle joie amère de voir brusquement un ennemi s'affaisser, tandis que ses camarades lancent de tous côtés des regards de bête traquée ! Mais, aussitôt, le chasseur devient gibier.

Les Canadiens veulent se venger du tireur isolé qui vient d'arrêter la colonne d'assaut et de tuer l'un des leurs. Alors, ils cherchent à débusquer le SS. Ils ont assez de munitions pour tirer dans tous les sens un peu au hasard. Ils lancent des grenades. Ils appellent les chars qui chassent l'homme au canon. De longues minutes s'écoulent. Les Saskatchewan sont lâchés comme une meute de chiens après le loup solitaire.

Enfin, on découvre le tireur. C'est un gamin de dix-sept ans, allongé derrière un tas de pierres. Il tient encore son fusil au poing. Mais le sang macule la grosse toile de son anorak camouflé. Ses yeux grands ouverts ne regardent plus que la mort.

Déjà, une autre détonation retentit. Un Canadien, blessé, s'écroule dans le caniveau. Les brancardiers se précipitent. A nouveau, des cris. Des rafales. Une galopade. Le SS essaie d'échapper à ses poursuivants. Il veut rejoindre ses camarades, sauver sa peau pour la vendre encore plus cher. Il se glisse dans un couloir, sombre comme un puits. Il se fond dans l'ombre humide. Le voici dans une cave. Par le soupirail, il voit les petites guêtres et les grosses chaussures cloutées des Canadiens qui galopent à sa poursuite. Est-il repéré ? Son cœur bat à tout rompre, ses tempes bourdonnent. L'explosion d'une grenade quadrillée. La vie qui s'enfuit par toutes les plaies de son corps déchiqueté.

— Encore un ! dit seulement le Canadien en retournant le cadavre d'un coup de pied.

Partout, des maisons brûlent. Sur le ciel clair de cette fin d'après-midi d'août, les pans de murs et les cheminées branlantes s'estompent dans la fumée des incendies. Il fait très chaud. C'est l'été de l'enfer et de la mort.

Les tireurs allemands continuent d'enrayer l'avance des Canadiens. A la tombée de la nuit, on comptera quatorze morts chez les South Saskatchewan.

La situation reste confuse. Les SS tiennent toujours le centre de la ville. Pendant toute cette journée du 16 août, on se bat durement dans le secteur où ont attaqué les Cameron Highlanders.

Venus par la cavée de Saint-Adrien, les Canadiens veulent pénétrer dans la ville par la porte Philippe-Jean qui s'ouvre sur la rue des Ursulines. Les assaillants ont une dizaine de chars avec eux. Pour les arrêter, les SS ont construit des barricades de poutres et de pierres sur le seul petit pont qui franchit le Val d'Ante.

Les blindés tournent et retournent dans un terrain marécageux au pied des murailles du château. Les fantassins essaient de se dissimuler. Ils sont cloués au sol par une arme automatique. Une seule mitrailleuse lourde et ses trois servants arrêtent un demi-millier d'hommes !

Les SS tirent par très courtes rafales, économisant les munitions. Le donjon du château de Guillaume le Conquérant forme une toile de fond romantique pour cet accrochage qui se poursuit toute une partie de l'après-midi.

L'officier qui commande l'assaut s'impatiente. Ses chars restent toujours embourbés. Le génie a été appelé en renfort pour les dégager, mais les chemins étroits qui mènent au pont sur l'Ante et à la porte Philippe-Jean ne permettent guère des manœuvres de remorquage.

La nuit commence à tomber. Les Canadiens des Cameron Highlanders sont toujours cloués au sol, impuissants à museler une unique mitrailleuse sans l'appui des chars.

Les gradés s'interrogent et se décident enfin à tenter une manœuvre d'enveloppement. Les SS entendent toujours des bruits de moteur, des murmures, tout un grouillement que les ténèbres rendent encore plus inquiétant.

Mais, finalement, les Canadiens ne trouvent pas de passage et décident de poursuivre leur assaut par le pont de l'Ante. Ils attendent minuit pour faire passer, un à un, les fantassins à la faveur de l'obscurité. Parfois, les SS tirent au jugé une rafale de mitrailleuse en direction du pont. Mais ils continuent à économiser les munitions.

— Si seulement nous avions des fusées éclairantes, répète le chef de pièce.

Ce grouillement continu dans la vallée et sur le petit pont l'inquiète. De longues minutes se passent. Parfois, la nuit redevient silencieuse. Puis une sorte de halètement reprend, avec des échos étouffés. Maintenant, les SS entendent les moteurs des tracteurs qui viennent dépanner les chars.

— Cette fois, ils vont attaquer.

Il est deux heures du matin, le 17 août. Tout le centre de Falaise reste entre les mains de cette demi-centaine de SS obstinés.

Les défenseurs de Falaise sont désormais isolés. La journée a été terrible pour tous leurs camarades de la *Hitlerjugend*. Les blindés du Sturmbannführer Prinz se sont heurtés aux armes antichars des Canadiens français du régiment Mont-Royal, placés en couverture nord de l'attaque sur Falaise. Les Allemands ont subi des pertes. Prinz a été tué à bord de son Panzer de commandement. La division vient encore de voir tomber au feu un de ses chefs de bataillon. L'ultime contre-attaque allemande pour dégager Falaise se termine par un échec sanglant.

Sans aucun souci, les soldats du Mont-Royal viennent désormais renforcer les Cameron Highlanders et les South Saskatchewan. La nuit ne favorise guère les assaillants. Deux mille Canadiens piétinent dans les rues des faubourgs nord et ouest de Falaise, incapables de déloger moins de cinquante tireurs isolés, tapis dans les maisons du centre de la ville.

A la lueur des incendies, les SS tiraillent sur toutes les silhouettes qui se présentent. Les assaillants cherchent toujours un passage, mais renoncent vite à l'attaque frontale. Les Saskatchewan décident un grand mouvement tournant, pour gagner l'ouest de la ville. Partant de la place Saint-Gervais, ils progressent, sous la protection des chars, le long de la rue Georges-Clemenceau, essayant de gagner le faubourg de Guibray.

Mais les SS continuent à employer la même tactique : bien isolé dans une tranchée ou un trou d'obus, un homme seul tiraille jusqu'à ce qu'il soit débusqué et abattu. A chaque fois, la même scène se renouvelle : un assaillant, touché à mort, s'écroule et ses camarades appellent à l'aide les chenillettes et les blindés. Il faut le canon des Sherman pour venir à bout d'un gamin de dix-sept ou dix-huit ans, seul à son poste avec son mauser. La même scène se renouvelle à la porte Marescot, à la gare, au jardin public. Des balles semblent venir du ciel et frappent d'en haut les Canadiens qui tournent et retournent sans parvenir à localiser leur invisible adversaire. Une seule chose est certaine : le tireur insaisissable est seul. Mais sur quel toit ?

Le jeune SS n'est pas grimpé sur un toit, mais caché dans un arbre, adossé au tronc et perché sur une branche, comme un oiseau de proie. La lueur d'un coup de départ permet enfin de le repérer. Dix canons de fusil se tournent vers lui et crépitent en même temps. Le tireur lâche son arme et s'abat lourdement sur une des pelouses du jardin public, criblé de balles.

Les South Saskatchewan reprennent enfin la progression, de plus en plus énervés et de plus en plus méfiants. Combien sont-ils encore de SS décidés à se faire tuer sans se rendre ? Par la rue Georges-Clemenceau, les Canadiens arrivent au croisement de la route de Livarot, tout à fait à l'ouest de Falaise, près de la caserne et de sa grande place d'armes. Dans la nuit, tout semble désert, immense, hostile. A nouveau, des coups de feu. Une poignée de SS a choisi de s'embusquer dans une maison de la place, la transformant en un vrai fortin. Toute la façade crépite et semble s'illuminer. Des Canadiens tombent. Une fois encore, les gars du South Saskatchewan sont bloqués et cloués au sol. Il faut faire venir les chars, déloger les obstinés au canon et à la mitrailleuse lourde.

Les Saskatchewan poursuivent leur avance. Ils ont l'ordre de s'emparer des passages à niveau situés sur les routes aboutissant au faubourg est de Falaise. A trois heures du matin, ils sont maîtres de celui de la route de Livarot et à quatre heures de celui de la route de Trun. L'encerclement de la ville s'amorce. Les jeunes SS ne peuvent plus contenir leurs adversaires et commencent à se replier vers le centre de la ville. Pas un instant, ils ne songent à rejoindre en rase campagne leurs camarades de la division. Ils ne connaissent qu'une consigne : tenir la ville, retarder l'ennemi, tirailler...

Les Canadiens contrôlent, désormais, une partie du faubourg de Guibray. Mais ils n'osent pas poursuivre leur assaut. Ces maudits tireurs leur ont déjà fait trop de mal. Alors, les assaillants s'installent en position défensive. Ils amènent en hâte des canons antichars, fortifient des nids de mitrailleuses, s'enterrent, comme s'ils craignaient une attaque éclair des Panzers de la *Hitlerjugend*.

Mais où Panzermeyer et Max Wünsche pourraient-ils trouver encore des blindés à lancer dans une contre-attaque? Les SS qui défendent Falaise doivent maintenant se battre seuls, sans aucun appui possible, sans aucune relève, sans aucun espoir que celui de bien mourir.

Seul, derrière sa mitrailleuse, un garçon de dix-neuf ans attend les Canadiens. Il s'est posté à un carrefour. La position lui paraît excellente, tout près de la place de la Reine-Mathilde et de l'église Notre-Dame-de-Guibray. Aux dernières heures de la nuit, il voit déboucher une forte patrouille et ouvre le feu. Les Canadiens se jettent par terre et ripostent. Le jeune SS touché à mort, s'écroule sur son arme. Mais ses adversaires, surpris par le brusque silence, n'osent s'avancer et abandonnent le terrain au cadavre solitaire d'un SS inconnu.

Maintenant, à l'est, le ciel semble un peu plus clair. Le jour ne va pas tarder à se lever.

Cette nuit du 16 au 17 août a été tout aussi rude pour les fantassins du Cameron Highlanders que pour ceux du South Saskatchewan.

Après s'être embourbés toute la journée dans le marécage du Val d'Ante, ils piétinent toute la nuit devant la porte Philippe-Jean, tenue par quelques tireurs.

Le décor de cet accrochage sort tout droit d'un manuel d'architecture militaire médiévale. Mais, cette fois, les mitrailleuses à tir rapide, combien plus meurtrières, remplacent les arcs et les flèches des guerriers de la vieille Normandie. Les balles font voler des éclats de pierre, les traçantes illuminent la nuit quelques fractions de seconde. Les Cameron Highlanders ont des visages charbonneux et épuisés. Ils se battent depuis le matin ; le sommeil et la peur les tenaillent. Ils cherchent à se protéger dans les angles morts de la poterne.

Impossible de passer. Une seule mitrailleuse continue à tout bloquer. Mais comment la museler, derrière ces murailles, dans ce décor de créneaux et d'échauguettes qu'éclaire une lune triste, voilée par la course des nuages sombres ?

Un officier canadien décide de contourner le château et de chercher un nouvel itinéraire par le sud. Les assaillants gagnent la promenade des Bercagnes. Ils tombent des remparts du Moyen Age à la forêt vierge. Des bombardements ont déraciné les arbres et formé autant de cachettes pour les tirailleurs allemands. Les chars ne peuvent avancer dans cette jungle. Chaque fois qu'un Cameron sort des couverts, il se trouve aussitôt pris à partie par un tireur invisible. Ils ne sont certes pas plus d'une dizaine de SS dans ces taillis. Pourtant, ils arrêtent l'élan de tout un régiment. Les Canadiens mènent le combat à cent contre un. Mais ils ne peuvent bouger avant le lever du jour. Alors, les mortiers, les canons des chars, les grenades à fusil s'abattent sur les SS de la promenade des Bercagnes qui doivent refluer vers le centre de Falaise. Peu après sept heures, les Cameron passent devant l'hôpital-hospice, réduisent un dernier nid de résistance devant la prison et parviennent devant le porche de l'église Sainte-Trinité.

En cette aube du 17 août, il semble possible pour les Cameron de rejoindre les Saskatchewan à Guibray, réalisant ainsi l'encerclement total de Falaise et commençant à lancer des reconnaissances blindées au sud et à l'est de la vieille cité de Guillaume le Conquérant.

Il faudra la fin de la matinée pour que se poursuive l'offensive canadienne. Les tireurs isolés de la *Hitlerjugend* font toujours peser une sérieuse menace sur les colonnes de fantassins qui s'avancent lentement dans les rues, soutenus par les chars blindés et les chenillettes d'assaut. Dans quelques minutes, les Cameron auront rejoint les South Saskatchewan. Le chef de bord du Sherman de tête doit déjà apercevoir le clocher de Notre-Dame-de-Guibray.

La colonne quitte maintenant la rue des Ursulines pour se diriger vers la place de la Reine-Mathilde.

Un grenadier allemand s'est installé tout seul à une fenêtre, au premier étage, juste sur le passage que doit emprunter la colonne blindée. Il tient un Panzerfaust sous son coude droit et a posé un second engin antichar, tout armé, juste devant lui. Mais il sait bien que jamais grenadier n'a réussi à tirer deux fois de suite sans changer d'emplacement...

Le grondement s'amplifie. Le SS aperçoit le premier char, à quelques mètres de lui. Il le prend dans son viseur, appuie sur la détente. Un nuage de feu et de fumée derrière lui. En face, la fusée s'élance en sifflant et percute la tourelle. La charge creuse explose. Le char est détruit. Le grenadier jette son tube inutile, saisit le second, vise le véhicule blindé qui progresse derrière le char, fait feu à nouveau. Deuxième coup au but.

Les Canadiens sont si surpris et si furieux qu'ils ne parviennent même pas à retrouver le tireur isolé. Les assaillants contournent prudemment les carcasses d'acier et reprennent leur marche. Ils veulent arriver au passage à niveau de la route d'Argentan et terminer l'encerclement de Falaise.

Encore des coups de feu. Pour couvrir la voie ferrée, il ne reste que deux ou trois SS. Ils n'ont même pas une arme automatique et défendent leur position à coups de fusil. Voici à nouveau les Cameron dans les caniveaux. Les canons des chars tirent au-dessus d'eux. Les mitrailleuses de bord balaient les abords du passage à niveau de leurs rafales. Un peu au hasard... Enfin, tout se tait.

Les SS ont disparu, touchés à mort ou disparus derrière les tombes du cimetière de Guibray.

Falaise se trouve entièrement encerclée, mais la bataille ne semble pas encore terminée. Il reste des tireurs isolés. Le général H.A. Young, chef de la 6e brigade canadienne, donne l'ordre au régiment francophone Mont-Royal de nettoyer la ville. Il est près de midi, le 17 août.

Les fantassins du Mont-Royal sont restés en réserve depuis vingt-quatre heures et abordent la ville sans trop se méfier. Ils savent que leurs camarades des deux régiments ont totalement encerclé Falaise et qu'il ne reste plus en ville que des tireurs isolés, ces gamins obstinés que les anglophones nomment des *snipers* et les francophones des « canardeurs ».

Dès midi, le nettoyage commence, rue par rue, maison par maison, étage par étage. De la cave au grenier, tous les immeubles sont visités. Parfois, les Allemands découverts ouvrent le feu et se font tuer plutôt que de se rendre. Un premier accrochage au château de La Fresnaye permet à quatre jeunes SS de mettre hors de combat dix Canadiens avant de tomber à leur tour. Tout de suite, les engagements sont très durs, impitoyables.

Isolés, les Allemands se battent jusqu'au bout, sans autre secours que leur propre volonté. Ils ne se soucient plus que de faire le plus de mal possible à l'ennemi avant de le rejoindre dans la mort. Il faudra tout l'après-midi pour repérer et abattre une douzaine de « canardeurs » isolés.

Des soixante défenseurs de Falaise, il ne reste plus qu'un peu moins d'une vingtaine d'hommes encore en état de combattre. A leur tête, un simple Unterscharführer, un sergent de vingt ans. Il leur faut absolument constituer un dernier fortin. Les abords du château sont intenables et les Canadiens sont désormais les maîtres absolus de toute la vieille ville. Les SS doivent gagner le faubourg est, peut-être rejoindre la place de la Reine-Mathilde et l'église Notre-Dame-de-Guibray.

Ils se glissent de ruelle en courette et de corridor en jardin. Mais, partout, les derniers défenseurs de Falaise se heurtent à des fantassins, à des chenillettes, à des blindés. Et les six cents hommes du Mont-Royal sont à leur poursuite, bien décidés à en finir avant la tombée du jour.

Désormais, la défense allemande se trouve réduite à un dernier pâté de maisons. Les « frontières » défendues par la *Hitlerjugend* se nomment désormais : rue des Prémontrés, rue Saint-Jean, rue des Ursulines, rue Lebailly et rue Aristide-Briand. De là, les SS tiennent tout le quartier est de la ville. Leurs tirs empêchent les Canadiens de gagner les routes de Livarot, de Trun, d'Argentan et de Putanges. Le sous-officier a remarquablement choisi l'ultime forteresse, et Panzermeyer peut être fier de ce chef de vingt ans : les SS continuent à bloquer l'acheminement des renforts vers les lignes de combat.

Il faut réduire au silence ce dernier bastion allemand au cœur de Falaise. De tous côtés, les fantassins du Mont-Royal partent à l'assaut, lancent des grenades par les fenêtres, mitraillent les entrées d'immeubles, allument des incendies. Les SS sont bien décidés à ne pas se rendre, mais ils doivent peu à peu se replier vers le point fort de leur ultime dispositif.

Les voici maintenant rassemblés dans l'école primaire supérieure de jeunes filles. Le bâtiment fait partie de l'ancienne abbaye Saint-Jean-Baptiste. Il est entouré d'un mur épais, solidement bâti. Toute l'école, d'ailleurs, est de bonne pierre.

— Il faudra nous déloger au canon, estime le sous-officier. Et encore...

La défense s'organise rapidement. Les jeunes SS commencent à explorer toute la bâtisse, des caves aux greniers.

— Unterscharführer, regardez ce que nous avons trouvé !

Jamais, depuis le début de la campagne en Normandie, ils n'ont encore vu autant de ravitaillement.

— Il y a de quoi soutenir un siège, dit le sergent en riant. Mais occupez-vous plutôt de pousser les armoires contre les fenêtres. Et faites des remparts avec les matelas.

La porte est barricadée, les fenêtres sont obstruées. Il ne reste que d'étroites meurtrières. Les grenadiers aménagent rapidement des emplacements de tir au dernier étage. Ils bénéficient de redoutables vues plongeantes sur les fantassins du Mont-Royal, qui commencent à grouiller dans toutes les rues avoisinantes.

— On peut y aller, Unterscharführer ? Donnez-nous la permission de tirer.

— Pas encore. Laissez-les s'enhardir. Ils ne perdent rien pour attendre.

L'après-midi se termine. De toute la ville de Falaise, il ne reste plus aux mains des Allemands de la *Hitlerjugend* que l'école primaire supérieure de jeunes filles. Ils sont les derniers SS vivants dans la ville. Pour quelques heures encore.

A six heures du soir, un coup de canon de plein fouet touche le mur d'enceinte de l'école primaire supérieure. La muraille s'écroule, laissant ouverte une large brèche.

— Les voici ! lance le sous-officier. Attendez qu'ils arrivent dans la cour.

L'un après l'autre, dix soldats canadiens franchissent la muraille écroulée. Le fusil au poing, ils cherchent à s'orienter et se dirigent vers la porte d'entrée, espérant trouver un angle mort.

— Feu ! hurle l'Unterscharführer.

Tous les fusils crépitent en même temps. Une arme automatique se met à aboyer. Les Canadiens refluent sans même pouvoir emporter les morts et les blessés. Mais des rafales balaient la façade à la hauteur de l'étage supérieur.

— On est repérés, dit le sous-officier. Essayez donc de voir d'où ça vient.

Les SS ne tardent pas à découvrir que deux Canadiens leur tirent dessus, depuis une fenêtre de l'autre côté de la rue Saint-Jean.

— Faites attention, ils ont une mitrailleuse ! lance le sous-officier.

Mais ses hommes, postés dans l'encoignure des fenêtres, ripostent déjà. Les deux Canadiens, criblés de balles, s'écroulent sur leur arme. La façade de la maison d'en face redevient silencieuse.

Les SS, après avoir désigné des guetteurs, se laissent tomber sur le plancher. Ils sont épuisés. Depuis l'aube de la veille, ils n'ont pas dormi. Leurs yeux les piquent, ils sentent la fièvre bourdonner à leurs tempes. Ils peuvent manger un peu. Boire.

Certains plaisantent. Un des adolescents sort de sa musette un harmonica :

— *Ich hatt eine Kamerad...*

Tous murmurent le chant des héros morts. Mais ils savent bien pour qui ils le chantent : pour eux-mêmes...

A sept heures du soir, nouvelle attaque. Cette fois, ce sont des chars des hussards canadiens qui essaient de franchir la brèche du mur d'enceinte et de pénétrer dans la cour. On entend les explosions des Panzerfaust, les rafales des mitrailleuses.

— Ennemi repoussé, annonce simplement le joueur d'harmonica en se laissant lentement glisser le long du mur.

Les Canadiens du régiment Mont-Royal, à la tombée de la nuit du 17 août, sont toujours tenus en échec par les SS retranchés dans le bâtiment de l'école primaire supérieure de jeunes filles. Les assaillants décident de monter une grande attaque de nuit, à deux heures du matin, après avoir rameuté des canons et des chars pour venir à bout de la résistance des obstinés.

Ils sont exactement seize assiégés.

Seize qui tombent de fatigue et de sommeil, mais qui devinent que cette nuit verra l'assaut final. Ils tiennent conseil, assis en cercle autour de leur chef, comme lors des veillées de la Jeunesse hitlérienne, quelques années auparavant. Toute leur éducation aboutit à cette ultime veillée d'armes.

— Voici, dit le sous-officier : il n'est pas question de tenter une sortie. Notre mission reste de nous battre dans Falaise, le plus longtemps possible. Les camarades doivent savoir que nous la remplirons jusqu'au bout.

— Il faudrait les prévenir, suggère un des plus jeunes.

— On pourrait envoyer des messagers, ajoute un troisième.

— C'est mon intention, annonce le sergent. Qui, parmi vous, est volontaire pour franchir les lignes ennemies ?

Personne ne lève la main. Rejoindre les camarades qui se

battent encore à l'est de Falaise apparaît comme une périlleuse aventure ; mais, pour ces jeunes grenadiers, c'est presque une désertion. Pas un seul ne veut quitter les camarades promis à la mort.

— On a dit qu'on résisterait tous ensemble, jusqu'au bout, proteste le joueur d'harmonica.

— Je veux que deux d'entre vous aillent prévenir le Commandeur, tranche le sous-officier. C'est un ordre.

— Alors, Unterscharführer, il faut les désigner vous-même.

Le sous-officier hésite un peu, puis choisit deux de ses grenadiers. Ce sont déjà de « vieux » soldats de dix-huit ans, engagés l'année précédente dans la division *Hitlerjugend* et qui se battent depuis le début des combats de Normandie.

— Vous allez profiter de la nuit pour essayer de rejoindre nos lignes. Je ne sais pas trop où elles se trouvent, mais vous vous guiderez sur la fusillade. Dès que vous aurez quitté l'école, dirigez-vous sur l'église Notre-Dame-de-Guibray et prenez la route de Trun. Après...

— On y arrivera, Unterscharführer. Les Canadiens doivent être épuisés après la journée que nous leur avons fait passer.

Tous rient.

— Vous demanderez où se trouve le poste de commandement de Panzermeyer. Soyez tranquille, le Commandeur n'est jamais bien loin du front. Vous lui direz ce que nous avons fait dans Falaise. Vous lui direz aussi que nous remplirons notre mission ici jusqu'au bout.

— Tous nos camarades peuvent compter sur nous, conclut le joueur d'harmonica.

Il reprend son instrument, le porte à ses lèvres. Tandis que ses deux camarades s'enfoncent dans la nuit, il s'efforce de retrouver les notes du *Concerto de l'Empereur* de Haydn.

Des incendies continuent de brûler pendant toute la nuit

du 17 au 18 août. Les Canadiens se préparent à l'assaut contre le dernier bastion SS. Ils sont plus de cent fantassins, appuyés par les mitrailleuses et les mortiers lourds des chenillettes blindées. Pour réduire les quatorze survivants, les hommes de cette troupe d'assaut ont demandé le renfort d'un groupe de canons antichars.

A deux heures du matin, les obus de mortier commencent à s'abattre sur l'école primaire supérieure. La façade est criblée d'éclats. Les explosions se succèdent à un rythme effrayant. Les défenseurs semblent ne plus réagir.

— En avant ! ordonne le chef de la troupe canadienne.

Les hommes du Mont-Royal crient tous ensemble et se ruent, par les brèches du mur, dans la cour de l'école. Les SS, postés aux fenêtres du dernier étage, les attendent. Ils tirent vite. Ils tirent bien. Les assaillants doivent se replier à l'abri du mur.

— C'est invraisemblable ! s'exclame le chef de la troupe. Etre tenu en échec par quelques gamins obstinés !

— Il faut les écraser sous les obus, décide le commandant du Mont-Royal.

A nouveau, les mortiers lourds entrent en action. Ils s'acharnent sur la toiture. Les obus finissent par mettre le feu aux combles. De hautes flammes rouges s'élèvent dans la nuit. Tout le bâtiment s'embrase peu à peu. Les SS restent silencieux. Mais l'incendie les chasse d'étage en étage. Ils suffoquent dans une fumée âcre. Les murs se lézardent, les plafonds s'écroulent, les planchers flambent comme des allumettes.

— Rendez-vous ! crient les Canadiens.

Mais les jeunes « canardeurs » ne sont pas décidés à s'en remettre à la pitié de l'ennemi. Ils continuent à tirer, chassés de plus en plus par la fumée et par le feu.

— Vous ne nous aurez pas vivants ! hurle le joueur d'harmonica en lâchant de courtes rafales de mitrailleuse.

Mais il s'arrête, porte la main à sa gorge. Il tousse, il suffoque, il pleure. Dans la fumée noire, il ne distingue même plus ses camarades. La chaleur devient infernale. Les derniers SS sont au centre d'un brasier.

— Tant pis, on tente la sortie, décide le sous-officier.

Dès que leurs adversaires apparaissent aux fenêtres, les fantassins du Mont-Royal les abattent. Ce sont des loups enragés qu'ils découvrent en face d'eux.

Les SS bondissent, tirant droit devant eux. Ils sont criblés de balles, en plein vol, et s'écroulent. Certains retombent dans le brasier. Deux d'entre eux parviennent à s'échapper dans une course folle qui tient du miracle. Les douze autres ne franchiront pas le mur de l'école primaire supérieure.

Aux premières lueurs de l'aube, les fantassins du Mont-Royal seront enfin maîtres des ruines fumantes du dernier bastion SS de Falaise. Ils pourront découvrir ceux qui les ont tenus en échec depuis la veille.

Stupéfaits, les fantassins du Mont-Royal découvrent les cadavres de leurs ennemis. Certains sont affreusement brûlés par les flammes du brasier. Les autres ont réussi à se traîner dans la cour, où ils reposent dans des mares de sang qu'éclairent les derniers reflets de l'incendie.

Ils ont des visages d'enfants.

Pensif, un Canadien se penche et ramasse un harmonica.

21.

L'avant-veille de l'ultime combat des SS dans la ville même de Falaise, Panzermeyer a visité, au cours de la nuit du 15 au 16 août 1944, toutes les positions que tiennent les survivants de sa division. Il va d'abord à Jort où le Hauptsturmführer Hauck, avec les derniers grenadiers du groupe de reconnaissance divisionnaire, doit faire face à l'attaque des blindés polonais.

— On tiendra, Oberführer. Le cours de la Dives forme un sérieux obstacle pour les chars ennemis.

Le Commandeur reprend la route vers l'ouest. A Perrières, il rencontre Waldmüller et à Epaney Bernhard Krause. Les deux commandants des Kampfgruppen ont adossé leurs positions aux monts d'Eraines et s'efforcent de se montrer optimistes, pour quelques heures du moins. Mais ils envisagent de se retirer sur le cours de l'Ante quand la pression ennemie deviendra trop forte.

— Il ne s'agit pas de remporter une victoire, répète Panzermeyer. Seulement de gagner du temps et de permettre à nos camarades encerclés au sud de Falaise de se replier vers l'est.

— Où sera votre poste de commandement, Oberführer ?

— Pour le moment, je suis à Damblainville, sur les bords de l'Ante. Mais dès que ça commencera à se gâter, je rejoindrai le front à Versainville. Vous me trouverez vers la cote 159.

Là, sont aussi Oldboetter et Max Wünsche. Tant qu'ils tiendront bon, Falaise sera couvert par le nord. Mais cette cote 159 apparaît bien trop importante pour ne pas attirer comme un aimant le plus dur de l'attaque alliée.

Pour s'emparer de cette position, défendue par une centaine de grenadiers et une demi-douzaine de chars, Panzermeyer ignore encore que ses adversaires vont lancer, au cours de la journée du 16 août, deux divisions canadiennes et un demi-millier de blindés !

L'assaut comence à l'aube du 16 août. Fantassins et chars sont soutenus par une demi-douzaine de régiments d'artillerie et plusieurs escadres aériennes de chasse et de bombardement. Le sol ne cesse de frémir sous les explosions des torpilles.

D'Aubigny à Jort, tout le paysage normand s'enflamme en un grand arc de cercle d'acier et de feu.

Les cavaliers blindés polonais veulent à tout prix forcer un passage sur la Dives. Depuis bientôt cinq ans, ils attendent ces jours de vengeance.

C'est la charge contre les points d'appui tenus par les grenadiers du Hauptsturmführer Hauck.

Les Alliés lancent les meilleures unités blindées dans la bataille. Ces hommes qui affrontent les grenadiers du Hauptsturmführer Hauck savent aussi se battre et mourir. Ils gardent, avec les numéros de leurs vieux régiments, les grandes traditions de la cavalerie polonaise. Ils s'enorgueillissent de se nommer chasseurs à cheval, dragons ou lanciers.

Les Sherman écrasent les haies, franchissent les fossés. Mais les aboiements rageurs de la PAK allemande répondent à cet ouragan. L'Obersturmführer Hartwig dirige le tir de ses canons de 88. Ses artilleurs n'ont pas à chercher longtemps des objectifs. Dans leurs viseurs, ils découvrent des centaines de chars.

Hauck et Hartwig s'accrochent à leurs positions. Ils ont promis à Panzermeyer de tenir. Ils tiendront. Les chars de tête de la 1re division blindée polonaise sont stoppés net dans leur élan. Déjà, des Sherman brûlent comme des meules de paille.

Mais la défense allemande ne forme qu'un petit îlot, que la marée d'acier va désormais éviter. Jort tient bon. Qu'importe aux Polonais qui renoncent à enlever de front cette forteresse. Le flot des chars la contourne et s'écoule vers le sud. La Dives est franchie. Les Polonais se ruent sur Louvagny, puis s'emparent à la tombée de la nuit de Barou-en-Auge. La percée vers Trun commence. La poche se referme peu à peu dans le dos des armées allemandes refluant de Mortain vers Argentan et la forêt de Gouffern.

Dans la nuit du 16 au 17 août, Panzermeyer essaie d'établir tant bien que mal une nouvelle ligne de résistance. Elle passe désormais au sud de Falaise et rejoint Couliboeuf par Fresné-la-Mère et Damblainville. La « division » *Hitlerjugend* se réduit désormais à trois cents grenadiers et à quelques véhicules blindés.

Waldmüller et Krause commandent toujours les survivants des unités d'infanterie qui ont réussi à décrocher des villages de Perrières et d'Epaney.

— Qu'avons-nous comme appuis ? demande le Commandeur à son chef d'état-major.

— Vraiment plus grand-chose, avoue Hubert Meyer. Il reste un canon automoteur avec Bartling, mais il n'a pu se maintenir à Villy et a été obligé de gagner la rive sud de la Traine avec une escorte de quelques grenadiers.

— Et Max Wünsche ?

— Il s'est établi à La Hoguette, au sud-est de Falaise. Il a réussi à récupérer quelques lance-fusées et à regrouper des éléments isolés de la Waffen SS ainsi que de la Wehrmacht. Quelques dizaines d'hommes.

— Combien lui reste-il de chars ?

— Deux Tigres.

— Eh bien, ce n'est pas avec cela qu'il pourra monter la moindre contre-attaque.

Le seul espoir pour le groupe de Wünsche est de retarder un peu l'ennemi sur la route de Trun et de continuer à gagner du temps.

Panzermeyer sait bien que le gros de l'effort ennemi va se porter sur son aile gauche. Waldmüller et Krause, bien accrochés au terrain, parviennent à stopper les Canadiens du régiment Algonquin qui cherchent vainement à franchir l'Ante.

Tout l'effort de l'offensive alliée aura lieu dans le secteur polonais, entre Jort et Vicques.

Les tubes de 88 de Hartwig ne peuvent plus arrêter la ruée des chars. Les positions de batterie sont écrasées sous un bombardement impitoyable. L'officier s'écroule, blessé à mort. Il ne peut que murmurer un dernier ordre aux survivants de sa batterie de FLAK :

— Tout est fini ici. Essayez de vous replier vers l'est.

Les canons de 88 de l'Untersturmführer Hartwig se sont tus. Mais les mitrailleurs de l'Obersturmführer Hauck tirent encore. Les armes de bord des derniers véhicules de reconnaissance ne cessent de prendre à partie les dragons et les lanciers de la division blindée polonaise. Bien embusquées sous les couverts, les automitrailleuses de la *Hitlerjugend* continuent le combat. Chaque véhicule allemand est isolé, repéré, bombardé. Mais, farouches, les tireurs continuent à servir leurs armes automatiques. Les bandes de mitrailleuses tressautent entre les doigts des chargeurs. Il faut changer les canons, portés au rouge par l'infernale cadence de tir. Hauck, pour renforcer les équipages de ses automitrailleuses, a réussi à récupérer une vingtaine de grenadiers SS et quelques fantassins de la Wehrmacht. Ils sont décidés à ne pas reculer et à empêcher la ruée polonaise au sud-est de la Dives.

Seul le feu ennemi pourra les réduire. Toutes les armes alliées semblent soudain concentrées sur ces quelques obstinés. Pendant dix heures, les hommes du groupe Hauck vont disputer le terrain aux Polonais. Ils tirent quelques rafales, reculent jusqu'à un nouveau point de résistance de toute la vitesse de leurs moteurs, s'accrochent à un nouvel emplacement de batterie.

Imperturbable, l'Obersturmführer Hauck dirige le tir des derniers rescapés du bataillon de reconnaissance divisionnaire. Mais il doit, la rage au cœur, céder du terrain aux Polonais.

Les SS se battent maintenant dans le pays d'Auge. Ils défendent Barou, puis Norrey. Maintenant, les voici devant Les Moutiers-en-Auge. Les chars polonais les talonnent, mais Hauck arrive à les tenir en échec de longues minutes, avant de reculer encore davantage vers le sud-est.

En fin d'après-midi, après dix heures de combat, le terrible jeu du chat et de la souris se termine. Les dragons et les lanciers polonais parviennent à encercler et à détruire le groupe Hauck. Son chef, blessé, est fait prisonnier. Mais le jeune lieutenant, couvert de sang, n'est pas un garçon à accepter la captivité. Il attend l'occasion de s'évader. Dans la certitude de leur victoire, les Polonais font assez peu attention aux quelques SS épuisés qu'ils viennent de capturer.

Hauck se laisse tomber dans un fossé, franchit une haie, court à travers champs. Il se cache dans un bosquet, épuisé. Il perd son sang, mais veut rejoindre ses camarades, les prévenir de ce qui se prépare à l'aile droite du « front » tenu par la division *Hitlerjugend*.

Hauck parvient à retrouver son chef au nord de Trun.

— D'où viens-tu ? s'exclame Panzermeyer.

— Des Moutiers-en-Auge. Mon groupe est anéanti. Moi-même, j'ai été fait prisonnier. Cependant, j'ai réussi à m'évader.

— Mais tu es blessé !

— On verra cela plus tard. Je voulais vous prévenir de ce qui se passe : les Polonais arrivent. Il n'y a plus rien pour les arrêter.

— Alors, c'est la catastrophe, rugit le Commandeur en regardant avec des yeux brûlants de fièvre la carte que lui tend Hubert Meyer.

La tenaille se referme. Bientôt, les Polonais arriveront à Trun. Ils feront leur jonction, tôt ou tard, avec les Américains qui remontent du sud et se dirigent vers Chambois pour fermer la nasse.

En ce soir du 17 août, la situation devient dramatique pour les deux armées allemandes enfermées dans la poche, entre Falaise et Argentan.

L'évolution de la bataille apparaît tellement grave sur le front de Normandie que le haut commandement de l'armée allemande — c'est-à-dire désormais, depuis l'attentat du 20 juillet, Adolf Hitler lui-même — décide de retirer le commandement des armées de l'Ouest au maréchal von Kluge pour le confier au maréchal Model, rappelé en toute hâte de Russie.

De petite taille, l'air toujours renfrogné, un monocle perpétuellement vissé sous le sourcil droit, le nouveau venu est un « officier populaire ». Il n'appartient pas à la coterie des seigneurs prussiens à particule et n'a jamais caché, à la différence de tant de chefs prestigieux de la Wehrmacht, ses opinions nationales-socialistes. Comme Hausser ou Dietrich, il se veut un « soldat politique », c'est dire qu'il passe pour un fanatique.

Depuis le terrible hiver 1941-1942, où il a commandé devant Moscou des troupes dont faisait partie la célèbre division *Das Reich,* il ne se cache pas d'un certain parti pris en faveur des unités de la Waffen SS.

Le 18 août, le maréchal Model ne s'attarde guère au poste de commandement de La Roche-Guyon et décide de se rendre sur les arrières immédiats du front.

A Fontaine-l'Abbé, il a rendez-vous avec le général Eberbach et l'Obergruppenführer Dietrich. Hausser, chef de la VIIe armée, n'a pas voulu abandonner ses troupes au combat et a délégué pour le représenter le colonel Rudolf Christoff Freiherr von Gersdorf, son chef d'état-major.

Eberbach estime que le moment est enfin venu de parler franchement. Il ne cherche pas à dissimuler au nouveau commandant en chef la gravité de la situation sur le front de Normandie.

— Le moral des troupes allemandes à l'Ouest s'est effondré, annonce-t-il d'emblée. Le soldat allemand a vu arriver des centaines de navires ennemis, a combattu sous des centaines d'escadres aériennes se dirigeant vers une Allemagne complètement bouleversée, et en revenant comme s'ils volaient pour une parade apparemment sans perte aucune. Le courrier qui parvient au combattant allemand ne lui apporte que des nouvelles de villes en ruine .

Le maréchal Model donne des signes d'agacement. Il n'a pas besoin d'entendre un de ses subordonnés lui brosser la situation sur le front intérieur. Il vient de traverser l'Allemagne dévastée et a découvert avec chagrin un pays exsangue.

— Dites-moi plutôt ce qui se passe ici, demande-t-il d'un ton impératif.

Sepp Dietrich intervient aussitôt, l'air encore plus vieux grognard que d'habitude.

— Cette nuit encore, annonce-t-il, des garçons de la *Hitlerjugend* se battaient dans les ruines de Falaise. Nous avons disputé la ville à l'ennemi maison par maison. Mais toute résistance a cessé à l'aube. Il faut essayer maintenant de contenir l'adversaire au sud-est de la ville, du côté de Nécy. Panzermeyer fait tout ce qu'il peut. Mais il n'a même plus avec lui un demi-millier de combattants.

— Je compte sur ces SS pour tenir le front nord de la poche, dit seulement Model. Et que se passe-t-il au sud ?

— Nous tenons encore Argentan, assure Eberbach, et nous venons de reprendre Le Bourg-Saint-Léonard après de durs combats. Mais tous mes hommes sont épuisés.

— Je le sais bien, dit le maréchal d'un air las. Mais il faut qu'ils tiennent. Il le faut pour que leurs camarades puissent échapper au piège et faire retraite en bon ordre vers l'est. Où en sont les mouvements de la VIIe armée ?

C'est au colonel von Gersdorf de répondre. Il regarde Model dans les yeux, un peu gêné par un reflet qui ne cesse de jouer dans le monocle du maréchal :

— La retraite se poursuit. Le plus en ordre possible. Mais l'aviation ennemie nous a causé des pertes sérieuses.

Le nouveau commandant en chef du front de l'Ouest se balance d'une jambe sur l'autre. Il semble mal contenir une impatience agressive. Pourtant, il va donner ses ordres d'une voix calme. Enfin, le haut commandement de l'armée allemande accepte l'inéluctable et entérine le mouvement de repli :

— Nous allons stabiliser le front sur la ligne de la Touques. Aussi, toute la VIIe armée va franchir la Dives et continuer son mouvement vers l'est. Il faut que ce repli soit effectif dans quarante-huit heures. N'oubliez pas, messieurs, que le temps travaille contre nous.

Un officier d'ordonnance apporte un message. Model le lit d'un air furieux en ajustant son monocle. La mauvaise nouvelle va conclure la conférence d'état-major :

— L'ennemi s'est emparé de Trun.

L'encerclement se confirme.

22.

Le 18 août 1944, Panzermeyer organise une position défensive au sud de Falaise. Il peut tout juste barrer un court secteur, entre le village de Nécy et le cours de la Dives. Les deux derniers Tigres s'embusquent dans les maisons de la bourgade, à une dizaine de kilomètres de Falaise, sur la route d'Argentan, et se préparent à arrêter l'élan d'un demi-millier de chars ennemis.

Toute résistance devient de la folie, du suicide. Mais gagner quelques heures, quelques minutes même, c'est sauver les camarades qui, plus au sud, s'efforcent de passer entre les pointes avancées de la division polonaise et des unités américaines. Alors, il faut creuser des trous, installer des positions de tir, rassembler les dernières caisses de munitions, s'apprêter à se battre, à se faire tuer.

Les jeunes grenadiers sont tous à bout de forces. Ils n'arrivent pas à résister au sommeil. Leurs yeux se ferment, leurs jambes tremblent. Pourtant, ils doivent encore aménager leurs positions. Mais ils ne peuvent plus tenir leur pelle, roulent dans leur trou à peine creusé et s'endorment d'un sommeil de mort. Les gradés doivent les réveiller. Mais eux aussi vacillent et s'écroulent.

Des positions sont tant bien que mal aménagées sur la rive

gauche de la Dives, entre la rivière et le village de Crocy. Quelques trous, de part et d'autre de la route de Trun, forment un dérisoire obstacle pour les blindés. Ils pourront tout juste arrêter quelques heures ces fantassins canadiens qui sont maintenant les maîtres de Falaise où ils viennent d'enterrer une centaine de cadavres, Allemands et Canadiens.

Cette matinée apparaît interminable. Les vainqueurs de Falaise semblent hésiter avant de profiter de leur succès. Ils se sont arrêtés et fortifiés, comme s'ils craignaient encore une contre-attaque allemande. Ils ne savent pas qu'il ne reste plus en face d'eux que les deux Tigres de Max Wünsche...

En général, les communiqués militaires, quand ils évoquent ces longues journées creuses, annoncent « activités de patrouilles ». Une unité de hussards blindés canadiens, cantonnée à Saint-Clair-de-Vaux, se voit chargée d'aller tâter les positions allemandes du côté de La Hoguette.

Les blindés de reconnaissance roulent lentement. Les chefs de bord sont surpris de pénétrer dans un paysage vide. Ils tentent de percer à la jumelle le secret des taillis du bois de Saint-André, sur leur droite. Ces couverts leur paraissent propices à une concentration de Panzers. Effectivement, les deux derniers Tigres de la division s'y dissimulent. Mais Max Wünsche a l'ordre de ne pas intervenir. Pas encore.

— Voici les Allemands ! hurle soudain le conducteur de l'automitrailleuse de tête.

Les Allemands ? Ils sont deux. Deux fantassins isolés qui cherchent à fuir dès qu'ils ont reconnu les blindés ennemis. Trop tard. Toutes les armes de bord les prennent à partie. Les Canadiens n'ont pas de mal à mitrailler ces deux grenadiers perdus. Les hussards poursuivent leur route avec le sourire. Ces Allemands ne sont plus bien terribles, la guerre sera bientôt terminée. La patrouille de reconnaissance arrive sur le plateau de

Courcelles. Il fait beau. On respire, toutes écoutilles ouvertes. Mais les Allemands n'ont pas abandonné la partie. Des explosions retentissent. Un canon de 88 FLAK et un antichar automoteur ouvrent soudain le feu. Les deux blindés allemands se sont postés au lieu-dit la Croix-au-Loup. Un beau nom pour ces gamins irréductibles, acculés dans leur dernier repaire. Les obus percutent de plein fouet les blindés canadiens. Deux chars sont détruits aussitôt. Un troisième ne tardera pas à brûler.

Le chef de la patrouille, surpris, n'insiste pas. Il va chercher une autre route. Ses hussards traversent L'Abbaye, puis La Tuillerie, sans rencontrer aucune résistance. Les sourires reviennent, mais on a eu chaud. Voici maintenant Saussaie. Une quinzaine de soldats allemands viennent à la rencontre des blindés. Cependant, ils ne veulent pas se battre, ils veulent se rendre. Ils appartiennent à une des divisions de la Wehrmacht qui a tellement souffert dans les derniers combats au-dessus de Falaise. Il ne se trouve pas un seul gradé parmi eux. Ce sont des épaves de la guerre. Les Canadiens font monter à bord de leurs véhicules des blindés les quinze Allemands, complètement épuisés et ahuris.

La patrouille reprend sa route et s'apprête à une nouvelle reconnaissance, au-delà de Saussaie. Mais les SS veillent.

Les SS ? Ils sont deux grenadiers, deux adolescents de la *Hitlerjugend.* Ils ont chacun un Panzerfaust et attendent que débouche, au tournant d'une route, le premier char ennemi.

Le premier SS réussit à faire sauter un char, qui s'immobilise et s'embrase aussitôt.

— Bien joué ! lui lance son camarade qui s'élance à son tour, son Panzerfaust sous le bras.

Il estime qu'il n'est pas encore assez proche pour tirer sur le second véhicule blindé. Alors, il fait quelques pas en avant, puis ouvre le feu. Sa charge creuse atteint le blindage, s'enfonce, explose au milieu des caisses de munitions que transportait le véhicule. Une déflagration fantastique retentit. Les trois Canadiens de l'équipages sont tués sur le coup. Mais le grenadier allemand se trouve, lui aussi, déchiqueté par l'explosion. Il gît au milieu de la route, à côté du tube vide de son Panzerfaust.

La patrouille des hussards canadiens, après avoir perdu cinq blindés, décide de regagner sa base de départ à Saint-Clair-de-Vaux.

La conclusion de cette tragique expédition est évidente : les Allemands sont encore là et bien décidés à continuer le combat. La matinée du 18 août se termine. L'infanterie canadienne reste toujours sur ses positions et se prépare pour un nouvel assaut.

Vers midi, Panzermeyer resserre encore un peu son dispositif. Les hommes de Wünsche et de Krause se replient sur La Balanderie. Ayant établi son poste de commandement au Mesnil-Guérard, à l'orée de la forêt de Saint-André, le commandeur de la *Hitlerjugend* contrôle lui-même l'aile gauche de son « front ». Sur sa droite, Waldmüller défend le village de Crocy, sur les bords de la Dives. Avec une centaine d'hommes, il essaie de repousser les assauts de deux régiments canadiens. Ses grenadiers sont peu à peu submergés par les fantassins du Stormont, Dundas and Glengarry Highlanders et du Highland Light Infantery of Canada. A la fin de l'après-midi, les SS doivent décrocher vers le sud et se replier sur Merri et Guêprei.

— Trun reste encore entre nos mains, annonce Hubert Meyer à son chef. Mais sans renforts, nous ne pourrons plus tenir longtemps.

— On nous promet depuis le 14 août le soutien d'une division blindée de la Wehrmacht.

— La 21e Panzer ? Elle n'est pas encore arrivée au contact de l'ennemi. Je crains que nous ne puissions pas espérer grand-chose de ce côté.

— Alors, la nasse va se refermer.

Une gigantesque course de vitesse s'engage entre les armées alliées et les troupes allemandes. Tandis que Polonais et Américains s'efforcent de refermer le piège dans la région de Chambois, au sud de Trun, les Canadiens attaquent à partir de Falaise, quant aux Britanniques ils déferlent de l'ouest, bousculant les divisions disloquées de la Wehrmacht. Régiments écossais, anglais et gallois se lancent à la poursuite.

Dans la nuit du 18 au 19 août 1944, une colonne ennemie se dirige vers Le Mesnil-Guérard où Panzermeyer vient d'établir son poste de commandement. Les fantassins, appuyés par quelques chenillettes et des blindés légers, progressent dans les ténèbres, certains désormais de leur victoire. Ils passent en lisière du bois de Saint-André. Tout est silencieux : les derniers Allemands se sont sans doute enfuis au-delà de la Dives. Depuis plusieurs jours, les Britanniques ramassent les prisonniers par centaines. Des mercenaires russes et même des Allemands de souche n'attendent qu'une occasion pour déserter et se rendre. L'orgueilleuse Wehrmacht, saignée à blanc, semble épuisée. Les Gallois scrutent les sous-bois, faiblement éclairés par la lune. Tout semble calme. Le paysage redevient paisible, avec ses champs, ses bosquets, ses chemins.

— Doucement, en tête...

Les éclaireurs ralentissent l'allure. On entend le bruit de moteurs des blindés légers qui tournent au ralenti. Les gradés s'orientent, scrutant rapidement leur carte d'un furtif coup de lampe de poche. Ils se dirigent sur Nécy, où l'état-major allié a localisé quelques SS irréductibles.

Voici quelques maisons qui surgissent de la nuit. C'est Le Mesnil-Guérard. Tout dort.

Tout dort au poste de commandement de Panzermeyer. Epuisés, les SS se sont nichés au creux des haies et se sont laissés emporter par le sommeil. Ils sont arrivés au-delà de toute fatigue, incapables de lutter plus longtemps contre cette torpeur qui noue leurs membres, ferme leurs yeux, annihile leur volonté. Ils n'ont même plus l'instinct de survie du gibier traqué.

Quelques garçons ont reçu l'ordre de veiller sur le sommeil de leurs camarades. Mais ils sont aussi fatigués et, parfois, s'écroulent sur leurs armes. Leur casque heurte le fût de leur fusil. Ils se redressent brusquement, scrutent la nuit. Ils entendent une sorte de bruissement. C'est sans doute le vent dans les arbres. Ils croient reconnaître le halètement des moteurs. Mais, depuis des jours et des jours, sans cesse, le bruit des chars les obsède. Le murmure se précise. Les sentinelles ne parviennent même plus à départager la rêverie de la réalité. Des ombres surgissent.

Il est quatre heures du matin.

Les Gallois découvrent le bivouac des SS en marchant sur les premiers dormeurs. Soudain, claquent des coups de feu. Les hommes de Wünsche et de Krause se redressent, saisissent leurs armes, tiraillent un peu au hasard devant eux.

De rapides corps-à-corps s'engagent et se terminent au creux des haies et des taillis. On se mitraille à bout portant, sans se reconnaître. Les éclatements de grenades éclairent de lueurs fugitives cette confuse empoignade.

Brutalement tiré du sommeil, Panzermeyer essaie de rameuter quelques grenadiers. On tire de partout. Les balles traçantes se croisent et ricochent. Des cris. Touché au ventre, l'agent de liaison du Commandeur s'effondre, essayant de retenir de ses deux mains cette vie qui s'écoule dans une ignoble bouillie sanglante. Ses camarades le tirent à l'abri d'une haie. Les Gallois mitraillent le moindre buisson. On se bat à la baïonnette et au couteau. Dans la nuit, personne ne fait de prisonnier. C'est une lutte à mort, un corps-à-corps sauvage.

Panzermeyer a réussi à rallier autour de lui quelques grenadiers. Ils se lancent dans une course folle, droit devant eux dans la nuit. Ils franchissent une voie ferrée et s'arrêtent, haletants.

— Installez-vous ici, ordonne Panzermeyer. Derrière ce talus, nous ne serons pas surpris.

Les derniers grenadiers du Kampfgruppe Krause obéissent machinalement. Ils reforment de petits groupes de combat autour d'une arme automatique, s'inquiètent des camarades disparus, désignent des guetteurs et s'écroulent, terrassés par le sommeil.

Le ciel commence à s'éclaircir. Le paysage est redevenu silencieux. Les Gallois ne semblent pas décidés à poursuivre ceux qu'ils viennent de débusquer par hasard.

Les SS sont seuls. Ils ont abandonné les camions, les véhicules de transmissions, les voitures de liaisons, les tracteurs. Ils vont désormais se battre et marcher à pied.

Panzermeyer a retrouvé dans les ténèbres son inséparable chef d'état-major. Hubert Meyer ne fait certes pas un bilan rassurant.

— Cette fois, Oberführer, dit-il, nous sommes tout seuls, isolés, pourchassés, cernés. Je crois que la fin est proche.

Il parle à voix très basse. Mais les grenadiers autour d'eux, épuisés de fatigue, se sont endormis, couchés contre le remblai de la voie ferrée.

— Non, dit Panzermeyer, tout n'est pas fini. Rien n'est jamais fini tant qu'un seul grenadier conserve son fusil. Max Wünsche va sûrement essayer de nous aider.

Il reste seulement à l'ancien chef du régiment blindé de la division *Hitlerjugend* quelques véhicules légers. La plupart des hommes d'équipages ont été blessés dans les derniers combats, mais continuent à s'accrocher aux mitrailleuses et aux canons de leurs blindés. Une petite colonne roule dans la nuit, un peu au hasard. Wünsche veut retrouver Panzermeyer et le soutenir du feu de ses dernières armes. Il peste parce qu'il ne reste plus que quelques bidons d'essence. Il faut éviter les routes et les carrefours.

Max Wünsche roule désormais à l'intérieur des lignes ennemies. Une brutale explosion. Son char de commandement, en tête de la petite colonne, vient de sauter sur une mine. Des fantassins ennemis surgissent de partout. Les derniers combattants du régiment blindé, presque tous atteints par des balles ou des éclats, sont faits prisonniers.

— Où est votre chef ? demandent les Britanniques.

Max Wünsche a réussi à échapper à la capture. Il se glisse dans la nuit, avec deux autres officiers. Il veut rester libre, retrouver les lignes allemandes. Tôt ou tard, d'autres divisions blindées de la Wehrmacht ou de la Waffen SS surgiront du sol allemand et continueront le combat jusqu'au bout, aux frontières de la patrie. On se battra sur le Rhin, on se battra sur la Vistule. Max Wünsche ne peut pas être absent. Rien ne pourra le briser.

Les trois fugitifs se terrent, voyagent la nuit, tournent en rond, se heurtent aux patrouilles qui ratissent le terrain. Impossible de rejoindre les lignes allemandes. Pendant six jours et six nuits, va se poursuivre l'épuisant jeu de cache-cache. Max Wünsche veut encore espérer. Il exhorte ses deux compagnons à continuer. Mais les trois officiers sont découverts et faits prisonniers. La guerre est finie pour eux.

De tous les blindés montés en ligne avec la division *Hitlerjugend,* il ne reste plus, dans cette nuit du 18 au 19 août, que les deux Tigres que commande l'Obersturmführer Meitzel.

Ils ont trouvé refuge dans le bois de Saint-André, dans lequel n'osent s'aventurer les Gallois. Leur chef veut essayer de rejoindre Panzermeyer et décide de se diriger vers Nécy. Les deux Tigres, en arrivant à un carrefour, aperçoivent des silhouettes à demi dissimulées dans les fossés. Mais leurs camarades ont disparu. Désormais, ce sont les Alliés qui tiennent le pays et on reconnaît leur casque plat recouvert d'un filet de camouflage.

— On fonce dans le tas, décide Meitzel.

Les deux Tigres accélèrent et déboulent à travers toute une compagnie galloise qui n'a que le temps de se jeter dans les fossés pour laisser le passage aux deux énormes masses d'acier. Meitzel s'étonne un peu de la facilité avec laquelle ses adversaires l'ont laissé passer et espère qu'il ne va pas tomber sur un canon antichar. Une masse sombre sur la route, droit devant lui. C'est une automitrailleuse britannique.

— Parfait, dit Meitzel. On lui rentre dedans.

Il n'estime même pas nécessaire de tirer un coup de canon et heurte, de toute sa vitesse, le véhicule blindé qui tressaille sous le choc et verse dans le fossé. La voiture du chef du régiment gallois, roulant juste derrière l'automitrailleuse, subit le même sort.

— Ça y est ! crie Meitzel. Cette fois, on est passé !

Dans quelques dizaines de minutes, il espère bien avoir rejoint Panzermeyer et le dernier carré de la division.

Une explosion brutale retentit, une gerbe de flammes illumine la nuit. Le premier Tigre s'immobilise, une chenille arrachée par la déflagration.

Meitzel peste contre cet accident, quand un coup violent le plaque contre le blindage de sa tourelle. Le second Tigre, lancé à toute vitesse, n'a pu freiner son élan et vient de percuter de toute sa masse le char de Meitzel. L'Obersturmführer, sérieusement commotionné, se rend compte aussitôt des énormes dégâts provoqués par cette collision : le canon du second Tigre a défoncé le blindage arrière du premier et s'y est encastré. Tous les hommes d'équipage sont blessés, plus ou moins incapables de réagir.

Des fantassins gallois surgissent de la nuit. Quelques rafales de mitraillettes, la lueur d'une grenade. Impossible de combattre. La rage au cœur, Meitzel doit abandonner la partie. Il lève les bras en l'air. La guerre est terminée pour lui et les hommes d'équipage des deux derniers Tigres.

A l'aube du 19 août, il ne reste plus un seul char de ce qui fut naguère la division blindée *Hitlerjugend*, désormais réduite à deux ou trois cents fantassins talonnés par l'ennemi.

23.

A l'aube du samedi 19 août 1944, le commandeur de la *Hitlerjugend* et son chef d'état-major, entourés de quelques dizaines de grenadiers, essaient, tant bien que mal et plutôt mal que bien, d'organiser un nouveau secteur de défense. D'une heure à l'autre, les éléments gallois risquent de reprendre leur progression et de bousculer les derniers points d'appui de la défense allemande.

L'état-major reste au sud de Nécy, toujours sur la voie ferrée qui constitue l'amorce d'une ligne de résistance. Les quelques dizaines de rescapés du Kampfgruppe Waldmüller tiendront l'aile droite au roc de Guêprei et ceux du Kampfgruppe Krause l'aile gauche au Merri-de-Bierre.

— Le roc m'inquiète, dit Hubert Meyer. Si cette position ne peut pas tenir, le dispositif entier s'écroulera.

— Alors, j'y place ma dernière réserve : les quelques dizaines de grenadiers qui restent encore avec le Sturmbannführer Olboetter.

Ces SS sont animés du même esprit de sacrifice que leurs camarades tombés deux jours auparavant à Falaise. Ils ont reçu l'ordre de tenir « jusqu'à nouvel ordre »... Cet ordre, ils le recevront le lendemain soir, 20 août. Quand ils essaieront, à leur tour, de battre en retraite et d'échapper à la poche, ils ne seront plus que quelques rescapés.

La confusion et le désordre ne cessent d'augmenter parmi les troupes allemandes encerclées. Les plus valides des survivants cherchent à percer vers l'est, protégés jusqu'au bout par les plus résolus. Mais la plupart des unités sont démantelées et confondues. Beaucoup de chefs sont tombés au combat et plusieurs généraux cherchent vainement leurs troupes.

Atmosphère de déroute et d'angoisse.

Le général Elfeld, qui commande un corps d'armée, arrive, hébété, au poste de commandement de Panzermeyer.

— Je n'ai plus de troupes sous mes ordres, dit-il. Si ce n'est votre division.

La « division » ne compte maintenant pas plus de trois cents combattants... Les survivants se dissimulent sous les couverts. Sans cesse, des Jabos survolent la poche de Falaise et mitraillent tout ce qui bouge. Partout, gisent des soldats blessés, des cadavres que personne n'a eu le temps d'enterrer, des chevaux crevés. Les obus des artilleurs canadiens et polonais continuent de s'abattre au sud de Trun, hachant tout le paysage normand où errent des soldats désemparés

— Je vais essayer de découvrir celui qui commande encore quelque chose ! s'écrie Panzermeyer.

Dans tout ce désordre, un homme seul garde encore la tête froide : l'Oberstgruppenführer Paul Hausser qui commande la VIIe armée encerclée.

Son poste de commandement doit se trouver quelque part au sud-ouest de Trun. L'Oberführer Meyer et le général Elfeld partent, à pied, à sa recherche. Toutes les routes sont bloquées par de pitoyables convois. Les derniers véhiculent roulent lentement au milieu des colonnes hippomobiles aux chevaux fourbus et aux conducteurs muets, fermés sur leur peur et leur fatigue.

Le flot coule vers l'est, dans un désordre qui sent déjà la panique. Des véhicules en flammes ne cessent de brûler, sur les bas-côtés, comme les témoins flamboyants de la défaite. Parfois, une remorque chargée de munitions explose, faisant voler dans tous les sens des projectiles et des éclats. Le soleil d'août éclaire un paysage d'apocalypse.

L'air sent la charogne, le caoutchouc brûlé, la fumée.

Panzermeyer et son compagnon sont toujours à la recherche du poste de commandement de l'armée. Ils se faufilent entre les fuyards, bondissent, courent, se plaquent à terre quand retentit une explosion. Les canons alliés ne cessent de tonner. La campagne flambe. Les routes deviennent des cimetières où s'entassent pêle-mêle des charrettes, des tracteurs, des bicyclettes. Tout ce qui peut rouler roule vers l'ouest. Il fait lourd. Un orage mortel couve dans les nuages sombres.

Les avions alliés tournoient au-dessus de cette cohue. Ils ne savent même plus quelle cible choisir dans toutes ces colonnes lancées à travers la campagne avec pour seule hantise de franchir la Dives.

— Où se trouve le poste de commandement ? demande Panzermeyer.

Mais personne ne sait plus rien. Toutes les unités sont confondues, vouées à n'être plus qu'un troupeau apeuré sans maître et sans chiens.

Parfois, un Feldgendarme épuisé indique la direction d'un air las. Il fait encore son devoir, par la force de l'habitude. L'état-major doit se trouver par là, ou ailleurs... Peu lui importe. Une armée entière s'engloutit dans le paysage, comme dans un océan. Bientôt, plus rien ne surnagera. Que des épaves vite rongées par la rouille : chars déchenillés, camions réduits à des carcasses, canons au tube éclaté ouvert comme un chrysanthème d'acier.

Le général Elfeld n'en peut mais. Il n'arrive plus à marcher, trébuche, s'impatiente.

— Mais où est donc Hausser ? répète-t-il.

Qui le sait encore ?

Enfin, on indique une ferme aux deux officiers. C'est peut-être ici. Les bâtiments sont vides, mais des estafettes vont et viennent. Un motocycliste s'arrête dans un nuage de poussière. Des officiers courent dans tous les sens, des cartes à la main.

Toute cette agitation indique la présence du grand chef. Mais où se trouve-t-il ? Un planton guide les deux généraux :

— Par ici.

Ils quittent la cour de la ferme. Voici un verger, quelques pommiers tordus, un fossé au pied d'une haie. L'Oberstgruppenführer est assis par terre, dans l'herbe. Il semble plus maigre que jamais. Une tête de vieil oiseau aux cheveux blancs, avec un bandeau noir sur un œil — souvenir de l'hiver 41 devant Moscou, à la tête de la division SS *Das Reich*. L'autre, gris-bleu, fixe les nouveaux venus avec un regard étrange. Hausser a une figure en lame de couteau, avec un grand nez fin, des lèvres minces, de belles rides qui ravinent sa peau parcheminée. Il ressemble un peu au grand Frédéric de Prusse. Il a soixante-quatre ans, mais garde une silhouette nerveuse d'échassier. Une grande carte d'état-major est étalée sur ses genoux, zébrée de coups de crayon de couleur. On peut y lire l'agonie de la poche de Falaise. Hausser fixe un instant Panzermeyer et Elfeld, puis il se replonge dans l'étude de la carte.

Son chef d'état-major, le colonel Rudolf Christoff Freiherr von Gersdorf, lui indique un passage sur la Dives. Hausser hoche la tête, pensif.

Une terrible explosion. Un fourgon de munitions vient d'exploser. Les projectiles volent dans tous les sens. Von Gersdorf, blessé, ruisselle de sang.

— Allez vous faire panser, lui dit Hausser.

— Plus tard, mon général. Donnez-moi d'abord vos ordres.

— Le moment est venu, dit Hausser d'une voix étrangement calme. Il faut tenter une percée cette nuit même.

Le 20 août, à l'aube, la VIIe armée allemande doit tenter d'échapper au piège. Après il sera trop tard.

— Nous percerons près de Chambois. En tête, les Panzers de la *Leibstandarte Adolf Hitler.* Au nord du dispositif, il faut une autre attaque. A Saint-Lambert-sur-Dives. Ce seront les parachutistes de la 3e division aéroportée qui la mèneront.

— Qu'attendez-vous de moi, Oberstgruppenführer ? demande Panzermeyer.

— Vous continuez à tenir le flanc nord de la poche, au sud de Trun. Vous décrocherez au dernier moment et rejoindrez les parachutistes.

Paul Hausser ne peut ignorer que la « division » *Hitlerjugend* se trouve réduite à quelques dizaines de grenadiers. Mais, imperturbable, il manœuvre les derniers pions qui lui restent dans cette tragique fin de partie.

Il tend à Panzermeyer une longue main, fine, aux doigts un peu secs. Il fixe son interlocuteur de son unique œil, plus oiseau de proie que jamais.

— Vous savez que je vous fais confiance, Meyer.

Le jeune général de trente-trois ans s'incline brusquement. Il aime ce côté « grand seigneur » de Paul Hausser. Un tel homme rendrait courage aux plus désespérés. Et Panzermeyer ne s'est jamais laissé aller au désespoir. Il sait qu'il peut encore réussir cette ultime percée. Après, on verra.

Toujours flanqué du général Elfeld, le chef de la division *Hitlerjugend* s'éloigne du poste de commandement de la VIIe armée. Les obus continuent de tomber autour d'eux. Les deux généraux, avant de pouvoir rejoindre leurs hommes, doivent se réfugier dans une carrière. Autour d'eux, d'innombrables soldats s'entassent dans cet abri de fortune. Ils ont des yeux brûlants de fièvre et brillants de peur.

La terre gronde. Une épaisse poussière tombe des murs. Les

soldats se laissent tomber par terre, tassés les uns contre les autres.

— Il faut sortir de là, murmure Elfeld.

— Pas tout de suite, remarque Panzermeyer. Nous ne ferions pas dix mètres dehors sans être déchiquetés. Il faut attendre la tombée de la nuit. Ces maudits artilleurs finiront bien par se lasser.

Les deux généraux profitent d'une accalmie pour bondir au-dehors. Ils partent en courant à la recherche du poste de commandement des parachutistes qui doivent faire équipe avec les SS de la *Hitlerjugend*. Au moment où ils quittent la carrière, une rafale d'obus arrive brutalement. Des soldats s'écroulent. Les infirmiers accourent et tirent les blessés à l'abri. Les cadavres restent sur le terrain. Les rescapés se terrent à nouveau dans la carrière.

Panzermeyer veut poursuivre sa route. Le temps presse désormais. Mais où sont donc les parachutistes ? Voici enfin leur poste de commandement, dans une masure en ruine. Deux généraux en survêtement de camouflage accueillent chaleureusement le commandeur de la division *Hitlerjugend* :

— Nous sommes heureux de faire équipe avec vous. Depuis le début de la bataille de Normandie, les paras ont vu comment travaillaient vos garçons.

— Mais il n'en reste plus que quelques dizaines.

— Nous aussi, nous avons subi des pertes terribles. Mais il faut absolument que nous parvenions à réussir cette percée. A propos, nous avons une bonne nouvelle à vous annoncer.

— Laquelle ? demande Panzermeyer, de plus en plus sceptique.

— Nous aurons des chars avec nous. Les Tigres...

— Ça, c'est fantastique. Et combien en aurons-nous ?

— Deux.

A la nuit tombante, Panzermeyer rejoint son poste de commandement. Rapidement, il met son chef d'état-major au courant de la situation :

— Nous tenterons la percée cette nuit, en liaison avec les parachutistes. Nous allons nous diviser en deux groupes.

Le commandeur réfléchit quelques instants, puis décide :

— Tout ce qui reste comme véhicule rejoindra les éléments motorisés de la *Leibstandarte Adolf Hitler*. Que le Sturmbannführer Droschler, le chef de notre régiment d'artillerie, en prenne la tête. Ils essaieront de percer du côté de Chambois.

— Et vous, Oberführer ?

— Je reste avec les fantassins. Tu resteras avec moi. Le général Elfeld se joint à nous. Nous marcherons avec les grenadiers du groupe de Bernhard Krause.

— Le reste de la division ?

— Waldmüller et Olboetter décrocheront demain à l'aube, après avoir tenu le roc de Guêprei et couvert tout le flanc nord de l'opération.

— Très bien, Oberführer. Je vais aller donner les ordres.

Les deux officiers décident alors de répartir les rescapés de la division par groupes de quelques hommes autour d'un gradé. Chaque élément doit être capable d'agir isolément et de prendre les initiatives que commandera la situation.

— Et le matériel lourd ?

— Nous n'avons plus de tracteur. Il faudra tout faire sauter.

Les aiguilles lumineuses des montres approchent de minuit. Silencieusement, de petites colonnes de SS se glissent vers le groupe de fermes où doit s'effectuer l'ultime rassemblement avant la percée. Les hommes, sans un mot, se rassemblent autour de Panzermeyer. Ils ne doivent guère rester à plus d'une centaine, désormais.

Il n'y a plus aucun moyen de joindre les dernières unités

allemandes encerclées dans la poche de Falaise. Un groupe de liaison a été envoyé auprès de la 3e division de parachutistes.

Hubert Meyer rompt enfin le silence.

— Ils ne reviennent pas, dit-il seulement.

— Tant mieux, répond Panzermeyer. Ils ont dû réussir la percée du côté de Saint-Lambert, avec les paras. Nous pourrons bientôt partir.

Le général Elfeld et quelques officiers de la Wehrmacht se trouvent toujours avec les Waffen SS de la *Hitlerjugend*. Ils bouclent leur maigre bagage et s'apprêtent à participer à cette opération de la dernière chance.

— Nos « hôtes » marcheront avec toi, dit seulement Panzermeyer à son chef d'état-major.

Le Commandeur regarde sa montre. Minuit. Maintenant, il va être l'heure de partir :

— Allons, en route pour Chambois !

Les derniers véhicules allemands en état de rouler encombrent maintenant toutes les routes et tous les chemins. Dès le lever du jour, ils seront autant de cibles offertes aux coups des Jabos. Et puis les chars polonais, britanniques, canadiens, américains peuvent bousculer les éléments retardateurs de Waldmüller et surgir à tout instant, semant la pagaille et la mort.

— Il faut passer coûte que coûte, décide Panzermeyer.

Autour de lui, les grenadiers de Bernhard Krause forment désormais le dernier carré. Avec eux, s'avancent tous les hommes des services divisionnaires. Téléphonistes, chauffeurs ou infirmiers sont promus fantassins.

Des soldats allemands errent à travers champs. Dans les ténèbres, ils se heurtent aux SS de la *Hitlerjugend*. Ils ont tenu quelques jours, quelques heures sans appuis, sans renfort, sans munitions. Mais tout cela maintenant pèse trop lourd. Plus rien d'autre ne compte que cette fuite en avant, vers l'est, vers Chambois, vers la liberté...

Les plus épuisés se laissent tomber sur le sol, s'endorment quelques minutes. Puis des camarades les secouent et les obligent à poursuivre leur route. On ne voit presque pas de gradés. Depuis le début de la bataille de Normandie, d'innombrables officiers sont tombés au combat à la tête de leurs hommes.

La nuit s'éclaire peu à peu de lueurs verdâtres. Le ciel blanchit rapidement.

Au lever du jour, en ce dimanche 20 août 1944, les jeunes SS du groupe que commande en personne Panzermeyer entendent un bruit de moteurs et de chenilles. Epuisés, haletants, apeurés, ils se jettent dans les fossés et les haies. De lourdes masses d'acier apparaissent dans la lueur indistincte qui précède l'aurore.

— Les chars !

Hormis quelques rares Panzerfaust, ils n'ont plus aucun moyen d'arrêter les blindés ennemis. Ils sont perdus. Mais, soudain, ils reconnaissent la silhouette des Tigres et des Panthères. Ce sont les derniers chars de la *Leibstandarte Adolf Hitler*, la 1re division de la Vieille Garde de la Waffen SS, qui s'apprêtent à attaquer vers Chambois.

Les tankistes en uniforme noir sont ravis de voir surgir des couverts de jeunes grenadiers de la SS. Ils les hèlent joyeusement :

— Venez avec nous, les gars. Nous avons du travail pour vous...

Le chef du détachement expose la situation à Panzermeyer :

— Nous sommes encore quelques blindés, mais nous manquons totalement d'infanterie d'accompagnement. Quant à vos grenadiers, ils doivent être fatigués d'aller à pied.

Les ordres fusent aussitôt. Les garçons de la Jeune Garde s'accrochent aux protège-chenilles et se hissent aussitôt sur les plates-formes des chars. En quelques instants, les blindés se hérissent de fantassins, pistolet mitrailleur au poing, grenades à manche passées dans le ceinturon. La plupart des jeunes SS ont perdu leur casque et vont se battre en casquette de chasseur de montagne ou même tête nue. Leurs visages, sous les mèches rebelles de cheveux blonds, surgissent peu à peu de la nuit. Maintenant, le jour arrive très vite.

Les chars ont à peine ralenti leur course. Panzermeyer se trouve avec ses derniers grenadiers, tassés sur la plage arrière d'un Tigre. Les chaos manquent de le déséquilibrer et de le projeter en bas de l'engin qui avance en pleine campagne, sans trop se soucier des haies et des arbustes. Panzermeyer saisit fermement le ceinturon d'un soldat qui se trouve à côté de lui et semble s'accrocher à la tourelle. Le chef de la division *Hitlerjugend* s'impatiente :

— Mais tiens-toi solidement ! Sinon, nous finirons par tous nous casser la figure.

Le grenadier ne répond même pas. Son chef va se fâcher, quand il s'aperçoit que l'homme est mort, frappé quelques secondes auparavant par un éclat d'obus. Il roule sur le côté et tombe à terre. Le feu des canons alliés redouble d'intensité. Toutes les pièces d'artillerie semblent se déchaîner au même instant. Les chars alliés surgissent et tirent à vue. Les aboiements rageurs des canons retentissent à leur tour. Tout le front s'embrase sur les bords de la Dives.

L'artillerie ennemie interdit le chemin vers le cours d'eau. Un véritable rideau de fer et de feu empêche les Panzers et les grenadiers, accrochés à leurs superstructures, d'échapper au piège.

Le chef du groupement blindé décide de rompre le contact au plus vite et de chercher un abri. Ses chars gagnent rapidement le couvert de quelques saules, tout auprès du cours de la Dives. Les voici dans un angle mort, échappant au tir direct de leurs adversaires. La rivière, toute proche désormais, n'a guère plus de trois ou quatre mètres de large. De l'autre côté, se trouve le salut...

Deux attelages hippomobiles allemands débouchent soudain. Les bêtes, affolées, se sont lancées en plein galop. Les conducteurs peuvent à peine les retenir. Les chevaux se précipitent dans l'eau, avec leurs carrioles et leurs caissons. Les cavaliers roulent dans la Dives, essaient de nager et de gagner l'autre rive. Des fantassins surgissent et utilisent les débris des attelages comme des passerelles de fortune. Les voici enfin sur l'autre rive. Sauvés !

Mais dès qu'ils ont atteint la plaine à l'est de la Dives, les rescapés de la poche de Falaise se trouvent aussitôt sous les coups directs des artilleurs alliés. Les premiers obus explosent, suivis en quelques secondes de dizaines, de centaines d'autres. Les hommes et les chevaux sont déchiquetés par les éclats. Les bords de la Dives ressemblent à des étaux de bouchers. De longues traînées sanglantes se diluent lentement au fil de l'eau. Des cadavres commencent à descendre le courant, ballottés entre les deux berges couvertes d'herbes folles.

Sur tout le cours du fleuve, entre Trun et Chambois, de semblables tragédies se renouvelleront à plusieurs reprises tout au long de cette journée du 20 août. Les Allemands perdront dix mille tués et quarante mille prisonniers. Mais cinquante mille hommes, entraînés par l'infatigable Paul Hausser, une fois de plus blessé au visage au cours de la percée, sont parvenus à faire sauter le verrou et à rejoindre leurs camarades.

Panzermeyer et ses grenadiers profitent d'une accalmie pour franchir, à leur tour, ce cours d'eau qui marque la « frontière » de la poche de Falaise. Sur l'autre berge de la Dives, ils ne découvrent pas la liberté, mais une horreur encore plus grande. Les prés sont jonchés de cadavres et de blessés. Tout le champ de bataille se trouve dominé par des collines d'où les canons alliés ne cessent de tirer.

Les grenadiers SS courent au milieu des corps étendus. La

plupart des victimes appartiennent aux unités des services des troupes allemandes encerclées dans la poche de Falaise. Alourdis par leur matériel hippomobile, ces hommes ont perdu un temps précieux. Maintenant, ils paieront presque tous de leur vie les longues heures de retard accumulées pendant la nuit.

Enfin, un couvert. Les SS se laissent tomber au sol. Ils n'auraient jamais cru courir si vite ni avoir si peur.

Les survivants ne sont pas longs à se compter.

— Tiens, il manque le général Elfeld, remarque Panzermeyer. Il n'était pas avec toi, Hugo ?

Le chef d'état-major répond aussitôt :

— Au début, si. Mais, ensuite, je l'ai perdu de vue. Le colonel d'état-major qui l'accompagnait a aussi disparu.

— Ils nous rejoindront peut-être plus tard, conclut, fataliste, Panzermeyer.

Impossible de s'attarder dans un endroit aussi dangereux. Il faut gagner la protection d'un hameau.

Sans cesse, de nouveaux soldats allemands surgissent et veulent se joindre à la petite colonne. La plupart des hommes ont perdu leur chef au cours de la retraite et sont prêts à recevoir les ordres du premier gradé un peu énergique qui voudra bien les rassembler. Panzermeyer s'aperçoit avec rage que de nombreux soldats de la Wehrmacht se présentent désarmés.

— Ah non ! s'exclame-t-il Pas de ça chez nous ! Je n'accepte dans nos rangs que des combattants. Que ceux qui n'ont plus d'armes se débrouillent pour trouver au moins un fusil.

L'ancien commandeur de la division *Hitlerjugend* n'admettra aucune exception à cette règle absolue. Il ne se sent aucune vocation pour conduire un troupeau.

— Maintenant, dit-il à Hubert Meyer, on va essayer de s'en sortir. Je vais prendre moi-même la tête de la colonne.

Avec lui ne marcheront que ceux des soldats de la Waffen SS ou de la Wehrmacht bien décidés à combattre encore quand il le faudra.

Après le cours de la Dives, il reste à franchir un nouvel obstacle : la route de Trun à Chambois, qui se trouve sur la rive orientale de la rivière.

Les canons alliés continuent de tirer. Sur la route, apparaissent des blindés ennemis. Les Canadiens et les Polonais débou-lant de Trun ont fait leur jonction avec les Américains à Chambois.

— Nous ne passerons pas ! s'écrient des soldats découragés.

— Taisez-vous ! ordonne Panzermeyer. Jamais nous n'avons été si prêts de nous en sortir...

Les blindés ennemis roulent, s'arrêtent, tirent, repartent. Le massacre continue.

— Si seulement nous avions encore quelques Panzers avec nous, soupire Hubert Meyer. Ils dégageraient la route en quelques coups de canon.

— Tu sais bien qu'ils n'arrivent pas à franchir la Dives, s'impatiente son chef. Ce cours d'eau est trop profond pour être passé à gué.

— Alors, nous sommes perdus.

— Pas encore, Hubert. Pas encore. En avant !

Partout, derrière les haies, derrière les murs, gisent des cadavres de soldats allemands. De toutes les hauteurs, les ennemis continuent à tirer sur les survivants, bien décidés à les empêcher de s'échapper de la poche de Falaise.

Maintenant, l'encerclement semble total. Plus aucune troupe organisée ne peut franchir le mur d'acier. Les SS se laissent tomber par terre et regardent leur chef avec des yeux hagards. Panzermeyer porte toujours, depuis sa blessure à la tête, un épais pansement qui lui dissimule à moitié le visage et risque de le faire repérer. Il l'arrache d'un geste rageur, dégaine son pistolet et ordonne à ses hommes de continuer leur course.

Ils bondissent sur la route entre deux passages de chars

ennemis, sautent par-dessus des fossés remplis de cadavres de soldats allemands, enfoncent la haie d'un coup d'épaule et boulent en plein champ. La course folle continue.

Dans la plaine, les SS découvrent encore de nouveaux blindés alliés. Le front ennemi commence déjà à s'étager en profondeur. Mais il n'est pas question d'abandonner la partie tant que tout n'a pas été essayé pour rejoindre les troupes allemandes.

Le pistolet au poing, Panzermeyer bondit d'un couvert à un autre. Des rafales d'armes automatiques ne cessent de claquer dans tous les sens. Parfois, le coup de canon d'un char ponctue le tir des mitrailleuses. Des Sherman sillonnent la plaine. Entre les lourds blindés, évoluent rapidement de petites chenillettes d'infanterie, chargées de troupes.

La chasse aux fugitifs commence.

Entre les chars ennemis, il n'y a guère plus d'une centaine de mètres. Ils ont leur canon tourné vers le cours de la Dives et tirent sans arrêt.

— D'autres camarades essaient encore de franchir le cours de la Dives, estime Hubert Meyer.

— On va essayer de profiter de toute cette pagaille, rétorque son chef.

Mais il s'interrompt et attrape son chef d'état-major par le coude :

— Planque-toi ! Voici une chenillette sur notre droite !

Un véhicule léger d'infanterie de l'armée britannique arrive droit sur eux. Mais les hommes d'équipage ne semblent pas apercevoir les deux officiers SS. La chenillette s'éloigne et disparaît dans un repli de terrain.

— Cette fois, on tente notre chance ! crie Panzermeyer.

Il entraîne son chef d'état-major vers une haie où les deux officiers plongent d'un même mouvement.

Des fantassins canadiens surgissent brusquement. Il en vient de partout. Le petit groupe de SS se trouve entouré. Il va être fait prisonnier. Maintenant, tout est perdu. Il ne semble plus y avoir aucun espoir.

— En avant ! hurle Panzermeyer. Foncez dans le tas !

Des hommes courent droit devant eux, vers l'est, hurlant et tirant. En quelques secondes, leurs adversaires sont submergés à leur tour et commencent à perdre pied. Les Britanniques reculent et cherchent l'abri des chars. Les SS poursuivent leur assaut de la dernière chance.

Encore des chars, encore des blindés, encore des fantassins. Les Canadiens semblent innombrables. Mais il faut franchir de vive force les positions qu'ils viennent d'occuper et regagner les lignes amies.

Panzermeyer, qui ne commande plus que quelques fantassins, retrouve l'émoi de ses campagnes de jeunesse :

— La vitesse peut encore nous sauver.

Mais plus un moteur ne gronde dans tout le camp allemand.

A trente mètres à peine, sur la droite du petit groupe, apparaît un Sherman. Panzermeyer ne le voit même pas et se dirige vers lui en titubant. Sa blessure à la tête s'est rouverte. La sueur et le sang ruisselle sur son visage. Il avance comme dans un brouillard épais, les tempes battantes.

Hubert Meyer bondit vers son chef, l'attrape par l'épaule, le bouscule pour le jeter dans une haie :

— Oberführer, vous êtes fou ! Vous alliez droit sur un char ennemi.

Le commandeur l'entend à peine. Tout se mêle dans sa tête. Il croit que son crâne va éclater. La tension nerveuse est trop forte depuis plus de deux mois. Toute la fatigue l'accable brutalement. Il se blottit au creux de la haie. On entend le moteur du Sherman qui tourne au ralenti.

— Je n'en peux plus, dit l'ancien commandeur de la division *Hitlerjugend*. Hubert, tu prends le commandement et tu essaies de faire passer vers l'est le maximum de nos hommes.

Le chef d'état-major sait bien qu'il n'y a jamais rien à objecter à un ordre de Panzermeyer. Il rassemble les quelques grenadiers encore valides qui se trouvent nichés dans les haies, les buissons, et leur fait reprendre leur course folle vers l'est.

Le Commandeur reste seul avec un jeune sous-lieutenant et son ordonnance, Michel, un volontaire cosaque qui le suit depuis le front de l'Est. Il se relève lentement, retombe, rampe sur les genoux. Il faut absolument échapper à ce Sherman qu'il devine tout proche, à l'affût. Enfin, un repli de terrain. Panzermeyer se relève. Ses jambes peuvent à peine le porter. Sa tête ouverte semble l'entraîner vers le sol. Il vacille. L'officier et l'ordonnance le saisissent chacun par un bras :

— Venez !

Pour aller où ? Plus rien ne semble avoir de sens maintenant que la division se trouve à peu près totalement anéantie. Panzermeyer laisse trop de jeunes morts derrière lui. Comment pourrait-il retourner dans le monde des vivants ?

Les canons tirent toujours. Mais il ne fait même pas attention aux explosions, aux gerbes de terre, aux éclats. En ce tragique 20 août, mourir lui serait égal.

— Venez ! Venez, Oberführer !

Ces voix qui l'appellent, ces mains qui le tirent. Il faut marcher, avancer, rejoindre les derniers camarades qui ont réussi à se sortir du piège. Des rafales de mitrailleuse résonnent. Comme des coups de fouet rageurs sur des plaques de tôle. Des balles sifflent encore. Le champ de bataille ne veut pas lâcher les derniers acteurs de la tragédie.

— Venez ! Encore cent mètres...

Cent mètres vers quoi ? Vers la liberté. Mais que signifie la liberté quand la défaite s'annonce inexorable. Le monde n'aura jamais plus pour Panzermeyer et les survivants de cette bataille la même couleur. Tout sera gris. Mort.

Une prairie à l'herbe haute. Gorgée d'eau. Les bottes enfoncent lourdement. La terre normande semble vouloir encore retenir ceux qui fuient la poche de Falaise. Odeur de campagne. Des mouches bourdonnent. Il fait très chaud. Août flambe.

Panzermeyer ne pense plus à se camoufler derrière les haies. Il avance droit devant lui, sans rechercher le couvert des bosquets. Son destin est peut-être de mourir. Il arrive au bout de ses forces, au bout de son histoire. Il aura été le plus jeune général à commander une division de la Waffen SS, le quatre-vingt-onzième soldat allemand à porter la croix de fer avec les feuilles de chêne et les glaives. Plus rien de tout cela ne compte, désormais. La défaite est une question de semaines, de mois tout au plus. Après, ce sera le chaos, le néant. Le Commandeur avance, suivi du jeune Untersturmführer Köln et de Michel, l'ordonnance cosaque. Maintenant, il se redresse. Il veut affronter son destin debout, comme il sied à un guerrier germanique. Lourdement, lentement, Panzermeyer avance vers l'est, droit comme s'il marchait au pas de parade. Si seulement sa tête cessait de le lanciner. Le sang continue à couler, tiède sur son visage. Il semble qu'un fer rouge lui entre dans le crâne. Ses os vont éclater, sa cervelle se répandre. Enfin, il pourra dormir pour ne plus jamais se réveiller. Plus jamais...

Un fossé, juste devant lui. Le sol se dérobe sous ses pas. Panzermeyer roule à terre. Des visages surgissent du brouillard. Ce sont les quelques grenadiers qui ont réussi la percée et qui entourent leur chef. Hubert Meyer est là avec les autres. Que dit-il ? Un épais brouillard ouate ses paroles. Son chef voit les lèvres bouger. Mais il n'arrive pas à saisir les mots. Enfin, il comprend :

— Nous... sommes... sauvés...

Sauvés. Il faut encore reprendre la longue marche qui ressemble à une fuite, traverser une route, escalader une colline, avancer vers l'est, vers la Seine, vers la frontière allemande, vers le Rhin.

Quelques-uns pourront encore continuer le combat.

Soudain, surgissent des véhicules de reconnaissance. Ils arborent la croix noire sur leurs blindages maculés de poussière grise. Des soldats en uniforme noir apparaissent. Ils portent au col le double éclair d'argent de la Waffen SS. Ces hommes appartiennent à une patrouille du régiment *Deutschland*. Mais que disent-ils ? C'est incroyable :

— La division SS *Das Reich* se dispose à contre-attaquer pour dégager Chambois.

Encore des illusions. Encore des sacrifices. Les soldats allemands ne veulent pas s'avouer vaincus avant d'avoir combattu jusqu'au bout. Jusqu'à la dernière cartouche. Jusqu'au dernier grenadier.

Aucune contre-offensive ne pourra désormais enrayer l'avance alliée. La course commence vers la Seine. La bataille de France s'engage. La bataille de Normandie est terminée.

La division SS *Hitlerjugend* y a perdu la presque totalité de son matériel et de ses effectifs. Près de vingt mille grenadiers de dix-huit ans ont été mis hors de combat entre le 6 juin et le 20 août 1944.

Les quelques survivants formeront les cadres d'une nouvelle division qui reprendra le nom de la Jeune Garde. Il y aura encore une division SS *Hitlerjugend*. Elle combattra en Belgique dans les forêts des Ardennes et sur les rives du lac Balaton en Hongrie. Elle disparaîtra dans l'ultime tourmente. Jusqu'au dernier jour de la guerre, ses jeunes volontaires voudront se battre. Toujours résonnera au plus profond de leur mémoire les paroles naïves et tragiques du chant de leur enfance :

— *Oui, le drapeau est plus grand que la mort.*

QUATRIÈME PARTIE

APRÈS LA NORMANDIE

LA CAPTURE DU COMMANDEUR DE LA DIVISION *HITLERJUGEND*

Le 20 août 1944, l'Oberführer Kurt Meyer se présente avec les survivants de la division *Hitlerjugend* au poste de commandement du 1er corps blindé SS, où tous les croyaient morts dans la « poche » de Falaise. Ils gagnent ensuite Louviers et passent la Seine à Elbeuf, après avoir livré des combats d'arrière-garde. Les jeunes SS se battent une dernière fois contre leurs adversaires canadiens dans la forêt de La Londe.

La « division » est alors regroupée à Hirson, dans la forêt ardennaise, non loin de la frontière belge. Matériel et effectif commencent à arriver et permettent de reconstituer une unité combattante d'un millier d'hommes. Harcelés par des résistants, les SS s'établissent en position défensive sur la Meuse, dans les premiers jours du mois de septembre 1944.

Au cours d'une reconnaissance dans le village belge de Durnal, Panzermeyer se trouve nez à nez avec une colonne de chars américains. Il saute de sa voiture de commandement et se cache dans un poulailler avec son chauffeur. Tous deux espèrent rejoindre leurs camarades à la faveur de la nuit. Découverts par un paysan, ils doivent s'enfuir et sont pourchassés par des partisans. Le chauffeur est blessé. Panzermeyer, cerné, décide de se rendre. Des gendarmes belges leur passent les menottes.

Dans la nuit, Américains et Allemands se battront dans les

rues de Durnal. Une patrouille américaine découvre Panzermeyer, laissé seul dans une cave en compagnie de son chauffeur blessé et d'un jeune gardien. L'ancien commandeur de la division *Hitlerjugend* est alors capturé, dépouillé de ses décorations et de sa montre, puis tellement malmené qu'un officier américain décide de le faire conduire dans un hôpital. Avec d'autres prisonniers allemands, il est dirigé sur Namur où il arrive couvert de sang.

En traversant la ville, plusieurs prisonniers allemands blessés ont été abattus par la foule, dont Max Bornhöft, le chauffeur de Panzermeyer. Des partisans belges s'acharnent sur les Waffen SS et les parachutistes. Vingt soldats allemands périront ainsi le 7 septembre 1944 à Namur.

Le Commandeur de la division *Hitlerjugend* porte une tenue camouflée et n'a pas été identifié. Il est finalement soigné dans un hôpital catholique et parvient à faire disparaître son livret militaire. Il restera deux semaines dans cet asile, avant d'être transféré dans une caserne occupée par les partisans belges, où il sera longtemps l'unique prisonnier, avant d'être rejoint par deux officiers de la Wehrmacht. En cette fin de septembre 1944, la bataille fait rage autour d'Aix-la-Chapelle. Quelques jours plus tard, les résistants doivent remettre le général et ses deux compagnons à un officier de la police militaire américaine qui les conduit à Reims, puis à Compiègne, où ils sont enfermés dans un immense camp de prisonniers.

Le Commandeur, dont l'identité n'a pas été découverte, est nommé chef adjoint de ce camp et réussit à placer des hommes de confiance à tous les postes clés. La guerre continue. Beaucoup de prisonniers allemands songent à s'évader. Mais, le 8 novembre, Panzermeyer, sans doute dénoncé, est convoqué chez le commandant du camp qui le fait déshabiller et découvre son tatouage de groupe sanguin sous le bras gauche. Le captif peut difficilement nier son appartenance à la SS. Sa véritable identité est vite découverte. Les Américains décident de le livrer aux Britanniques. L'ancien Commandeur de la division *Hitlerjugend* est alors transféré à Londres par avion. Après avoir séjourné dans deux camps, ils sera enfermé à Londres dans la prison spéciale des criminels de guerre : des hommes de sa division ont abattu des prisonniers canadiens lors de la bataille de Normandie, et il est considéré comme responsable de ces assassinats. Transféré par avion dans le Nord de l'Allemagne, Panzermeyer est confié au régiment du Royal Winnipeg auquel appartenaient les victimes des exécutions sommaires. Le procès de l'ancien Commandeur de la division *Hitlerjugend* doit être le premier de tous ceux des officiers allemands accusés de crimes de guerre : il doit être jugé avant même la fin de l'année 1945.

LA DIVISION SS *HITLERJUGEND* DANS LES ARDENNES

Après la capture du Brigadeführer Kurt Meyer, son chef d'état-major, le Sturmbannführer Hubert Meyer, prend provisoirement le commandement de la division *Hitlerjugend,* enfin envoyée au repos dans la région du Sauerland. Avant de quitter la Belgique, une embuscade de partisans, le 8 septembre 1944, à Basse-Bodeux, a coûté la vie au Sturmbannführer Hans Waldmüller, l'un des deux chefs des Kampfgruppen de Falaise.

Recomplétée en matériel et en effectif, la division doit peu à peu retrouver sa puissance offensive. Vingt mille jeunes volontaires viennent remplacer ceux qui sont tombés en Normandie. Leur prestation de serment a lieu à la caserne de Kaiserlautern, dépôt de la division, en présence d'Arthur Axmann et de Heinrich Himmler. Une fois encore, la Jeunesse hitlérienne offre les meilleures recrues d'une nouvelle classe à la Waffen SS.

Des hommes provenant de la Luftwaffe et de la Kriegsmarine sont également mutés à la division *Hitlerjugend,* dont le Standartenführer Hugo Kraas reçoit, le 9 novembre 1944, le commandement.

Le nouveau Commandeur est âgé de trente-trois ans et porte les feuilles de chêne sur sa croix de chevalier. Il a fait sa carrière militaire dans la *Leibstandarte Adolf Hitler,* avec laquelle il a participé à tous les combats du front de l'Est, à la tête du 2e régiment de grenadiers de la Vieille Garde.

La division *Hitlerjugend* est alors dirigée dans le secteur situé à l'ouest de Cologne et tenue en réserve pour une éventuelle contre-offensive, sur le front de l'Ouest, toujours bloqué devant Aix-la-Chapelle.

Soudain, arrive un ordre de mise en marche. Sous un ciel chargé de nuages bas et cinglé de rafales de neige, la division gagne le secteur de l'Eifel, où elle arrive le 15 décembre 1944.

Cette fois, c'est la grande contre-attaque. Les Allemands espèrent reprendre l'initiative des opérations et renverser la situation sur le front de l'Ouest. L'ordre d'opérations est ainsi fixé : « Après avoir percé les lignes américaines, la 12e Panzerdivision SS *Hitlerjugend,* articulée en deux Kampfgruppen, progressera sur deux itinéraires à la poursuite de l'ennemi et devra s'emparer, dès le premier jour, d'au moins un passage sur la Meuse au sud de Liège. La 1re SS Panzerdivision *Leibstandarte Adolf Hitler* sera engagée sur son flanc gauche, tandis que son flanc droit restera libre. »

La division *Hitlerjugend* doit donc occuper l'extrême nord de l'attaque allemande et former la charnière du grand assaut vers Anvers et la mer du Nord. Elle dépend de la VIe armée blindée SS, que commande l'Oberstgruppenführer Dietrich. Une fois encore, le vieux « Sepp » a réuni côte à côte, sous ses ordres, la Vieille Garde et la Jeune Garde hitlériennes.

Tandis que l'Obersturmbannführer Jochem Peiper, chef du régiment blindé de la *Leibstandarte,* réussit une spectaculaire percée sur Malmédy, les cadets de la *Hitlerjugend* ne vont guère parvenir à déboucher. Les chars lourds et les véhicules blindés provoquent d'immenses embouteillages dans les sentes forestières à l'est de Krinkelt. Le temps couvert empêche l'intervention de l'aviation alliée, et l'absence des Jabos semble déjà une revanche sur les terribles combats de Normandie. Mais les colonnes s'enlisent dans la boue et la neige.

L'assaut est d'abord mené par des divisions improvisées de « Volksgrenadiers », provenant de la levée en masse, mais qui ne possèdent ni une solide expérience du feu ni même une réelle combativité. Leur attaque du 16 décembre 1944 se solde par un échec et il faut appeler en renfort le 25e régiment de grenadiers SS ainsi que le 12e bataillon SS de chasseurs de chars. Ils pourront avancer de quelques kilomètres seulement et seront vite arrêtés par un ruisseau très encaissé. On se bat dans les bois, sous les rafales de neige, par un froid glacial. Les SS s'emparent de plus de deux cents prisonniers américains. Mais ils ne peuvent déboucher.

Les chars du 12e régiment parviennent cependant à pénétrer dans le village de Krinkelt, où se livrent de durs combats de rues. Les Américains résistent farouchement et verrouillent le nord du saillant que commence à former dans leurs lignes l'offensive allemande des Ardennes.

Les Américains contre-attaquent et reprennent Büllingen, conquis dès le premier jour par la *Leibstandarte*. Le 26e régiment de grenadiers SS de la *Hitlerjugend* reçoit l'ordre de reprendre cette localité. Mission accomplie le 20 décembre.

L'attaque reprend, le lendemain, en direction de Bütgenbach. Américains et Allemands se battront tout un jour et toute une nuit, sans parvenir à emporter de décision.

La lutte se déroule en pleine forêt. Les Volksgrenadiers viennent renforcer les garçons de la Waffen SS. Mais les Américains résistent avec un rare courage.

Bütgenbach est pris, puis reperdu. Les SS de la *Hitlerjugend* doivent revenir sur leurs positions de départ, après avoir subi des pertes sévères.

La division est alors regroupée et mise à la disposition du 2e corps blindé SS. Elle change de secteur et reçoit l'ordre de percer à travers bois, en direction de l'Ourthe, au nord de Samrée. L'attaque commence à la tombée du jour, le 28 décembre, et se solde par un nouvel échec.

Pour la troisième fois, la *Hitlerjugend* change de secteur et se trouve, dans la nuit du 31 décembre 1944, à la disposition de la Vᵉ armée blindée. Il faut contre-attaquer au nord de Bastogne. Mais, déjà, la division a perdu les trois quarts de ses effectifs et la plupart de son matériel. Les derniers chars du 12ᵉ régiment blindé SS sont engagés sur Margerite. La bourgade est investie, dans la nuit du 3 ou 4 janvier, par une demi-douzaine de Panzers et par les pionniers du bataillon du génie.

Les SS prennent, puis reperdent la cote 510.

Les Américains ont réussi à rameuter des troupes solides et contre-attaquent sur tout le front des Ardennes.

La grande offensive de l'hiver sur le front de l'Ouest a échoué. Le maréchal Model doit renoncer à son plan. A partir du 10 janvier 1945, les unités rescapées des Ardennes sont retirées du front. La 12ᵉ division SS *Hitlerjugend*, presque aussi éprouvée qu'au cours de la bataille de Normandie, gagne, par étapes, la région située à l'ouest de Cologne.

LA DIVISION SS *HITLERJUGEND* EN HONGRIE

Une fois encore terriblement éprouvée et une fois encore reformée avec des volontaires de plus en plus jeunes — certains ont quinze ou seize ans —, la division *Hitlerjugend* se reconstitue dans la région située à l'ouest de Cologne.

Dès le début du mois de février 1945, toujours sous le commandement de Hugo Kraas, promu Brigadeführer, elle quitte le front de l'Ouest, avec toute la VIe armée blindée SS de Sepp Dietrich, pour gagner le front de l'Est où la situation est devenue catastrophique.

L'Armée rouge attaque vers la Poméranie et vers la Hongrie. Berlin au nord, Vienne au sud, les deux grandes capitales du IIIe Reich, se trouvent menacées. Pour essayer d'enrayer l'attaque soviétique, Adolf Hitler fait encore confiance aux généraux de la Waffen SS : Felix Steiner se battra en Poméranie et Sepp Dietrich en Hongrie.

La contre-offensive sur les bords de la Baltique tourne à la déroute. Il reste un dernier espoir : porter un coup d'arrêt dans la région du lac Balaton, que les Allemands nomment Plattenzee.

La division *Hitlerjugend* reçoit l'ordre de gagner la Hongrie. Ses effectifs sont rapidement recomplétés par des marins, des aviateurs et même des SS convalescents sortant des hôpitaux. Entre le 7 et le 16 février 1945, la division se regroupe dans la région de Raab. Avec les autres unités de la VIe armée blindée SS de Sepp Dietrich, elle doit détruire les concentrations de troupes russes et bulgares établies à l'ouest du Danube, ou au moins les rejeter de l'autre côté du fleuve.

La contre-attaque débute à midi, le 17 février 1945. A la tombée du jour, par un temps brumeux et glacial, les SS ont atteint la région de Köbölkut. Dans la nuit, les Russes ripostent, mais ils se heurtent aux chars du 12e régiment et aux grenadiers du 25e et du 26e.

L'Obersturmbannführer Bernhard Krause sera tué deux jours plus tard en attaquant Muszla. Après Waldmüller, c'est le second chef des Kampfgruppen de la bataille de Falaise qui tombe au combat.

Du 20 au 24 février, la division *Hitlerjugend* parvient à s'emparer des agglomérations de Bart et de Gran, réduisant totalement la tête de pont soviétique. Les combats ont été très sévères et les pertes se révèlent lourdes chez les SS. Surtout parmi les cadres. La division *Hitlerjugend* a certes atteint son objectif, mais elle apparaît à bout de souffle.

La bataille de Hongrie continue, sur les rives du lac Balaton. Dans la nuit du 5 au 6 mars 1945, les hommes de la Jeune Garde et de la Vieille Garde vont mener côte à côte une attaque en direction d'Odin-Puszta et Major-Puszta. Le sol, gelé en profondeur, est recouvert de neige boueuse. Il fait un temps épouvantable. Les véhicules et les Panzers, à demi paralysés par le manque d'essence, progressent dans des fleuves de boue glaciale. Le successeur de Bernhard Krause, le Sturmbannführer Kostenbader, tombe à son tour [1].

Les SS franchissent le Danube et parviennent à leur tour à

1. Le Sturmbannführer Kostenbader avait été à l'école d'officiers de Bad Tölz, puis au camp d'entraînement de Neweklau, en Bohême-Moravie, l'instructeur des volontaires français de la Sturmbrigade SS n° 7, qui le quitteront pour être engagés en Galicie en août 1944.

établir une tête de pont sur la rive sud. Un instant, comme lors de la bataille des Ardennes deux mois auparavant, la victoire semble changer de camp.

Le 15 mars 1945, la division *Hitlerjugend* est relevée par la *Leibstandarte* et doit gagner la région de Stuhlweissenburg pour faire face à une gigantesque contre-attaque soviétique contre la division SS *Totenkopf*, dont les lignes sont enfoncées. Il faut se battre en pleine montagne, par des chemins détrempés, au milieu des troupes allemandes et hongroises en retraite.

La division ne peut enrayer l'assaut soviétique et doit se contenter de le retarder, en livrant des combats d'arrière-garde, mais en se repliant sans cesse, à Dudar, à Zirc, à Raab. Le 30 mars 1945, les hommes de la *Hitlerjugend* occupent les positions qui couvrent le sol même de leur patrie. La forteresse du Reich se trouve assiégée. Les SS tiennent bon. Mais, à droite et à gauche, ils sont dépassés par les pointes blindées russes et se trouvent encerclés. Pour échapper à l'anéantissement, il faut percer. Le 31 mars, ils parviennent à rompre les lignes russes à Odenburg et se replient sur la forêt viennoise, dans la région d'Hirtenberg.

Désormais, ils vont lutter et mourir sur le sol natal.

Le front semble se stabiliser pendant tout le début du mois d'avril. Puis les Russes attaquent le lendemain de l'anniversaire du Führer, célébré une dernière fois par les garçons de sa Jeune Garde. Leurs effectifs ont fondu comme cire au soleil. Il ne reste même pas cent hommes par régiment de grenadiers et la plupart des chars se trouvent hors de combat. Les rescapés de la division sont obligés de se replier dans la région de Tradigist. Puis, le 5 mai 1945, les SS sont retirés des lignes et dirigés vers les troupes américaines qui déferlent en Autriche. Il ne faut pas tomber aux mains des Russes !

La ligne de démarcation entre les Alliés de l'Ouest et de l'Est a été établie sur la rivière Enns. Les SS de la *Hitlerjugend* la franchissent et pénètrent de plus de deux kilomètres en zone occidentale. Là, ils acceptent de se rendre. Pour la dernière fois, les SS de la Jeune Garde vont défiler devant leur commandeur, le Brigadeführer Hugo Kraas. Les rares survivants de près d'un an de combats incessants restent disciplinés et fidèles. Ils marchent, lentement, vers leur destin. Pas un grenadier ne baisse la tête. Pas un véhicule n'arbore, comme les Alliés en ont donné l'ordre, le drapeau blanc.

La 12e Panzerdivision SS *Hitlerjugend* n'existe plus.

PROCÈS, CAPTIVITÉ, LIBÉRATION ET MORT DE PANZERMEYER

Le procès du Brigadeführer Kurt Meyer s'ouvre, le 10 décembre 1945, dans l'ancienne école de transmissions de la Kriegsmarine où il se trouve incarcéré. Parmi ses juges, siège le général Foster qui a été son adversaire durant la bataille de Normandie.

L'acte d'accusation lui reproche d'abord d'avoir suscité la haine des troupes placées sous ses ordres et d'avoir conseillé à ses soldats de ne pas faire de quartier à l'ennemi, cela durant la période d'instruction en Belgique et en France. La seconde accusation, la plus grave, concerne la mort de sept prisonniers de guerre canadiens, assassinés à proximité du poste de commandement du 25e régiment de Panzergrenadiers SS, à l'abbaye d'Ardenne, dans les premiers jours des combats en Normandie.

Le grenadier Tobanisch, un soldat de la division *Hitlerjugend,* d'origine tchèque, qui devait déserter en Belgique pour rejoindre la Résistance, a fait état lors de son interrogatoire d'un ordre du jour, signé par tous les hommes de son unité, et qui aurait comporté notamment le paragraphe suivant : « Les troupes SS ne doivent pas faire de prisonniers. Les ennemis capturés doivent être exécutés après avoir été interrogés. Les soldats SS ne doivent pas se rendre et doivent se suicider au cas où il n'y aurait pas d'autre solution. »

Un autre grenadier, du nom de Hazel, Allemand d'origine,

résidant en Tchécoslovaquie et servant dans la division *Hitlerjugend,* où il a été blessé peu après son arrivée sur le front de Normandie, a affirmé lors de son interrogatoire qu'il aurait entendu dire par Panzermeyer : « Dans mon régiment, on ne fera pas de prisonniers. » Mais, à l'audience, Hazel, que regarde fixement son ancien chef, se rétracte.

Panzermeyer prétend seulement avoir averti ses hommes, lors de l'entraînement en Belgique, des terribles conditions de lutte sur le front de l'Est et d'avoir alors affirmé : « Il ne doit pas y avoir de prisonniers dans mon régiment. Croyez-moi, il vaut mieux se battre jusqu'à la mort. »

Plus impressionnants et plus sérieux apparaissent les témoignages d'officiers canadiens survivants des combats. Le major Learmont rapporte qu'un des soldats faits prisonniers avec lui a été exécuté parce qu'il portait une grenade dans sa poche. Un autre a été abattu parce que, blessé à la jambe, il ne pouvait gagner assez vite l'arrière des lignes allemandes. Un autre soldat canadien, blessé, a été d'abord soigné par un infirmier allemand, puis exécuté.

Dans la plupart des cas, il s'agit d'actes isolés, commis en plein combat ou immédiatement après.

Par contre, un nouveau témoignage allemand accuse Panzermeyer. Le grenadier Jesionek, d'origine polonaise, qui servait dans la Waffen SS, affirme s'être trouvé le 8 juin 1944 dans l'abbaye d'Ardenne. Vers dix heures du matin, un soldat allemand aurait conduit sept prisonniers canadiens au poste de commandement de Panzermeyer. Toujours selon Jesionek, celui-ci aurait dit : « A l'avenir, on n'amènera plus de prisonniers ici. » Un sous-officier SS aurait alors exécuté les Canadiens l'un après l'autre.

La plupart des témoins qu'aimerait faire citer l'accusation tout aussi bien que la défense ont disparu. Ils sont sans doute morts dans les combats.

Panzermeyer va s'efforcer de montrer les contradictions de

la déposition de son accusateur. Plusieurs mois après les événements, il est facile au général SS de relever des erreurs de détail. Mais le fait que sept prisonniers canadiens aient été assassinés à l'abbaye d'Ardenne ne peut être mis en doute.

Le général Eberbach, qui a bien connu l'accusé au cours de la bataille de Normandie, vient lui apporter un témoignage de moralité et estime qu'on ne peut reprocher à un chef les actes criminels isolés de certains de ses soldats. Le général de la Wehrmacht se permet de rappeler que les « courageux soldats canadiens » ont, eux aussi, exécuté des prisonniers allemands lors de cette même bataille aux portes de Caen.

Il semble que les exactions n'aient eu lieu, des deux côtés, que lors des premiers jours des combats. On n'en signale plus, une fois que Kurt Meyer prend le commandement de la division, après la mort de Fritz Witt.

Le procès est interrompu le 23 décembre et certains de ses anciens adversaires viennent féliciter Panzermeyer, qui a ce jour-là trente-cinq ans.

Le procès reprend le 27 décembre, après les fêtes de Noël. L'ancien commandeur de la division *Hitlerjugend* ne sera pas reconnu coupable d'avoir fait directement exécuter des prisonniers à l'abbaye d'Ardenne. Mais le tribunal considère comme authentique le document, diffusé lors de l'instruction en Belgique, ordonnant de ne pas faire de prisonniers. Le Brigadeführer Meyer est donc considéré comme moralement responsable de toutes les exactions commises par les hommes de sa division. Le 28 décembre 1945, en fin de matinée, il est condamné à mort.

Un général canadien décide de commuer la peine en emprisonnement à vie. Au début de l'année 1946, le condamné est transporté par avion en Grande-Bretagne, puis au Canada, où il est incarcéré à la prison de Dirchester en Nouvelle-Ecosse. Il est le seul officier allemand alors au Canada et doit partager sa prison avec des condamnés de droit commun. A l'automne 1951, Panzermeyer est ramené en Allemagne fédérale où il rejoint la prison de Werl. Il sera finalement libéré le 7 septembre 1954, après dix ans de captivité.

Dès son retour au pays natal, Kurt Meyer milite dans les rangs de la H.I.A.G., l'association d'entraide des anciens combattants de la Waffen SS, dont il devient le porte-parole. Il publie ses mémoires aux Editions Schild Verlag, à Munich, sous le simple titre de *Grenadiere*.

Décoré de la croix de fer avec feuilles de chêne et épées, l'ancien commandeur de la division *Hitlerjugend* apparaît comme le plus jeune et le plus célèbre des généraux SS rescapés de la guerre. Certains voudraient lui voir jouer un rôle politique, mais il se contente d'animer l'amicale des anciens de sa division. On le voit dans toutes les réunions et il voyage beaucoup à travers l'Allemagne fédérale.

Le 23 décembre 1961, jour de son cinquante et unième anniversaire, il succombe brusquement à une crise cardiaque.

ANNEXES

2. Jugend! Jugend! wir sind der Zukunft Soldaten. Jugend! Jugend! Träger der kommenden Taten. Ja, durch unsre Fäuste fällt, wer sich uns entgegen stellt. Jugend! Jugend! Wir sind der Zukunft Soldaten. Jugend! Jugend! Träger der kommenden Taten. Führer, wir gehören dir, wir, Kam'raden dir! Unsre Fahne usw.

Baldur v. Schirach.

CHANT DE LA JEUNESSE HITLÉRIENNE

1. En avant ! En avant !
Les claires fanfares résonnent,
En avant ! En avant !
La jeunesse ne connaît pas le danger.
Allemagne, tu continueras à briller,
Même si nous désirons disparaître.
En avant ! En avant !
La jeunesse ne connaît pas le danger,
Même si le but est très haut,
La jeunesse l'atteindra.

Refrain :

Notre drapeau flotte devant nous,
Nous avançons vers l'avenir homme après homme.
Nous marchons pour Hitler à travers la nuit et la détresse
Avec le drapeau de la jeunesse pour la liberté et le pain.
Notre drapeau est le Temps nouveau
Et le drapeau nous conduit dans l'éternité.
Oui, le drapeau est au-delà de la mort !

2. Jeunesse ! Jeunesse !
Nous sommes les soldats de l'avenir,
Jeunesse ! Jeunesse !
Porteuse des exploits à venir,
Führer nous t'appartenons,
Nous, camarades, à toi !

Etc.

EXTRAITS DE DISCOURS D'ADOLF HITLER A LA JEUNESSE HITLÉRIENNE

Les Allemands doivent de nouveau apprendre à se sentir un peuple, au-dessus de leurs divergences sociales et religieuses. Notre peuple a déchu parce qu'il avait oublié de se sentir tel. Vous, mes garçons et mes filles d'Allemagne, vous devez à nouveau apprendre au sein du mouvement national-socialiste à vous sentir frères et sœurs dans la nation.

... Vous êtes le peuple de demain et sur vous repose la réalisation des objectifs de notre présent combat.

... Que peut-il donc arriver à un peuple dont la jeunesse renonce à tout pour servir son idéal de grandeur ?

... Le national-socialisme construit une communauté populaire qui commence à l'enfant et se termine au vieillard. Personne ne peut faire taire la puissante symphonie de la vie du peuple allemand. Le national-socialisme forgera des garçons fiers et courageux et leur apprendra à ne jamais courber la tête, si l'on tente de les pousser à des actions injustes. Le jeune Allemand restera fidèle à son peuple lorsque celui-ci se trouvera exposé aux plus grands dangers.

... Ce que toi, mon cher jeune Allemand, tu as admiré dans tes sagas et dans tes chants héroïques, tu dois t'en inspirer pour que ton peuple devienne digne à son tour d'être ainsi chanté dans des poèmes de gloire.

... Je suis sûr que c'est une nouvelle race qui naît du mouvement de la jeunesse nationale-socialiste.

Potsdam, 1932.

Nous devons être possédés par une seule volonté. Nous devons donner l'image d'une unité absolue. Nous devons forger ensemble une discipline, une loi d'obéissance. Nous devons nous pénétrer d'un ordre intérieur qui nous subordonne à la nation.

Quand nous serons remplis de cette conscience et serons menés par un commandement sacré, alors ce que nous voyons ici dans votre communauté débordera de vos cadres et s'étendra à tout notre peuple pour en faire le bloc d'une seule volonté et d'une seule force.

Vous êtes l'Allemagne qui vient... Vous êtes encore jeunes, vous n'avez pas encore subi les influences divergentes de la vie, vous pouvez encore établir librement entre vous toutes sortes de liens, ce que plus tard les nécessités de la vie ne vous permettront plus. Vous ne devez pas permettre à l'égoïsme, à l'arrogance, aux préjugés de classe ou de fortune de pénétrer dans vos cœurs. Vous devez bien plutôt préserver le trésor de votre jeunesse, le grandiose sentiment de la camaraderie et de la solidarité !

Nuremberg, 1933.

Tout ce que nous attendons et espérons de l'Allemagne de demain, vous devez, vous mes garçons et mes filles, nous le donner. Quand nous désirons une Allemagne forte, c'est vous qui devez être forts. Quand nous voulons une Allemagne énergique, c'est vous qui devez être énergiques. Quand nous voulons restaurer une Allemagne de l'honneur, c'est vous qui devez être les garants de cet honneur. Quand nous voulons que renaisse une Allemagne de l'ordre, c'est vous qui devez être responsables de cet ordre. Quand nous voulons que se fasse une Allemagne de la fidélité, vous devez apprendre vous-mêmes à être fidèles.

Le Reich ne peut ambitionner posséder aucune vertu que vous n'ayez vous-mêmes pratiquée auparavant. Aucune force, qui n'émanerait pas de vous. Aucune grandeur, qui n'ait ses racines dans votre discipline. Vous êtes l'Allemagne de l'avenir, telle qu'elle doit être et sera un jour.

Vous devez rejeter tout ce qui dans l'Allemagne du passé porte l'empreinte de la bassesse. Vous devez avant tout apprendre, au cours de votre jeunesse, à éviter tout ce qui vous serait difficile de vous défaire dans votre vie adulte. Vous devez cultiver l'esprit de la grande communauté, comme il vous est propre dans l'enfance, ne jamais vous en laisser déposséder, afin que comme adultes vous ne vous sépariez pas en classes, en catégories, comme dans le passé. Afin que dans l'avenir vous soyez en grand ce que vous étiez en petit dans votre jeunesse : une communauté, celle des hommes allemands. Cet espoir repose tout entier sur vous.

1er mai 1934.

Nous voulons être un peuple et vous, mes jeunes, devez devenir ce peuple. Nous ne voulons plus voir de classes ni de catégories, et vous ne devez pas laisser ce préjugé de classes grandir en vous.

Nous voulons voir se bâtir un nouveau Reich, et vous devez recevoir, dans une organisation unique, la formation qui fera de vous ses créatures.

Nous voulons que ce peuple soit fidèle et vous devez apprendre la fidélité. Nous voulons que ce peuple soit obéissant et vous devez pratiquer l'obéissance. Nous voulons que ce peuple puisse vivre en paix tout en gardant sa vaillance, et vous devez être en même temps des pacifiques et des vaillants ! Nous voulons que ce peuple ne cède pas à la mollesse et qu'au contraire il sache être dur... Vous devez apprendre à être durs, à supporter des privations, à ne jamais vous effondrer. Nous voulons que ce peuple retrouve sa vieille fierté. Pour cela, vous devez apprendre à vivre avec orgueil et à faire en sorte que la fierté de votre jeunesse devienne celle d'un peuple entier.

Tout ce que nous demandons d'être à l'Allemagne, nous l'exigerons de vous, garçons et filles.

... En vous, l'Allemagne continuera à vivre. Et quand il ne restera rien de nous, c'est vous qui aurez saisi dans vos poings le drapeau que nous avons un jour dressé au-dessus du néant.

Nuremberg, 1934.

ADOLF HITLER PARLE DE LA FORMATION DES JEUNES CHEFS

Il est heureux qu'Axmann ait été soldat au front. Le fait qu'il y ait perdu un bras a contribué à augmenter son prestige auprès de la jeunesse, y compris la jeunesse des pays étrangers. J'apprécie à leur juste valeur les efforts d'Axmann en vue de gagner la jeunesse des pays germaniques au national-socialisme et à l'idée du rassemblement des peuples germaniques. Quand la jeunesse est gagnée à une idée, cela agit à la façon d'un levain. La jeunesse ne se laisse pas influencer par les objections des vieux, elle va droit son chemin et triomphe de tous les obstacles...

L'école ne suffit pas pour former la jeunesse, car son principal souci est de gaver les cerveaux. C'est pourquoi j'ai fondé la *Hitlerjugend* à laquelle j'ai donné ce mot d'ordre audacieux : « La jeunesse dirigée par la jeunesse. » De la sorte, j'ai obtenu que s'opérât très tôt une sélection parmi les jeunes, et qui mît en évidence ceux d'entre eux qui sont capables déjà de prendre des responsabilités et de diriger une petite « meute ». Ainsi, au jugement du maître d'école, qui apprécie le savoir en soi de l'individu, vient se superposer le jugement de la jeunesse elle-même, qui porte sur des qualités d'ordre essentiellement moral, comme l'esprit de camaraderie, l'endurance, le courage, la vaillance, toutes qualités qui sont indispensables pour faire un chef...

C'est entre dix et dix-sept ans que la jeunesse manifeste la plus grande capacité d'enthousiasme et le plus d'idéalisme. C'est donc à cette période qu'il convient de lui donner les meilleurs maîtres, les meilleurs chefs...

Libres Propos, 8 juin 1942.

LES GRADES DE LA WAFFEN SS

Grade armée française	*Grade Waffen SS*	*Abréviation*
Soldat de 2e classe	Grenadier	Gren.
Soldat de 1re classe	Obergrenadier	Ob. Gren.
Caporal	Sturmmann	Strmm.
Caporal-chef	Rottenführer	Rttf.
Sergent	Unterscharführer	Uscha.
Elève-officier (sergent)	Junker der Waffen SS	Ju. d. SS
Sergent-chef (rare)	Scharführer	Scha.
Elève-officier (sergent-chef)	Standarten-Junker	Std. Ju.
Adjudant	Oberscharführer	Oscha.
Adjudant-chef	Hauptscharführer	Hscha.
(Sans correspondance)	Sturmscharführer	Stuscha
Aspirant	Standarten-Oberjunker	Std. Ob. Ju.
Sous-lieutenant	Untersturmführer	Ustuf.
Lieutenant	Obersturmführer	Ostuf.
Capitaine	Hauptsturmführer	Hstuf.
Commandant	Sturmbannführer	Stubaf.
Lieutenant-colonel	Obersturmbannführer	Ostubaf.
Colonel	Standartenführer	Staf.
Grade intermédiaire	Oberführer	Obf.
Général de brigade	Brigadeführer und Generalmajor der Waffen SS	Brigf.
Général de division	Gruppenführer und Generalleutnant der Waffen SS	Gruf.
Général de corps d'armée	Obergruppenführer und General der Waffen SS	Ogruf.
Général d'armée	Oberstgruppenführer und Generaloberst der Waffen SS	Orstgruf.
Chef de la SS (Heinrich Himmler)	Reichsführer SS	RFSS

12e DIVISION BLINDEE SS HITLERJUGEND

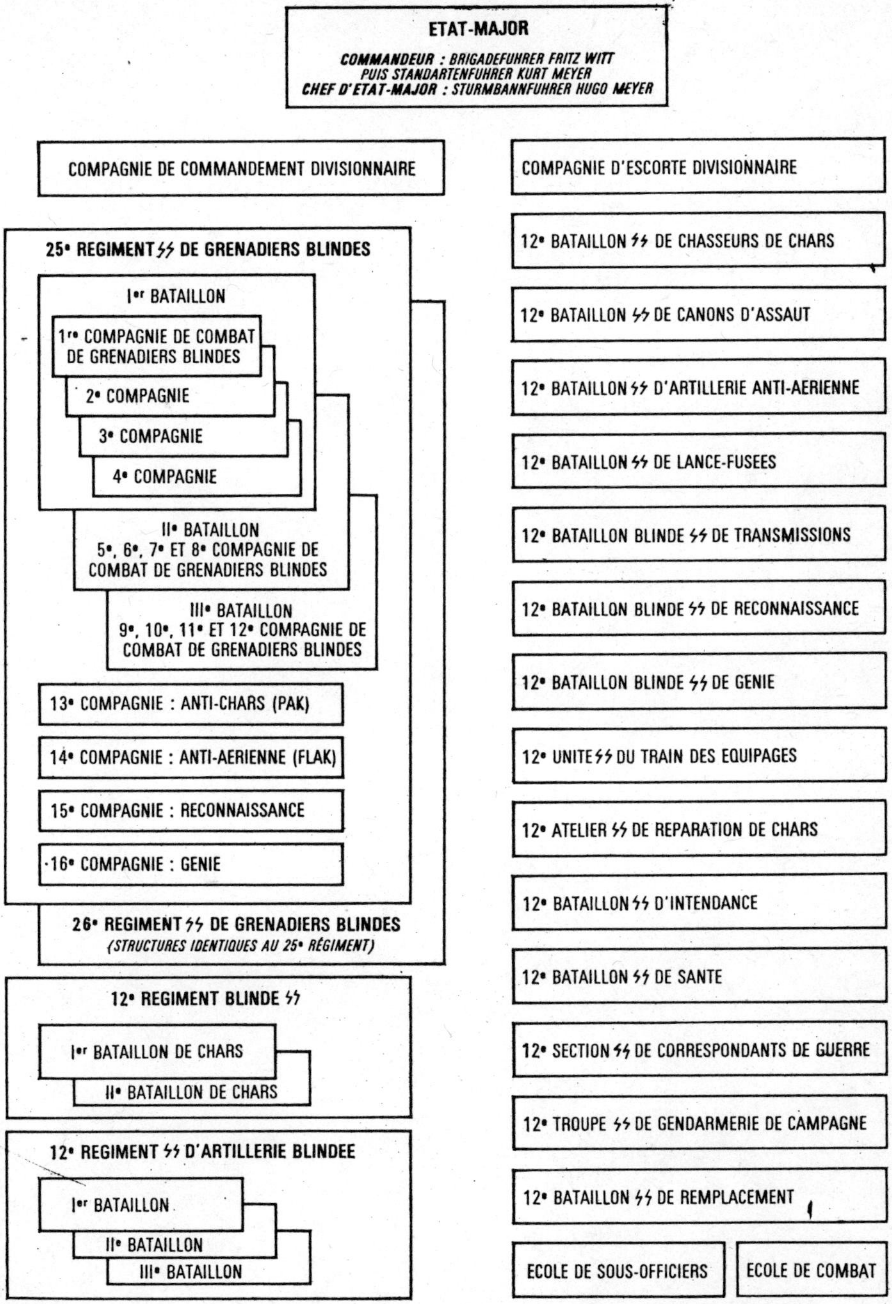

CHRONOLOGIE

DATES	FRONT DE NORMANDIE	12e PANZERDIVISION SS *HITLERJUGEND*	AUTRES FRONTS
6 juin 1944	Minuit : lâcher de parachutistes alliés dans les marais de Carentan et à l'embouchure de l'Orne. Six heures : débarquements sur six plages entre Sainte-Marie-du-Mont et Ouistreham. Objectifs atteints, sauf à Caen, qui reste aux mains des Allemands.	Sept heures : ordre de marche pour la région de Lisieux. Quinze heures : contrordre et mise en route par échelons, pour monter une contre-attaque au nord-ouest de Caen et « rejeter les Alliés à la mer... » à partir du 7 juin à midi.	
7 juin	Attaque canadienne en direction de l'aérodrome de Carpiquet.	Contre-attaque inopinée à partir de l'abbaye d'Ardenne par le 25e régiment de grenadiers SS (Kurt Meyer) et un bataillon du 12e régiment blindé SS (Max Wünsche).	
8 juin	Elargissement de la tête de pont et prise de Bayeux, première ville française libérée de l'occupation allemande.	Installation en attente de contre-offensive de toute la 12e Panzerdivision SS *Hitlerjugend* à l'ouest de Caen, de part et d'autre de la route de Bayeux et de la ligne de chemin de fer.	En Italie, les Alliés atteignent Civitavecchia, sur la côte de la mer Tyrrhénienne au nord-ouest de Rome.
juin	Les Alliés ont gagné définitivement la bataille des plages et occupent toute la côte normande de l'Orne à la Vire.	Dans la nuit du 8 au 9, contre-attaque de Panzermeyer en direction de Bretteville-l'Orgueilleuse. Echec et repli sur la Mue.	Une centaine d'otages français pendus à Tulle par les SS de la division *Das Reich*.

DATES	FRONT DE NORMANDIE	12e PANZERDIVISION SS *HITLERJUGEND*	AUTRES FRONTS
10 juin	Les Américains s'emparent d'Isigny-sur-Mer et essaient d'établir la liaison avec les parachutistes largués à Sainte-Mère-Eglise quatre jours auparavant.	Le commandement du groupe blindé du front de l'Ouest décide une contre-attaque avec trois divisions, dont la *Hitlerjugend.* Mais le P.C. est détruit par un bombardement et la contre-attaque est annulée.	Massacre de la population d'Oradour-sur-Glane par des SS de la division *Das Reich.*
11 juin	Winston Churchill débarque pour quelques heures en Normandie.	Les 25e et 26e régiments de grenadiers renforcent leurs positions défensives.	
12 juin	Prise de Carentan par les Américains.		Les premiers V1 tombent sur l'Angleterre, à partir de bases situées en France.
13 juin	Les Britanniques tentent un vaste mouvement d'encerclement de Caen par le sud à partir de Balleroy et Caumont.	A Villers-Bocage, le 501e bataillon SS de chars Tigre (Wittmann) intercepte une colonne blindée alliée et la détruit totalement.	Premières opérations allemandes contre les maquis du Vercors. Les résistants parviendront à se maintenir dans la montagne pendant deux mois.
14 juin			
15 juin	Le général de Gaulle se rend à Bayeux. Le nombre de soldats alliés débarqués en Normandie s'élève à un demi-million. Mais le temps se gâte sur la Manche.		
16 juin		Le Brigadeführer Fritz Witt est tué à son poste de commandement. Le Standartenführer Kurt Meyer le remplace à la tête de la division SS *Hitlerjugend* et installe son P.C. à Verson.	

DATES	FRONT DE NORMANDIE	12e PANZERDIVISION SS *HITLERJUGEND*	AUTRES FRONTS
17 juin	Les Américains arrivent sur la côte ouest à Barneville et coupent la presqu'île. Cherbourg est isolée.	La Panzer-Lehr Division, qui combat à la gauche de la *Hitlerjugend,* se bat dans Tilly-sur-Seulles qui sera plusieurs fois reprise et reperdue.	Bombardement de Hambourg par 1 500 avions alliés.
18 juin	Les Britanniques finissent par se rendre maîtres définitivement de Tilly-sur-Seulles.	Attaque canadienne sur Fontenay que tient le 26e régiment de grenadiers SS (Wilhelm Mohnke). Très violents combats dans le parc de Boislonde.	Les commandos français s'emparent de l'île d'Elbe.
19 juin		Les combats se poursuivent dans le secteur de Fontenay-le-Pesnel.	En Finlande, l'Armée rouge occupe Viipuri (Viborg) et contrôle l'isthme de Carélie.
20 juin			
21 juin	Les Américains prennent Valognes.	Les Allemands perdent Fontenay.	Plus de 2 000 avions américains sur Berlin.
22 juin		Le front reste pratiquement inchangé dans le secteur de la division.	
23 juin			Offensive de l'Armée rouge en Biélorussie.
24 juin			Orcha, Mohilev et Vitebsk sont reprises par les Russes.
25 juin			150 000 partisans soviétiques combattent sur les arrières du front de Biélorussie.

DATES	FRONT DE NORMANDIE	12e PANZERDIVISION SS *HITLERJUGEND*	AUTRES FRONTS
26 juin	Montgomery attaque et essaie de tourner Caen par le sud.	Panzermeyer et Max Wünsche se battent à Rauzay. Le P.C. de la division, établi à Verson, est menacé. Les Canadiens mettent en ligne 600 blindés à l'ouest de Caen.	
27 juin	Les Américains neutralisent le fort du Roule et s'emparent de Cherbourg, de son arsenal et de son port, très endommagé.	Rauray est perdu pour les SS. Les Canadiens établissent une tête de pont sur l'Odon, puis une seconde. Panzermeyer installe son P.C. à Caen.	
28 juin	Les Britanniques accentuent leur mouvement tournant. Ils cherchent à franchir l'Odon, puis l'Orne et à déboucher dans la plaine entre Caen et Falaise.	Violents combats pour la cote 112 au sud-ouest de Caen. Arrivée en renfort de la 1re Panzerdivision SS (*Leibstandarte*) et du 2e corps blindé SS (*Hohenstaufen* et *Frundsberg*).	
29 juin	Les Alliés s'emparent de la cote 112 et dominent la route de Caen à Falaise.	Echec de la contre-attaque menée par l'Obergruppenführer SS Paul Hausser.	Les maréchaux von Rundstedt (front de l'Ouest) et Rommel (Normandie) sont reçus à Berchtesgaden par Adolf Hitler.
30 juin		Des chars du 12e régiment blindé SS, avec Max Wünsche, parviennent à reprendre la cote 112.	Combats de rue à Copenhague. Des groupes de résistants danois attaquent les troupes allemandes.
1er juillet	Montgomery accentue son mouvement de tenaille autour de Caen, qui devient la charnière de tout le front de Normandie.	Adolf Hitler déclare : « Caen sera défendue jusqu'à la dernière cartouche. »	

DATES	FRONT DE NORMANDIE	12e PANZERDIVISION SS *HITLERJUGEND*	AUTRES FRONTS
2 juillet	Les Alliés ont désormais près d'un million d'hommes en Normandie.	La division *Hitlerjugend* est officiellement chargée de la défense de Caen.	
3 juillet	Attaque canadienne sur le village et l'aérodrome de Carpiquet.	Le bataillon Krause (150 combattants) résiste dans Carpiquet et tiendra jusqu'au 8 juillet.	Occupation de Sienne par les Alliés. Reprise de Minsk par les Russes.
4 juillet	Canadiens et Ecossais maintiennent leur pression à l'ouest de Caen.	Echec d'une contre-attaque pour dégager Carpiquet et les faubourgs de Caen.	Prise de Minsk par l'Armée rouge. 57 000 prisonniers allemands défilent dans les rues de Moscou.
5 juillet			
6 juillet	Le maréchal von Kluge remplace le maréchal von Rundstedt au commandement de l'Ouest.		Début du voyage officiel du général de Gaulle aux Etats-Unis et au Canada.
7 juillet	2 000 avions alliés déversent 7 000 tonnes de bombes sur la ville de Caen.		
8 juillet	Attaque générale des Britanniques vers le centre de Caen.	Le bataillon Waldmüller se trouve fractionné par petits groupes encerclés, au nord de Caen.	
9 juillet	La ville de Caen tombe aux mains de Montgomery.	La division abandonne Caen et se replie sur la rive sud de l'Orne.	Adolf Hitler déclare : « Nous sortirons finalement victorieux de cette guerre. »
10 juillet		En position défensive sur l'Orne.	
11 juillet		La division *Hitlerjugend* est relevée par une unité de la Wehrmacht. Elle a perdu lors de la bataille de Caen 20 % de tués et 40 % de blessés.	

DATES	FRONT DE NORMANDIE	12e PANZERDIVISION SS *HITLERJUGEND*	AUTRES FRONTS
12 juillet		La « division », réduite à moins du tiers de sa force combattante, est réorganisée en deux Kampfgruppen commandés par Krause et Waldmüller. Le P.C. divisionnaire est établi à Potigny, au nord de Falaise.	
13 juillet			
14 juillet			
15 juillet	Les Américains, maîtres du Cotentin, préparent une offensive vers le sud, à partir de La-Haye-du-Puits.		L'Armée rouge s'empare de Vilna (Vilnious), capitale de la Lituanie.
16 juillet			
17 juillet	Rommel, revenant d'une inspection sur le front de Normandie où il a rencontré Sepp Dietrich, est très grièvement blessé par un « Jabo » en regagnant son P.C. de La Roche-Guyon.	La *Hitlerjugend* est mise en alerte. Son chef, Panzermeyer, est convoqué chez le maréchal Rommel et sera un des derniers à le voir avant sa blessure.	
18 juillet	Les forces américaines atteignent Saint-Lô.		Les troupes soviétiques atteignent les frontières polonaises.
19 juillet			En Italie, les Alliés arrivent à Ancône, sur l'Adriatique.
20 juillet		Les deux Kampfgruppen de la *Hitlerjugend* sont placés en position défensive.	Attentat manqué contre Adolf Hitler, à son grand quartier général de Prusse-Orientale.

DATES	FRONT DE NORMANDIE	12e PANZERDIVISION SS *HITLERJUGEND*	AUTRES FRONTS
21 juillet	Important rapport du maréchal von Kluge au Führer, révélant la situation dramatique du front de l'Ouest et demandant un repli au nord de la Seine.		Le Reichsführer SS Heinrich Himmler devient commandant en chef des forces allemandes de l'Intérieur.
22 juillet			En Italie, les Alliés s'emparent de Pise.
23 juillet			L'Armée rouge s'empare de Lublin, où sera constitué un gouvernement polonais à direction communiste, rival de celui de Londres.
24 juillet		Dans toutes les forces armées du Reich, le salut hitlérien remplace le salut militaire.	Le Dr Goebbels est nommé commissaire du Reich pour la Guerre totale.
25 juillet	Début de l'offensive américaine vers le sud du département de la Manche, dans l'espoir de percer sur la Bretagne.		
26 juillet			
27 juillet	Les Américains atteignent une ligne Périers-Lessay.		Prise de Brest-Litovsk par les Russes.
28 juillet			L'Armée rouge franchit le Niémen et s'empare de Narva, en Estonie.
29 juillet	Prise de Coutances par les Américains.		
30 juillet			En Allemagne le travail de guerre devient obligatoire pour les femmes de moins de cinquante ans.

DATES	FRONT DE NORMANDIE	12e PANZERDIVISION SS *HITLERJUGEND*	AUTRES FRONTS
31 juillet	Prise de Granville et poursuite de l'offensive américaine vers Avranches.		Les Russes atteignent la côte baltique sur le golfe de Riga, capitale de la Lettonie. Les forces allemandes de la « poche de Courlande » sont encerclées.
1er août 1944	L'aile gauche du front allemand est crevée le long de la côte de l'Avranchin. Prise de Pontaubault.		L'Armée rouge occupe Kaunas (Kovno), en Lituanie. Début de l'insurrection de Varsovie. La bataille contre les Allemands va durer un mois et se terminera par une capitulation, sans que l'Armée rouge intervienne en faveur des résistants polonais.
2 août	L'armée Patton déferle vers le sud et franchit le Couesnon.		
3 août	Libération de Dol, Dinan et Rennes.		
4 août	Les Américains s'emparent de Mortain, pour protéger le flanc est de leur offensive.	La *Hitlerjugend* est relevée de ses positions défensives et s'établit, en attente d'intervention, au nord de Falaise.	Rencontre au sommet des dirigeants du IIIe Reich sur la guerre totale. Discours du Dr Goebbels, d'Albert Speer, de Heinrich Himmler et d'Adolf Hitler.
5 août	Sur l'aile est du front, les Britanniques s'emparent de Thury-Harcourt.	Le Kampfgruppe Krause doit réduire la tête de pont de la forêt de Grimbosq, dans une boucle de l'Orne.	
6 août	Les Américains arrivent à Vannes, Redon, Vitré et Laval, mais perdent Mortain.		

DATES	FRONT DE NORMANDIE	12e PANZERDIVISION SS *HITLERJUGEND*	AUTRES FRONTS
7 août	Echec d'une puissante contre-attaque allemande, à partir de Mortain, en direction d'Avranches. Hausser et ses divisions blindées ne peuvent couper en deux les forces américaines qui continuent à déferler en Bretagne.	Contre-attaque locale de la *Hitlerjugend* en forêt de Grimbosq.	
8 août	Début de l'attaque canadienne « Totalize » en direction de Falaise. Prise de Bretteville-sur-Laize.	Panzermeyer organise un « bouchon » à Cintheaux et tient le front avec le Kampfgruppe Waldmüller.	
9 août	Les Américains atteignent Quimper et Le Mans. La Bretagne tombe entre leurs mains et tout le front de Normandie se trouve tourné par le sud.	La *Hitlerjugend* continue à défendre le secteur du Laizon. Mort au combat du plus grand des chasseurs de chars de la Waffen SS : Michael Wittmann.	Von Choltitz remplace von Stülpnagel comme commandant militaire du « Grand Paris ».
10 août	Le général Eisenhower installe son quartier général en Normandie.	Combats défensifs devant Falaise.	
11 août	Le général Leclerc et sa 2e DB libèrent Alençon.	La *Hitlerjugend* est relevée pour organiser d'autres positions couvrant Falaise à proximité immédiate de la ville.	Encerclée depuis plusieurs jours, la garnison allemande de Saint-Malo cesse le combat.
12 août	Les Américains atteignent Nantes.		
13 août	La « poche » se dessine entre Falaise et Argentan.	L'effectif combattant de la Hitlerjugend ne dépasse pas un demi-millier d'hommes.	

DATES	FRONT DE NORMANDIE	12e PANZERDIVISION SS *HITLERJUGEND*	AUTRES FRONTS
14 août		Etablis sur leur nouvelle ligne de résistance, les SS de la *Hitlerjugend* contiennent leurs adversaires.	
15 août	Attaque canadienne sur la cote 159 et attaque polonaise entre Jort et Perrières, pour franchir la Dives.	Panzermeyer est blessé à la tête par un éclat d'obus, mais continue à commander ses hommes.	Débarquement allié sur les côtes de Provence.
16 août	Canadiens et Polonais arrivent à établir des têtes de pont à l'est de la Dives. L'opération « Tractable » est commencée.	Le dispositif de la *Hitlerjugend* ramené sur la rivière Ante, au nord de Falaise.	
17 août	Les Américains atteignent Dreux, Chartres et Orléans. Paris se trouve désormais à leur portée. Le maréchal Model remplace le maréchal von Kluge, qui se suicide.	La ville de Falaise, défendue par soixante SS, est prise d'assaut par les Canadiens. Les combats dureront deux jours et aucun des défenseurs n'acceptera de se rendre.	Otto Abetz, ambassadeur d'Allemaqne en France, demande à Pierre Laval de transférer le gouvernement français de Vichy à Belfort.
18 août		Les survivants de la « division » s'établissent en défensive au sud de Falaise, entre la rivière Dives et le village de Nécy.	Début de l'offensive de l'Armée rouge en direction de la Roumanie et de ses puits de pétrole
19 août	Insurrection des forces françaises de l'Intérieur à Paris. La 2e DB du général Leclerc s'approche de la capitale. Les Américains s'emparent d'Argentan et les Polonais de Trun. La « poche » de Falaise se referme. Patton atteint la Seine à Mantes et à Vernon.	Dans la nuit, Panzermeyer échappe de peu à un raid britannique contre son P.C. Il rencontre l'Obergruppenführer Hausser qui lui donne ses ordres pour la percée vers l'est.	

DATES	FRONT DE NORMANDIE	12e PANZERDIVISION SS *HITLERJUGEND*	AUTRES FRONTS
20 août	Le général de Gaulle se rend à Cherbourg.	Panzermeyer et les rescapés des deux Kampfgruppen de Krause et de Waldmüller percent entre Saint-Lambert et Chambois, puis parviennent à franchir la Dives. Max Wünsche a été fait prisonnier et il ne reste plus aucun char à la *Hitlerjugend.*	L'Armée rouge attaque en Ukraine. Le maréchal Pétain quitte Vichy sur l'ordre des Allemands et décide de se considérer comme leur prisonnier.
21 août			L'Armée rouge reprend Sandomir.
22 août			Les Alliés atteignent Florence, en Italie, et les Russes parviennent à Jassy, en Roumanie.
23 août	Les Alliés arrivent à Evreux, Meaux et Sens.		
24 août			Libération de Marseille par la Ire armée française et les F.F.I.
25 août	Reddition de la garnison allemande de Paris, après une semaine de combats de rue, au cours de laquelle on compte un millier de tués.		La Bulgarie exige le retrait immédiat des troupes allemandes de son territoire.
6 août		Le Brigadeführer Kurt Meyer reçoit les glaives de chevalier de la croix de fer. Les derniers éléments de sa division livrent un ultime combat dans la forêt de la Londe et repassent la Seine.	Le général de Gaulle, à Paris depuis la veille, installe dans la capitale les services du Gouvernement provisoire de la République française.
7 août			Libération de Toulon.

DATES	FRONT DE NORMANDIE	12e PANZERDIVISION SS *HITLERJUGEND*	AUTRES FRONTS
28 août	Défilé d'une division américaine dans Paris.	Les débris de la *Hitlerjugend* se regroupent à Beauvais, puis gagnent Hirson dans les Ardennes.	L'Armée rouge contrôle une grande partie de la Roumanie.
29 août	La bataille de Normandie est terminée. Les Allemands y ont perdu 240 000 tués et blessés, 210 000 prisonniers, et 1 800 chars sur les 2 000 engagés.		
30 août			Les troupes soviétiques atteignent les frontières hongroises.
31 août	Les Américains sont à Laon et Soissons.	La division *Hitlerjugend* franchit la Meuse pour être reconstituée.	Bucarest est aux mains de l'Armée rouge, qui occupe les puits de pétrole de Ploesti.

BIBLIOGRAPHIE

Georges BLOND : *Le Débarquement,* Fayard, 1951.

Paul CARELL : *Ils arrivent ! (Sie kommen !),* Robert Laffont, 1961.

Eddy FLORENTIN : *Stalingrad en Normandie,* Presses de la Cité, 1965.

Albert GRANDAIS : *La Bataille du Calvados,* Presses de la Cité, 1973.

Albert PIPET : *Mourir à Caen,* Presses de la Cité, 1974.

Dr GERMAN : *Histoire de Falaise,* Imprimerie alençonnaise, 1966.

David MASSON : *La Ruée vers la Seine,* Marabout, 1971.

PANZERMEYER : *Grenadiere,* Schild Verlag, München-Lochausen, 1957.

E.G. KRATSCHNER : *Die Ritterkreuzträger der Waffen SS,* Plesse Verlag, Göttingen. 1955.

Herbert WALTER : *Die Waffen SS,* L.B. Ahnert Verlag, Echzell-Bisses ;
Waffen SS im Bild, Plesse Verlag, Göttingen ;
Wenn alle Brüder schweigen, Munin Verlag, Osnabrück.

Paul HAUSSER : *Waffen SS im Einsatz,* Verlag K.W. Schütz, Pr Olendorf, 1953.

François DUPRAT : *Les Campagnes de la Waffen SS,* Les Sept Couleurs, deux volumes, 1972 et 1973.

Henri LANDEMER : *Les Waffen SS,* André Balland, 1972.

George STEIN : *La Waffen SS,* Stock, 1966.

Martin WINDROW et Michael ROFFE : *Waffen SS,* Osprey Publishing Ltd, 1971.

C. BEADLE et Theodor HARTMANN : *Waffen SS, its Divisional Insignia,* Key Publications. Bromley, 1971.

Roger James BENDER et Hugh Page TAYLOR : *Uniforms, Organization and History of the Waffen SS,* vol. 3, Mountain View, California, 1972.

Andrew MOLLO : *Uniforms of the SS,* vol. 6 ; *Waffen SS, 1939-1945,* Historical Research Unit, 1972.

Werner KRAUSE : *Histoire de la Jeunesse hitlérienne,* Albin Michel.

Baldur VON SCHIRACH : *J'ai cru en Hitler,* Plon, 1972.

Collection du journal mensuel *Der Freiwillige.*

Table des cartes et tableaux

Table des matières

— ACHEVÉ D'IMPRIMER —
LE 30 DÉCEMBRE 1976
SUR LES PRESSES DE
L'IMPRIMERIE
CARLO DESCAMPS
CONDÉ-SUR-ESCAUT
POUR LE COMPTE
DE LA LIBRAIRIE
ARTHÈME FAYARD
75, RUE DES SAINTS-PÈRES
PARIS VIe

ISBN 2-213-00393-9

Dépôt légal : 1er trimestre 1977
No d'éditeur : 5430
No d'impression : 1233
Imprimé en France

H/35-6180-0